오직 하나님께 영광

KB190447

이 소중한 책을

특별히 _____님께

드립니다.

성경신앙시 365

오직 하나님께 영광

고은돌 신명호 지음

나침반

오직 하나님께 영광되게 하소서

"여호와(하나님)께 감사하라 그는 선하시며 그의 인자 하심이
영원함 이로다"(시편 118:1)

성경에서 처음 시작하는 말씀이 "태초에 하나님이 천지를 하시니라"(창
세기 1:1)이다.

결혼을 해서 아이를 잉태한 부모는 그 기쁨을 말로 표현하기가 부족하
다. 아이를 낳고 젖을 먹이고 하루하루 예쁘게 자라나는 아이를 보면 마
음이 한없이 즐겁고 기쁘다.

그러나 그 아이가 자라면서 철이 들면 부모에게 감사보다는 자신이 잘
하는 것에 대한 자랑과 세상에 대한 교만으로 부모의 사랑을 잊고 도리
어 낳은 부모에게 많은 불효로 부모의 마음을 아프게 만든다.

그리스도인인 우리도 값없이 하나님의 자녀가 되어 처음에는 어린아
이처럼 늘 방글방글 웃던 모습이 점차 자랑과 교만, 염려, 근심으로 하나
님의 사랑을 잊어가고 있다.

하나님 자녀로 하나님께 영광을 드리기 위해 말씀을 읽고 듣고 보고
느끼는데…. 어떻게 하면 하나님께 영광이 될까?

그리스도인으로 성경 말씀을 창세기를 시작하여 늘 읽고 보면서 하나
님의 사랑을 묵상하였다. 오직 하나님께 영광(Soli Deo Gloria)이 되기 위해
나의 믿음을 점검하며 우리 하나님의 사랑을 기록했다.

"하나님이 세상을 이처럼 사랑하사 독생자를 주셨으니 이는 그를 믿는 자마다 멸
망하지 않고 영생을 얻게 하려 하심이라"(요한복음 3:16)는 말씀처럼 이 사랑으로

사는 나는, 어린아이처럼 늘 부모의 사랑을 기다리며, 부모의 손길에 맡기듯 하나님을 아버지라 부르며, 해바라기가 해를 바라보듯이 하나님만 바라보는 마음으로 한절 한절 글을 적었다.

지금도 우리의 마음에는 갈등이 있다.

그러나 갈등은 나의 욕심이며 하나님과 나에게 기쁨이 되지 못하는 일이다. 갈등 중에도 하나님의 말씀을 생각하면 머잖아 하나님께 영광이 되고 나에게는 즐거움과 감사가 될 것이다.

지금도 앞으로도 말씀에 변함은 없다. 변함은 우리의 모습일 뿐이다.

"우리에게 향하신 여호와(하나님)**의 인자하심이 크시고 여호와의 인자하심이 영원 함 이로다 할렐루야"**(시편 117: 2)

하루가 다르게 급변하는 변화된 세상, 문화, 정치, 혼돈 속에 살고 있는 우리지만 하나님이 우리의 아버지이다. 오직 하나님께 영광(Soli Deo Glora)이 되는 우리 모든 그리스도인이 되길 바란다.

모든 열방이 구원을 받아 **"믿음으로 모든 세계가 하나님의 말씀으로 지어질 줄을 우리가 아나니"**(히브리서 11:3) 말씀처럼 하나님의 창조 목적과 사랑하심을 알아 우리 민족과 모든 열방이 오직 하나님께 영광이 되기를 기도한다.

주님 안에 사는 기쁨을 나누고 싶은

신명호 장로

목차

태초의 시작

"태초에 하나님이 천지를 창조하시니라"(창세기 1:1)

모든 것의 시작, 하나님의 아름다운 창조
공허하며 어두움뿐인 세상에
절대 권위자인 주님의 말씀으로
하나님의 영광을 위해
모든 것이 시작됐다
빛, 공간, 시간, 모든 만물이
주님의 "있으라"는 말씀에 창조됐다

　세상의 모든 것을 창조하신 하나님은 모든 것에 대한 주권을 가지고 계신다. 하나님이 자신의 영광을 위해 모든 것을 창조했다는 성경 말씀이 사실이라면 우리는 마땅히 그 말씀을 따라 살아야만 한다. 하나님의 방식으로 세상이 창조됐고 시간이 흘러가기 때문에 그 하나님을 신뢰하며, 말씀대로 찬양하며, 예배할 때 내가 세상에 태어난 목적을 깨달으며 참된 즐거움울 누리게 된다. 하나님의 아름다운 창조는 하나님의 계획의 시작이자, 사랑의 시작이자, 구원의 시작이 아닐까?

빛 (생명)

"하나님이 이르시되 빛이 있으라 하시니 빛이 있었고"(창세기 1:3)
"그 안에 생명이 있으니 이 생명은 사람들의 빛이라"(요한복음 1:4)

빛을 볼 때
소망이 보인다

빛을 볼 때
사랑을 알게 된다

빛을 통해
주님의 사랑이 태어난다

빛을 알 때
하나님이 주신 생명이 보인다

그리고 그 빛을 통해
우리들은 성장한다

　세상에 빛이 존재하지 않으면 어떻게 될까? 사람도, 식물도, 동물도, 즉 어떤 생명도 살아갈 수 없는 죽음의 땅이 될 것이다. 하나님이 주신 빛이 있기에 모든 만물이 살아갈 수 있다. 빛이 없으면 세상에 죽음뿐이 없듯이 사람의 마음에도 빛이신 예수님이 없다면 결국 죽음뿐이다. 찬란한 저 태양도 비길 수 없는 생명과 영광과 소망이 되는 하나님이 주신 빛, 예수님을 믿어야 한다. 그 예수님을 세상에 전해야 한다.

우주

하나님이 궁창을 하늘이라 부르시니라"(창세기 1:8)

하나님의 한 마디 말씀에
높은 하늘도, 드넓은 우주도 생겨났다

가까이 있는 듯 하나 잡을 수 없고,
눈에 보이는 듯 하나 결코 닿을 수 없는 곳

알 수도, 닿을 수도 없는 놀라운 우주는
주님의 말씀을 따라 운행하며 질서를 이룬다

닿을 수도, 볼 수도, 갈 수도 없는
찬란한 우주를 바라보며
하나님의 놀라운 능력, 빛나는 광명,
아름다운 질서를 깨닫는다

하나님은 세상의 모든 것을 창조하셨다.
하늘의 빛나는 해, 밤 하늘을 비추는 달, 반짝이고 아름다운 작은 별들….
광활한 우주의 공간 속 이 지구는, 그리고 나란 존재는 너무도 미약해 보이지만 그 놀라운 능력의 하나님이 자신의 주권으로 모든 것을 창조해 우리 모두에게 선물로 주셨다. 믿을 수 없는 놀라운 이 사실이 믿어지는 것이 얼마나 큰 은혜인지 모른다.

형상

"하나님이 자기 형상 곧 하나님의 형상대로 사람을 창조하시되
남자와 여자를 창조 하시고"(창세기 1:27)

보잘 것 없는 부족한 나에게
하나님은 찬란한 빛을 베푸신다

보잘 것 없는 부족한 우리들을
하나님은 자신의 형상으로 지으셨다고 축복하신다

흙으로 빚어진 비참한 존재인 내가
이 모든 것을 누릴 수 있는 이유는
하나님이 형상을 따라 지으셨기 때문이다
하나님이 생령을 불어 넣어주셨기 때문이다

나의 호흡, 나의 삶,
나의 믿음,
모든 것은 하나님이 주신 것

　삶에서 무력감을 느끼고, 반복되는 죄로 쓰러질 때마다 나라는 존재,
인간이라는 존재가 얼마나 악하고 약한지 가슴 절절히 느끼곤 한다. 그
러나 하나님의 사랑을 만나고는 모든 것이 바뀌었다. 이런 미약한 나도
하나님의 형상으로 지음 받았고, 이런 무익한 나도 하나님이 생령을 불
어넣어주셨다. 하나님이 있기에 내가 있을 수 있었고, 하나님이 있기에
지금의 행복도 누릴 수 있다.

조화

"여호와 하나님이 이르시되 사람이 혼자 사는 것이 좋지 아니하니
내가 그를 위하여 돕는 배필을 지으리라 하시니라" (창세기 2:18)

하나님이 만드신 창조물 중
가장 으뜸이었던 사람
그러나 혼자일 때는 외로웠고,
두 사람이 되었을 때 비로소 보기 좋았다
하나님이 보시기에 좋았던
인류 최초의 두 사람
얼마나 서로 사랑했을까?
얼마나 서로 행복했을까?
하나님의 뜻에 따라 조화를 이뤘던
아담과 하와의 모습처럼
아름다운 조화를 삶 속에서 이루고 싶다

하나님은 누구보다 우리의 행복을 바라시는 분이다. 아담의 외로움을
그냥 넘기지 않으시고 하와를 창조하신 것처럼 하나님은 내가 조화를 이
루고 살아가기를 바라신다. 아내와의 조화, 자녀들과의 조화, 직장 동료
들과의 조화, 교인들과의 조화….

하나님의 뜻을 따라 믿음 안에서 조화롭게 살 때 우리는 참된 행복을
맛보고 그 행복은 하나님께 영광이 된다. 하나님의 뜻에 따라 창조받은
우리가 조화롭게 살아가는 것이 하나님의 뜻이 아닐까?

생명수

"하나님이 뭍을 땅이라 부르시고 모인 물을 바다라 부르시니
하나님이 보시기에 좋았더라"(창세기 1:10)

하늘의 물이 내려와
땅의 물을 만난다
작은 샘의 물이 흘러
큰 샘의 물로 내린다
산 위의 도랑이
산 아래 도랑이 되어
먼 길을 굽이굽이
만방을 흘러흘러
모든 사람의 생명이 되어
살아가게 도우니
물은 곧 생명이라

    물은 어디에서나 없어서는 안되는 생명에 필수불가결한 조건이다. 살아있는 생물은 무엇이든지 물이 필요하다. 지구에는 70%가 물이며, 사람도 70%가 물이라고 한다. 하물며 우리 몸에 수분이 1%만 줄어도 우리는 갈증을 느낀다고 한다. 그런데 나는 예수님을 생명수라 고백하면서도 그렇게 사모하고 있지는 못하는 것 같다. 70%는 넘어선 나의 전부를 예수님으로 채우기를… 1%만 믿음이 모자라도 주님을 갈망하는 갈급한 심령을 주시기를….

열매

"하나님이 그들에게 복을 주시며 이르시되 생육하고 번성하여 여러 바닷물에 충만하라 새들도 땅에 번성하라 하시니라"(창세기 1:22)

풀포기 속에 숨겨진 작은 나무가
거목이 되어 열매를 맺는다

많은 열매를 맺은 나무는
많은 사람을 기쁘게 하고,
적은 열매를 맺은 나무는
몇몇 사람만 기쁘게 한다

나무의 가치는 크기가 아니라
열매로 맺어지듯
작은 내 믿음이 거목처럼 자라
수많은 복음의 열매를 맺게 되기를

울창한 수풀은 하나님이 주신 축복의 선물이다. 많은 과실을 맺는 나무는 일용할 양식이 되며 호흡할 산소를 만들어준다. 열매 맺는 가지로는 먹을 것을 주고, 살아가는 동안에는 공기를 주고, 잘려서는 재목이 되어 다양하게 사용되는 아름드리 나무처럼 나의 작은 삶도 하나님을 위해 아낌없이 사용되고 싶다.

노동

"하나님이 이르시되 내가 온 지면의 씨 맺는 모든 채소와 씨 가진 열매 맺는 모든 나무를
너희에게 주노니 너희의 먹을 거리가 되리라"(창세기 1:29)

큰 빛도
작은 빛도
우리의 행복을 위해 주셨네

생명수로 삶을 허락하시고
노력하는 자에겐
열매를 약속하셨네

흙은 처음과 나중,
흙에서 태어나
다시 흙으로 돌아갈 때
영원한 안식을 주시리

　어려운 환경에서 자라 정말로 수많은 일들을 해왔다. 무엇하나 쉬운 일이 없었지만 그래도 지나고 보면 그 일을 통해 얻는 보람과 기쁨이 분명히 있었다. 어쩌면 우리는 일을 통해 하나님이 주신 사명을 확인하고 기쁨을 누리게 창조되었는지도 모르겠다. 하나님을 경외하는 마음으로 말씀이 가르치는 교훈을 따라 부지런히 땀을 흘리면, 세상에서의 일이라 할지라도 하나님의 축복된 결과로 우리에게 나타날 것이다.

쉼

"하나님이 그가 하시던 일을 일곱째 날에 마치시니 그가 하시던 일을 그치고 일곱째 날에 안식하니라 하나님이 그 일곱째 날을 복되게 하사 거룩하게 하셨으니 이는 하나님이 그 창조하시며 만드시던 모든 일을 마치고 그 날에 안식하셨음이니라"(창세기 2:2-3)

하나님의 말씀으로
모든 것이 시작됐네
하나님의 명령으로
모든 질서가 이루어졌네
주님이 말씀하셨네
다스리고, 복이 되어라
하나님이 보시기에
모든 것이 아름답고 좋았네
평안히 안식하라

　하나님이 주신 모든 날들을 우리는 최선을 다해 살아가야 한다. 바쁜 일상에서도 하나님을 예배하고 찬양하는 일을 멈춰서는 안되지만 온전히 쉬며 주님께 집중하는 시간도 반드시 필요하다. 혼잡한 세상 속에서 하나님을 향한 방향을 잃지 않으려면 참된 평안과 안식을 주시는 주님께 집중하는 쉼의 시간이 반드시 필요하다. 일을 손에서 놓고, 하고 싶은 일에 머무는 쉼이 아니라, 하나님의 말씀대로 평안히 안식하며 하나님의 사랑을 묵상하는 시간을 가져보는 것은 어떨까?

주권

"천지와 만물이 다 이루어 지니라"(창세기 2:1)
"여호와 하나님이 땅의 흙으로 사람을 지으시고 생기를 그 코에 불어 넣으시니
사람이 생령이 되니라"(창세기 2:7)

세상이 시작될 수 있었던 이유
주님이 주님이시기에

그분의 말씀을 따라 조화가 이루어진 이유
주님이 주님이시기에

내가 구원을 받고, 복을 받을 수 있었던 이유
주님이 주님이시기에

내가 누리는 모든 즐거움과 축복들은
주님이 주셨기에 가능한 것이었다네

　천지창조, 예수님을 통한 구원의 계획, 천국에서의 영생의 삶, 하나님은 나의 처음부터 끝까지 필요한 모든 것을 이미 다 이루셨다. 하나님은 나를 창조하셨을 뿐 아니라 넘치는 복을 주셨다. 오로지 하나님만이 이 모든 것을 가능하게 하실 수 있고, 또 가능하게 하셨다. 하나님이 진정한 창조주이며 만물을 다스리는 왕이신 모든 것의 주권을 가지신 분이기 때문이다. 눈앞에 세상의 일들이 가득 차 있더라도 모든 것의 주권이 결국 하나님 손에 있음을 결코 잊지 말자.

동산

"이러므로 남자가 부모를 떠나 그의 아내와 합하여 둘이 한 몸을 이룰 지로다
아담이 그 아내 두 사람이 벌거벗었으나 부끄러워하지 아니하니라"(창세기 2:24-25)

흙으로 빚어진 최초의 남자
그가 살던 곳은 에덴이란 낙원
동산의 가운데에는 생명나무가 있고,
선악을 알게 하는 나무가 또한 있었네
하나님이 다스리라 말씀하신
수많은 생물들
다양한 과실을 맺어주는
풍성한 수목들
그리고 뼈 중에 뼈
살 중에 살인 여자를 허락하셨네
하나님의 보살핌 아래
모든 것이 좋았네

하나님이 창조하신 최초의 낙원인 에덴동산을 가끔 떠올려본다. 아담과 하와는 무엇이 부족해서 선악과에 욕심을 냈을까? 그곳은 이미 하나님의 계획대로 완전한 기쁨이 있는 그야말로 낙원이었을 것이다. 하나님이 허락하신 이상의 것을 탐낼 때 모든 것을 잃게 되는 것은 아닐까? 지금은 비록 낙원과는 거리가 먼 세상에서 살아가지만 하나님이 함께 하실 때 천국같은 삶을 살아가게 될 줄을 믿는다. 언젠가 에덴처럼 진정으로 부족함이 없고, 욕심도, 걱정도, 근심도, 분냄도 없는 행복만이 가득한 천성으로 인도해주실 주님을 믿으며….

유혹이란 죄

"여자가 그 나무를 본즉 먹음직도 하고 보암직도 하고 지혜롭게 할 만큼 탐스럽기도 한 나무 인지라 여자가 그 열매를 따 먹고 자기와 함께 있는 남편에게도 주매 그도 먹은지라"(창세기 3:6)"
세례 요한의 때부터 지금까지 천국은 침노를 당하나니 침노하는 자는 빼앗느니라"(마태복음 11:12)

달콤한 속삭임,
보기에 탐스럽지 않니?

달콤한 생각,
정말 하나님과 같이 될 수 있을까?

눈으로 보기에도
참으로 탐스럽고 아름답구나!

유혹을 이기지 못하고
결국 하나님의 말씀을 어겼네
선악과의 실수로 인해
행복보다 더 큰 부끄러움이 덮쳤네

　잘못된 욕심은 어떤 행복도 결국 불행으로 끝나게 한다. 유혹은 달콤하고 탐스러워 욕심을 내게 한다. 하루에도 몇 번씩 유혹에 이끌릴 때가 많지만 잘못된 욕심은 나의 모든 행복을 결국 불행으로 인도한다는 것을 명심해야 한다. 잘못된 유혹에 이끌리면 결국 모든 것을 잃는다. 우리가 내야 할 욕심은 오직 예수님을 향한 열정뿐이다.

두려움

"이르되 내가 동산에서 하나님의 소리를 듣고 내가 벗었으므로 두려워하여 숨었나이다
이르시되 누가 너의 벗었음을 네게 알렸느냐 내가 네게 먹지 말라 명한
그 나무 열매를 먹었느냐"(창세기 3:10-11)

내 눈은 밝으나
마음은 흑암 속이구나

두려워서 숨어보지만
도저히 숨길 수가 없구나

그럼에도 포기하지 않고
나를 부르시는 주님의 음성

거부할 수 없는 주님의 부르심
두렵고 떨리지만 한 걸음 나와
조용히 말씀을 기다리네

두려움은 잘못을 저지를 때 생긴다. 하나님이 두려운 이유는 하나님께 죄를 지었기 때문이다. 때로는 손해를 좀 보더라도, 바보같아 보일지라도 죄를 멀리하지 않으면 두려움의 씨앗이 마음에 심겨진다. 작은 죄의 씨앗들이 나의 삶에 방해가 되지 않도록 더욱 더 노력하자. 그러나 잘못을 했을 때는 두려운 마음마저 주님께 내어놓고 용서를 구하자. 은혜의 주님은 모든 죄를 사하시고 축복으로 갚아주시리….

핑계

"아담이 이르되 하나님이 주셔서 나와 함께 있게 하신 여자 그가 그 나무 열매를 주므로
내가 먹었나이다 여호와 하나님이 여자에게 이르시되 네가 어찌하여 이렇게 하였느냐
여자가 이르되 뱀이 나를 꾀므로 내가 먹나이다"(창세기 3:12-13)

두려움 속 들리는
주님의 음성

떳떳하게 죄를 고백하지 못하고
이어지기만 하는 핑계들

함께 한 여자에게 미루고…
유혹한 뱀에게 미루고…

계속되는 핑계로 나를 숨기고,
죄를 숨겨보지만
핑계로는 절대로 죄를 해결할 수가 없음을

죄를 지을 때 마음이 두려움에 잠식되고 현실을 왜곡하게 된다. 뻔히 보이는 거짓말로 눈앞의 실수를 덮으려는 실수를 우리는 얼마나 많이 하는가? 설령 영악해 순간의 핑계로 잘못을 넘긴다 하더라도 남는 것은 양심에 거리끼는 어두운 마음뿐이다. 하나님 앞에 넘어져 실수를 했다면, 죄를 지었다면 다른 사람, 다른 잘못을 걸고 넘어지지 말자. 무조건 인정하며 주님 앞에 엎드리는 것이 마음을 다시 회복하는 유일한 방법이다.

불순종

"네가 흙으로 돌아갈 때까지 얼굴에 땀을 흘려야 먹을 것을 먹으리니 네가 거기서 취함을
입었음이라 너는 흙이니 흙으로 돌아갈 것이니라"(창세기 3:19)

저주를 받은 뱀은
흙을 기어다니며 살 운명이 됐고

여자는 자식을 낳아 기르기 위해
해산의 고통을 당해야 하네

남자는 수고하지 않으면
더 이상 소출을 얻을 수 없네

평생을 일구어 많은 것을 얻어도
결국 모든 것을 놓고
빈손으로, 흙으로 돌아가야 하는
너무도 참혹한 불순종의 결과

　아이들을 키우다보면 자아가 생길 때 막연히 부모에게 반기를 드는 경
우가 많다. 부모가 당연하고 옳은 방법을 제시해도 단지 자기를 내세우
기 위해서 반대를 하는 것이다. 참으로 어리석은 모습이지만 이 또한 하
나님에 대한 나의 모습으로 느껴질 때가 많다. 에덴동산에서부터 사람은
불순종으로 하지 않아도 될 수고를 하게 됐다. 이 교훈을 가슴에 품고 하
나님께 속한 순종이 복이 되며 수고를 더는 축복임을 기억해야 한다.

금지

"여호와 하나님이 이르시되 보라 이 사람이 선악을 아는 일에 우리 중 하나 같이 되었으니 그가 그의 손을 들어 생명나무 열매도 따 먹고 영생 할까 하노라 하시고 여호와 하나님이 에덴동산에서 그를 내보내어 그의 근원이 된 땅을 갈게 하시니라 이같이 하나님이 그 사람을 쫓아내시고 에덴동산 동쪽에 그룹들과 두루 도는 불 칼을 두어 생명나무의 길을 지키게 하시니라"(창세기 3:22-24)

하나님을 의심하고
명령에 불순종한 그들

선악과를 먹고
부끄러움과 분별력을 갖춘 그들에게
주님은 말씀하셨네

동산에 생명나무를 금지하고
화염검으로 그들을 막아라
그들을 이곳에서 살펴 보내자

눈앞에 있는 "생명나무를 왜 먹지 못하게 할까?" 아담과 하와는 이런 의문이 계속 들었을 것이다. 그러나 눈앞의 당장 좋아보이는 것도 언젠가 해가 될 수도 있다. 전지전능한 하나님은 아담과 하와에게 해가 되는 선악과의 진실을 누구보다 잘 아셨을 것이다. 요리사에게 필요한 최고로 좋은 칼도 아기에게는 멀리 치워주듯이 내 삶의 가장 좋은 것을 예비하고 허락하시는 주님을 신뢰하자.

경배의 제물

"아벨은 자기도 양의 첫 새끼와 그 기름으로 드렸더니 여호와께서 아벨과 그의 제물은 받으셨으나
가인과 그의 제물은 받지 아니하신지라 가인이 몹시 분하여 안색이 변하니"(창세기 4:4-5)

하나님의 뜻을 어긴 그들이
세상에서 잉태하여 낳은 두 아들
첫째는 하나님을 위하지 못해
제사를 드리면서도 선을 행하지 못했고
둘째는 진실된 마음을 드려
하나님이 기쁘게 제사를 받으셨도다
하나님께 마음을 드린 제사는
하늘로 올라갔으나
마음을 드리지 못하고
오히려 죄를 지은 아들은
땅을 방화하는 벌을 받았도다

'손해를 보더라도 선한 일을 택할 것인가?, 악한 일을 할지언정 이익을
택할 것인가?'

하루에도 몇 번씩 두 가지 갈림길에서 우리는 고민을 한다. 하나님을
경외하는 마음 없이 눈앞의 이익만을 쫓다 보면 우리는 자연스럽게 악한
생각을 따라 죄를 짓게 된다. 작은 죄가 쌓이면 어느새 돌이킬 수 없는 악
행을 저질러 평생 후회하며 살아가게 되기 때문에 큰 일, 큰 순종보다 매
일의 작은 선을 통해 하나님께 집중하는 것이 행복한 미래를 위한 가장
빠른 길이 아닐까 생각한다.

방주

"이것이 노아의 족보니라 노아는 의인이요 당대에 완전한 자라
그는 하나님과 동행하였으며"(창세기 6:9)
"하나님이 노아에게 이르시되 모든 혈육 있는 자의 포악함이 땅에 가득하므로 그 끝 날이 내 앞에
이르렀으니 내가 그들을 땅과 함께 멸하리라"(창세기 6:13)
"네가 만들 방주는 이러하니 그 길이는 삼백 규빗, 너비는 오십 규빗, 높이는 삼십 규빗이라"(창세기 6:15)

온 땅의 백성이
하나님의 기쁨이 되지 못하니
세상의 아무런 소망이 없도다
그러나 완전한 자,
하나님의 은혜를 입은 자가 있었네
하나님 마음에 합한 한 사람,
그 한 사람의 가족으로
세상을 구원할 방주가 지어졌네

사람들의 악행이 세상을 가득 채웠던 시대에도 하나님은 의인을 구원
할 방주라는 대비책을 주셨다. 지금도 마찬가지다. 아담의 범죄로 시작
된 죄의 문제는 지금 시대를 살고 있는 나의 마음도 끊임없이 괴롭히고
있다. 하지만 이 모든 인류를 위해, 완전한 죄의 해결을 위해 하나님은 예
수 그리스도를 세상에 보내주셨다. 방주에는 노아와 가족들밖에 타지 못
했지만 이제는 누구든 구원자 예수 그리스도를 믿는 사람들은 안전하
게, 평안하게 구원에 이를 수 있게 됐다.

심판의 홍수

"노아는 아들들과 아내와 며느리들과 함께 홍수를 피하여 방주에 들어갔고 정결한 짐승과 부정한 짐승과 새와 땅에 기는 모든 것은 하나님이 노아에게 명하신 대로 암수 둘씩 노아에게 나아와 방주로 들어갔으며 칠 일 후에 홍수가 땅에 덮이니"(창세기 7:7-10)

하나님이 명하시니
하늘에 창이 열리고
비가 쏟아진다
하나님의 말씀을 따라
땅의 샘이 솟아나고
높은 봉우리가
더 높고 높은 산들도
물 아래 숨기운다
오로지 물 위에는
심판을 벗어난 방주 한 척,
은혜를 입은 한 가족과
그 배에 탄 모든 생물들뿐

　　하나님의 심판은 절대로 피할 수 없다. 공의의 하나님은 작은 죄도 그냥 두실 수 없다. 거센 비와 파도 위에 문이 닫힌 방주 안은 하나님의 은혜로 평안했으나 방주 밖에서 아무리 두드리고 애원을 해도 열어줄 수는 없다. 하나님의 심판은 이처럼 엄정하고 정확하다. 지금 평온하게 세상을 살아가는 것처럼 보이는 사람들도 예수 그리스도를 믿지 않으면 훗날에 어두운 곳에 머무르게 될 것이다. 심판의 때가 지나면 아무리 노력해도 구원을 얻을 수 없으므로 지금 받은 이 은혜를 잘 간직하며 생명의 복음을 만방에 알리는 일에 더욱 더 노력해야겠다.

약속의 무지개

"내가 너희와 언약을 세우리니 다시는 모든 생물을 홍수로 멸하지 아니할 것이라 땅을 멸할 홍수가 다시 있지 아니하리라 하나님이 이르시되 내가 나와 너희와 및 너희와 함께 하는 모든 생물 사이에 대대로 영원히 세우는 언약의 증거는 이것이니라 내가 내 무지개를 구름 속에 두었나니 이것이 나와 세상 사이의 언약의 증거니라"(창세기 9:11)

온 세상에 가득했던 물이
산 밑으로 흐르네
땅 밑으로 흘러가네
어둠이 걷히고
다시 찾아온 계절
봄과 여름, 가을과 겨울
하나님의 심판이 끝나고
다시 인간에게 복을 허락하시네
충만하라! 다스리라!
구름 사이에 무지개를 두어
우리에게 약속하셨네

공의의 하나님은 자신의 약속을 어기신 적이 없으시다. 공의의 하나님은 죄를 용서하지 않으시고 심판하신다. 그리고 사랑의 하나님은 회개를 용납하시고 축복을 약속하신다. 하나님의 약속은 완전하시기에 "노아의 홍수가 끝나고 땅에 충만한 복을 주고 살게 하리라" 하신 말씀을 믿으며 고난을 이겨나가야 한다.

흩어진 언어

"그러므로 그 이름을 바벨이라 하니 이는 여호와께서 거기서 온 땅의 언어를 혼잡하게
하셨음이니라 여호와께서 거기서 그들을 온 지면에 흩으셨더라"(창세기 11:9)

모두가 같은 말을 쓰고
같은 말로 생각하던 시대가 있었네
같은 말로 소통하고
같은 말로 일을 하던 사람들
같은 말로 교만하여
하늘 높이 탑을 쌓기 시작했네
하늘 높게 탑을 쌓자
하늘에 닿는 탑으로
우리의 이름을 높이자
사람들의 교만을 치려고
그들을 혼잡하게 치셨네
소통이 되지 않은 사람들은
온 지면에 흩어졌네

소통을 위해 말은 정말로 중요하다. 토씨 하나가 잘못되어 괜한 오해
가 생기는 경우도 얼마나 많은가? 마찬가지로 잘못된 소통은 하나님께
영광이 되지 않는다. 그러나 사람들은 서로의 소통에는 큰 신경을 쓰면
서 하나님과의 소통은 등한시하는 경우가 많다. 먼저 하나님과의 소통이
원활해야 이웃과도 원활히 소통 된다는 사실을 기억하며 언제나 하나님
을 경외하자.

부르심

"여호와께서 아브람에게 이르시되 너는 너의 고향과 친척과 아버지의 집을 떠나
내가 네게 보여줄 땅으로 가라 내가 너로 큰 민족을 이루고 네게 복을 주어 네 이름을 창대하게 하리니
너는 복이 될지라"(창세기 12:1-2)

살아온 고향
친척과 아버지의 집이 있는 곳
그러나 주님이 말씀하시네
"떠나라, 내가 보여줄 땅으로"
눈앞에 보이는 건
아무것도 없지만
너로 민족을 이루게 하리라
네게 복을 주리라
네 이름을 창대하게 하리라
주신 말씀 믿음으로
아브라함 복의 근원이 되었네

　아브라함의 믿음을 보시고 부르신 하나님의 역사는 지금도 이어지고 있다. 하나님의 거룩한 부르심에 응답할 때 아브라함처럼 우리도 민족을 이루고, 복을 받고, 구원의 은혜를 누릴 수 있게 된다. 보잘 것 없었던 나의 인생도 하나님을 만나고서 완전히 바뀌었다. 내 힘으로는 이룰 수 없는 도전들이 많았지만 그럼에도 부름에 순종할 때 내 힘으로는 이룰 수 없었던 걸음들을 뗄 수 있었다.

지키신 약속

"아브라함이 엎드려 웃으며 마음속으로 이르되 백 세 된 사람이 어찌 자식을 낳을까 사라는 구십 세니 어찌 출산하리요 하고 아브라함이 이에 하나님께 아뢰되 이스마엘이나 하나님 앞에 살기를 원하나이다 하나님이 이르시되 아니라 네 아내 사라가 네게 아들을 낳으리니 너는 그 이름을 이삭 이라 하라 내가 그와 내 언약을 세우리니 그의 후손에게 영원한 언약이 되리라"(창세기 17:17-19)

백세에 되기까지 없었던
하나님의 응답,
모두가 포기했을 때
하나님은 약속을 지키셨네
백세의 이루신 하나님의 약속
생육하고,
번성하라,
마침내 큰 나라가 되어
영원한 언약이 되었도다

민음의 조상 아브라함도 아내의 설득에 아들을 포기하고 인간적인 방법을 택했다. 어떤 순간에도 하나님을 신뢰했던 아브라함은 어떤 생각이 들었을까? 하나님의 응답의 방법은 우리의 얕은 생각과는 분명히 다른 것 같다. 하지만 중요한 것은 이르든, 늦든 하나님이 허락하신 때가 부족한 나의 지혜보다 훨씬 나은 때라는 사실이다.

의인 한 사람

"아브라함이 또 이르되 내가 감히 내 주께 아뢰나이다 거기서 이십 명을 찾으시면 어찌 하려 하시나이까 이르시되 내가 이십 명으로 말미암아 그리하지 아니하리라 아브라함이 또 이르되 주는 노하지 마옵소서 내가 이번만 더 아뢰리이다 거기서 십 명을 찾으시면 어찌 하려 하시나이까 이르시되 내가 십 명으로 말미암아 멸하지 아니하리라 여호와께서 아브라함과 말씀을 마치시고 가시니 아브라함도 자기 곳으로 돌아갔더라"(창세기 18:31-33)

하나님은 의인을 찾고 계신다
그 많은 사람 중 50명
그 많은 사람 중 40명
그 많은 사람 중 30명
그 많은 사람 중 20명
그 많은 사람 중 단 10명
그 10명이 없어서 성읍은 멸망했네
하나님은 지금도 의인을 찾고 계신다.

세상을 살다보면 사람이 참으로 악하다는 것을 종종 느끼게 된다. 아무리 착하게 살려고 노력하지만 그럼에도 순간 실수하고, 순간 무너진다. 모든 사람은 죄에서 벗어날 수 없는 연약한 존재이기 때문이다. 그러나 죄를 어쩔 수 없는 의인이 될 수 있는 단 한가지 방법이 있다. 예수님을 믿음으로 구원받는 것이다. 오직 예수 그리스도로 말미암아 우리도 의인이 되어 하늘나라를 소망할 수 있다.

순종

"손을 내밀어 칼을 잡고 그 아들을 잡으려 하니 여호와의 사자가 하늘에서부터 그를 불러 이르시되 아브라함아 아브라함아 하시는지라 아브라함이 이르되 내가 여기 있나이다 하매 사자가 이르시되 그 아이에게 네 손을 대지 말라 그에게 아무 일도 하지 말라 네가 네 아들 네 독자까지도 내게 아끼지 아니하였으니 내가 이제야 네가 하나님을 경외하는 줄을 아노라"(창세기 22:10-12)

백세에 낳은 아들을
산으로 끌고 갔네
그곳에서 이어지는
청천벽력과도 같은 말씀
"번제로 드리라"
나무를 들고, 아들을 데리고,
불을 챙기고, 칼을 들기까지
아브라함은 순종했네
아브라함의 순종으로
하나님은 경외함을 아셨네
모든 것을 아시는 주님이
모든 것을 예비해놓으셨네

　순종은 내가 보기 좋은 대로 행하는 것이 아니라 하나님 말씀대로 따르는 것이다. 말씀 곳곳에는 하나님이 나에게, 우리에게 원하시는 것이 무엇인지 나와 있다. 주야로 말씀을 묵상하는 것, 하나님을 기쁘게 찬양하는 것, 이웃을 사랑하고 복음을 전하는 일, 마음을 다해 주님을 예배하는 것. 하나님께 순종하는 일이 하나님의 영광이 된다는 사실을 매일 다짐하며 살아가야 한다.

믿음의 조상 아브라함

"이르시되 여호와께서 이르시기를 내가 너를 가리켜 맹세 하리니 네가 이같이 행하여 네 아들 독
자도 아끼지 아니하였은즉 내가 네게 복을 주고 네 씨가 크게 번성하여 하늘에 별과 같고 바다에
모래와 같이 하리니 네 씨가 그 대적의 성문을 차지하리라"(창세기 22:16-17)

부족한 것 없는 집에서 자라
떠날 이유가 없었던 사람
어느 날 들린 하나님의 음성에
모든 것을 순종했네
고향과 친척과 아버지의 집을 떠나
어딘지 알 수 없는 하나님이 말씀하신 땅
그러나 주님의 약속을 믿고
그 음성을 따라 떠났네
믿음의 여정으로 도착한 곳에는
땅에서 젖과 꿀이 흘렀네
하나님이 약속하신 새로운 역사가 시작됐네

　하나님을 알기 전의 나는 도저히 성경의 원리나 말씀이 이해되지 않았
다. 사람의 일반적인 생각으로는 도저히 이해하기가 힘들다고 생각했다.
그러나 성경에 나오는 아브라함처럼, 많은 믿음의 인물들처럼 설령 이해
가 되지 않더라도 주님의 음성에 순종할 때 생각지도 못하는 놀라운 일
들이 일어나곤 했다. 내가 알지 못하던 때에도 나를 기다리시고 예비하
시던 하나님이었음을 나는 이제 정말로 믿는다.

주관하시는 주님

"내 주인 아브라함의 하나님 여호와께서 나를 바른 길로 인도하사
나의 주인 동생의 딸을 그에 아들을 위하여 택하게 하셨으므로
내가 머리를 숙여 그에게 경배하고 찬송하였나이다"(창세기 24:48)

하늘에 계신
나의 전능하신 하나님은
땅에서도 일하시네
나를 위한 계획을 준비하시네
모든 사람에게는
하나님의 계획이 있네
그 계획을 따라 살 때에
그 계획을 믿고 기도로 구할 때에
창세기의 이삭같이
나를 위한 베필을
나를 위한 모든 것을
주관하여 주시네, 놀라운 나의 주님

태초부터 지금까지 모든 것은 하나님의 섭리 아래, 주관 하에 이루어
지고 있음을 나는 믿는다. 아브라함에게 베푸신 축복을 실행하기 위해
이삭에게, 야곱에게 돕는 베필이 있어야 했던 것처럼 하나님의 말씀을
믿고 따르는 나를 위해서도 하나님은 필요한 장소와 사람, 직업, 동물까
지도 예비하여 주셨다. 하나님만 의지하면 하나님이 이루신다는 사실을
나는 의심하지 않는다,

쌍태

간절한 기도에
생명을 허락하신 하나님
한 생명과 또 한 생명이
동시에 태어났네
같은 배에서 태어났으나
장차 나뉠 두 민족
하나님의 은혜가
그들에게 임하리라

아무리 간절히 기도해도 하나님이 듣지 않으시는 것 같을 때가 있다.
나같은 죄인의 기도를 들어주시지 않는다고 생각될 때도 있다. 그러나
주님을 믿으며 부족한 발걸음을 한 발짝씩 걸어온 뒤 깨달은 것은 예수
님의 이름으로 드리는 단 한 구절의 기도도 하나님은 땅에 떨어트리지
않으신다는 사실이다. 나의 기도를 들으시는 하나님!! 하나님은 기도하
며 간구하는 자녀를 위해 삶을 계획하시고 인도하여 주신다. 길을 열어
복이 되게 하신다.

장자의 명분

"야곱이 떡과 팥죽을 에서에게 주매 에서가 먹으며 마시고 일어나 갔으니
에서가 장자의 명분을 가볍게 여김 이었더라"(창세기 25:34)

사람은 무릇
생각하는 것을 말하며
사람은 무릇
꾸는 꿈을 이루려고 한다
팥죽과 장자의 명분을 바꾸는
어리석은 사람이 되지 말고
하나님이 주시는
복들을 받을 수 있는
그런 생각을 담는
말을 담는, 소망을 담는
아름다운 그릇이 될 때
주님은 복을 부어주신다

세상의 복을 쫓는 사람은 세상의 성공을 거둘지언정 다른 것들을 놓치지만 하나님이 주시는 영적인 복을 쫓는 사람은 세상의 복까지 선물로 받게 된다. 성경을 묵상할수록 '진정으로 성공하는 사람은 어떤 사람인가?'라는 생각을 하게 되는데 묵상을 깊이 할수록 육적인 사람은 미래가 불투명하고 후손에도 복이 되지 못하지만 영적인 사람은 하나님께서 희망이 가득찬 미래를 주시며 후손에게까지 복이 이어진다는 생각을 하게 된다.

양보의 축복

"이삭이 그 땅에서 농사하여 그 해에 백배나 얻었고 여호와께서 복을 주시므로
그 사람이 창대하고 왕성하여 마침내 거부가 되어"(창세기 26:12)

겨우 정착한
새로운 삶의 터전,
생명과도 같은 하나의 우물
시기와 질투로
분쟁이 생겼지만
원망과 불평 없이
내어주고, 또 내어줬네
인내에 양보가 더해져
모든 시련은 끝이 나고
오히려 백배의 축복이
참는 자에게 찾아왔도다

　　주변의 누군가 잘 됐다는 소문을 들으면 사람은 본능적으로 시기하기
마련이다. 주어진 하루에 감사하며 살려고 노력하는 나같은 사람도 주변
에 누군가 갑자기 "벼락부자가 됐다"는 소문을 들으면 마음이 심란할 때
가 있다. "사촌이 땅을 사면 배가 아프다"는 속담이 괜히 나왔겠는가? 그
러나 하나님의 방법은 다르다. 부족한 마음에 떠오르는 시기와 질투를
이겨내고 진심으로 다른 이를 축복할 수 있는 양보의 마음을 가진 사람
을 하나님은 들어 쓰시고 백배의 축복을 주시리라 믿는다.

간절한 기다림

"그가 가까이 가서 그에게 입마 추니 아버지가 그의 옷에 향취를 맡고 그에게 축복하여 이르되
내 아들의 향취는 여호와께서 복 주신 밭의 향취로다 하나님은 하늘의 이슬과 땅의 기름짐이며
풍성한 곡식과 포도주를 네게 주시기를 원하노라"(창세기 27:27-28)

꿈을 가지고
간절한 마음으로
하나님의 축복을 기다리는 사람
하나님은 그 사람을 축복하시네

하나님이 주실 것을 믿으며
믿음으로 발걸음을 떼는 자
하나님은 그 사람을 위해
시간과 장소를 준비하시네
믿음으로 소망은 축복으로 이어지네

　사람은 누구나 소망을 가지고 살아간다. 세상에서 잘 되길 바라는 인간적인 소망도 있으며, 하나님 앞에 바로 서고자 하는 믿음적인 소망도 있다. 이루든 이루지 못하든 우리는 세상을 떠나는 날까지 소망을 품고 살아간다. 그런데 소망을 이루려고 잘못된 욕심을 내는 사람들이 있다. 남을 속이고, 불법을 저지르며 이룬 소망은 잠깐의 이득이 될지는 모르지만 결국 화로 돌아온다. 오직 하나님이 주시는 거룩한 소망만이 욕심을 내도 화가 없는 소망이다.

사랑을 위하여

"라반이 이르되 언니보다 아우를 먼저 주는 것은 우리 지방에서 하지 아니하는 바이라 이를 위하여 칠 년을 채우라 우리가 그도 네게 주리니 네가 또 나를 칠 년 동안 섬길 지니라"(창세기29:26-27)

사랑은 우연이 아니다
단순한 사건으로 보일지라도
우연의 연속처럼 보일지라도
하나님은 모든 일을 계획하고 계신다
눈에 보이는 수고가
필요하다 하더라도
오랜 시간이 걸린다 하더라도
인내하는 사람에게는
하나님이 예비하신 사랑이
언젠가 이루어진다

모든 사랑에는 헌신과 인내가 필요하다. 사랑에 빠진 사람들은 때때로 상상도 못할 노력과 수고를 들인다. 하나님의 사랑 역시 마찬가지다. 하나님은 죄에 빠진 우리를 위해 독생자를 주실 정도로 상상할 수 없는 큰 사랑을 표현하셨다. 하나님이 주신 사랑을 깨달을 때, 그 사람을 믿음으로 소망을 품을 때, 세상의 불완전한 사랑이 아닌 하나님이 주신 완전한 사랑을 느끼게 될 것이다. 예수님의 사랑은 나를 위한 사랑이다. 그 사랑을 나는 아무 값없이 받았도다.

마주침

"사자들이 야곱에게 돌아와 이르되 우리가 주인의 형 에서에게 이른즉
그가 사백 명을 거느리고 주인을 만나려고 오더이다 야곱이 심히 두렵고 답답하여
자기와 함께 한 동행자와 양과 소와 낙타를 두 떼로 나누고"(창세기 32:6-7)
"에서가 이르되 내 동생아 내게 있는 것이 족하니 네 소유는 네게 두라 야곱이 이르되
그렇지 아니하니이다 내가 형님의 눈앞에서 은혜를 입었사오면 청하건대
내 손에서 이 예물을 받으소서 내가 형님의 얼굴을 뵈온즉 하나님의 얼굴을 본 것 같사오며
형님도 나를 기뻐하심이니이다"(창세기 33:9-10)

장자의 권리를 탐해 모략으로 그것을 얻고
먼 곳으로 도망쳤네
도저히 용서받지 못할 것 같던 그 죄,
지금도 두렵지만 다시 또 도망치고 싶지만
나에게 임한 하나님의 은혜를 의지함으로
위험에서 구해주실 주님의 손을 믿으며
믿음으로 다시 나아가네

사람의 본성은 선할까? 아니면 악할까? 저마다의 생각이 있겠지만 사람은 본능적으로 자기의 이익을 위해 다른 사람의 피해를 아무렇지도 않게 입히는 경우가 많다. 아무리 철학이 어쩌고, 심리학이 어쩌고 해도 우리가 살아가면서 경험하는 일들은 성경이 설명하는 사람의 모습과 너무도 똑같다. 나 역시 살아가면서 많은 실수를 한다. 사람 앞에, 하나님 앞에, 사랑하는 가족들에게, 그러나 실수가 두려워 숨고 도망칠지라도 언젠가는 그 잘못과 마주할 순간이 찾아온다. 두렵지만 당당히 마주하며 죄에 대한 용서를 구하는 사람에게 하나님의 은혜가 임한다.

생각을 이루시는 분

"요셉이 다시 꿈을 꾸고 그의 형들에게 말하여 이르되 내가 또 꿈을 꾼즉 해와 달과 열한 별이 내게 절하더이다 하니라 그가 그의 꿈을 아버지와 형들에게 말하매 아버지가 그를 꾸짖고 그에게 이르되 네가 꾼 꿈이 무엇이냐 나와 네 어머니와 네 형들이 참으로 가서 땅에 엎드려 네게 절하겠느냐 그의 형들은 시기하되 그의 아버지는 그 말을 간직해 두었더라"(창세기 37:9-11)

사람들은 꿈을 포기하라 말한다
허황된 꿈이라고
오르지 못할 나무라고…
하지만 주님은
그 꿈을 붙잡으라 말씀하신다
내가 이루어줄 것이라고
나를 의지하며 나아가라고
주님이 주신 말씀으로
세상에 꿈을 선포하면
주님이 반드시 이루어주시리
내 수치를 씻어주시리

지금 우리가 누리는 당연한 문명의 이기들은 10년 전만 해도 생각할 수 없는 것들이었고 100년 전에는 기적이 일어난다 해도 믿을 수 없던 일들이었다. 사람의 생각도 이처럼 비약적으로 이루어지는데 하나님이 주신 꿈을 이루는 사람의 삶은 어떻겠는가? 어떤 상황에서도 꿈을 놓지 않은 요셉처럼 나도 언제고 하나님이 주시는 꿈을 마음에 품으며 사람들에게 자랑하고 싶다.

타국에서의 기적

"바로가 그의 신하들에게 이르되 이와 같이 하나님의 영에 감동된 사람을
우리가 어찌 찾을 수 있으리요 하고 요셉에게 이르되 하나님이 이 모든 것을
네게 보이셨으니 너와 같이 명철하고 지혜 있는 자가 없도다"(창세기 41:38-39)

부푼 꿈을 품었으나
타국으로 팔려가네
아버지의 총애받는 막내 아들이
노예로 팔려가고
죄수가 되어 옥에 갇혔네
그러나 타국에서도 감옥에서도
하나님이 주신 꿈은 놓지 않았네
하나님 앞에 정직한 사람
사람 앞에 정직한 사람
하나님은 그 사람을 들어
타국에서 꿈을 이루어주시고
이름을 높이 세우셨네

습관은 생각과 결단 이전에 자연스럽게 몸에서 나오는 행동들이다. 하
나님이 주신 큰 꿈을 품었던 요셉은 어떤 상황에서도 하나님을 높이는
존귀한 선택을 했다. 어떻게 그럴 수 있었을까? 그처럼 억울하고 원통한
일을 겪었음에도 마지막까지 원망 한 번 하지 않았던 요셉의 인품. 모든
것을 하나님께 맡기며 사람에게 받은 상처를 하나님께 위로받는 그런 믿
음의 습관을 가진 사람이 되고 싶다.

기다림과 실현

바로가 또 요셉에게 이르되 내가 너로 애굽의 온 땅의 총리가 되게 하노라 하고
자기의 반지를 빼어 요셉의 손에 끼우고 그에게 세마포 옷을 입히고 금 사슬을 목에 걸고
자기에게 있는 버금 수레에 그를 태우매 무리가 그에 앞에 엎드리라 하더라
바로가 그에게 애굽 전국을 총리로 다스리게 하였더라"(창세기 41:41-43)

미움과 배신은
멀리 있어 보이나
때로는 너무나 가까이 있네
생각지도 못한 때에
사람에게 버림 받고
뜻하지 않은 고난을 당하지만
신앙의 힘으로 견디고 인내하며
주님의 때를 기다리면
결국은 때가 찾아오네
꿈을 이루어주실 하나님의 놀라운 순간

　미움과 배신은 믿었던 사람들에게만 당할 수 있기에 큰 상처로 다가온다. 그러나 그런 상처들조차 하나님께 맡기며 묵묵히 할 일을 하면 결국은 귀하게 써주신다는 교훈을 말씀을 통해 얻곤한다. 신앙의 힘은 배신의 상처도 아물게 하며 더욱 더 넘치는 은혜를 허락하신다. 그 은혜로 원망대신 용서를 할 수 있다. 사람이기에 사람과의 일이 가장 힘든 인생이지만 요셉의 교훈을 귀히 여기며 한 걸음 더 하나님만 바라보며, 하나님만 의지해나가는 내가 되어야겠다.

이루어진 상봉

"요셉이 바로의 명령대로 그의 아버지와 그의 형제들에게 거주할 곳을 주되
애굽의 좋은 땅 라함셋을 그들에게 주어 소유로 삼고 또 그의 아버지
그의 형들과 그의 아버지의 온 집에 그 식구를 따라 먹을 것을 주어 봉양하였더라"(창세기 47:11-12)

헤어졌으나
결국 다시 만났네
모든 것은 주님 안에 필연이었네
질시 받는 인생
원망 가운데 팔려갔지만
고난과 역경 속에서
하나님이 주신 꿈이 꽃을 피웠네
아버지와 형제를 그리워하던
돌아올 수 없을 것 같았던 그 시절
용서와 화해로 맞닿으며
화목한 가정을 다시 이루었네

"나에게 왜 이런 일이 일어날까?"라는 생각이 들 때가 있다. 불행한 일은 피하는 것이 최선이고, 그런 일을 당해서는 안되겠지만 그럼에도 이미 일어난 일은 되돌릴 수 없다는 것도 분명한 사실이다. 지금 일어난 일을 그저 원망만 하며 주저앉아 있을 것인가? 아니면 나를 도우시는 주님을 믿고 극복하려 노력할 것인가? 모든 것은 나의 선택에 달려있다.

유언

"야곱이 그 아들을 불러 이르되 너희는 모이라 너희가 후일에 당할 일을 내가 너희에게 이르리라
너희는 모여 들어라 야곱의 아들들아 너희 아버지 이스라엘에게 들을지어다"(창세기 49:1-2)
"한번 죽는 것은 사람에게 정하신 것이요 그 후에는 심판이 있으리니"(히브리서 9:27)

너희들은 들으라
나는 죽음을 앞둔 너희 아비니
인생의 절반이 축복, 절반이 걱정이었구나
큰 자는 탁월하지 못하고
둘째와 셋째는 폭력의 도구였으며
넷째는 네 형제의 찬송이요
다섯째는 해변에 살고
여섯째는 토지를 아름답게 여기고
일곱째는 길섶에 뱀이요
여덟째는 추격자가 되었고
아홉째는 부자가 되어 왕과 함께 먹고
열째는 노래하는 자요
열한째는 하늘의 복을 받은 자로 태에 복이 있으리라
그러나 열둘째는 물어뜯는 이리라

태어나고 죽고, 다시 대를 이어 살아가는 것은 사람의 숙명이다. 쳇바
퀴 같은 인생 그저 살아가다 다시 흙으로 돌아가는 것이 끝이라면 인생
에는 아무런 의미가 없을 것이다. 하나님이 축복하신 가문에서 자란 야
곱의 아들들의 각기 다른 삶을 돌아보며 '나는 어떤 삶을 살아야 하는가?
성도로써 합당한 삶은 무엇인가'를 깊이 묵상해본다.

하나님의 섭리를 따라 꽃을 맺고 열매를 주어 사람들을 기쁘게 하는
수목들처럼 나를 뽐내기 보다 사람들을 영화롭게 하며 복음을 전하는 축
복의 사람으로 살다가고 싶다.

조용한 순종(이삭)

"이삭이 어버지 아브라함에게 말하여 이르되 내 아버지여 하니 그가 이르데 내 아들아 내가 여기 있노라 이삭이 이르되 불과 나무는 있거니와 번제할 어린양은 어디 있나이까"(창세기 22:7)

사랑스럽고
순종하는 아들, 이삭
하나님의 명을 따라
자신을 드리러 모리아 산에 올랐네
건장한 청년의 몸으로
늙은 아비에게 반항하지 않고
모든 것을 내어드리며
하나님께, 아버지께 그저 순종했네
조용한 사람 이삭은
순종으로 하나님께 복을 받았네

목숨이 걸린 일에서 태연할 수 있는 사람은 아무도 없다. 말로는 얼마든지 순종하고 섬길 수 있지만 내 목숨이 걸린 일에서도 당당히 믿음을 주장할 수 있을까? 이 역시 말로는 쉬울지 모르지만 막상 그런 상황이 찾아온다 하면 번민과 고뇌에 휩싸일 것이 당연하다. 목숨이 걸린 일이 아닐 때도 마찬가지다. 말로는 복음을 부르짖고, 매주 주님께 순종할 것을 서약하지만 이삭과 같이 목숨마저도 조용히 걸고 순종하는 사람이 아닌 그저 시끄럽게 울리는 꽹과리 같은 신앙이 되지 않도록 조심해야겠다.

복을 사모하는 자(야곱)

"야곱이 하나님이 자기와 말씀하시던 곳에 기둥 곧 돌기둥을 세우고 그 위에 전재물을 붓고 또 그 위에 기름을 붓고 하나님이 자기와 말씀하시던 곳의 이름을 벧엘이라 불렀더라"(창세기 35:14-15)

쌍둥이의 동생으로 태어난 야곱
탐욕과 시샘을 품고 있어
형을 속여 장자권을 빼앗았네
축복을 얻기 위해
눈이 어두운 아버지를 속였네
복을 사모했던 야곱,
재물을 탐해 외삼촌마저 속이지만
하나님은 야곱을 축복하셨네
좋은 것을 사모하며
복을 위해 포기할 줄 알았던 야곱
그로부터 이스라엘은 시작됐네

　세상의 그 어떤 것에도 마음을 두지 않는 사람은 없다. 어떤 사람은 재물에, 어떤 사람은 외모에, 어떤 사람은 인정에 마음을 두고 평생 그것을 사모하며 살아간다. 하나님이 주시는 복을 사모하며, 그것을 얻으려고 최선을 다하는 사람은 순탄치 못한 과정 중에서도 많은 것을 깨닫지만 자신의 정욕만을 채우려고 노력하는 사람은 다른 이에게 상처를 주고 주변을 시샘할 뿐이다. 한평생 복을 탐하며 남을 속이던 야곱은 자신이 찾는 복이 하나님께 있음을 깨달았고 새로운 인생을 살게 되었다. 하나님이 이미 주신 구원이라는 귀한 복을 받아놓고도 엄한 것에 마음을 뺏기는 어리석은 사람이 되지 않기를….

억압의 시대

"요셉을 알지 못하는 새 왕이 일어나 애굽을 다스리니 그가 그 백성에게 이르되
이 백성 이스라엘 자손이 우리 많고 강하도다"(출애굽기 1:8-9)
"이스라엘 자손에게 일을 엄하게 시켜 어려운 노동으로 그들에 생활을 괴롭게 하니 곧 흙 이기기
와 벽돌 굽기와 농사의 여러가지 일이라 그 시키는 일이 모두 엄하더라"(출애굽기 1:13-14)

시대가 변하고
사람들도 변했네
옛 추억도 사라지고
이루었던 영광도
기억하는 이 하나없네
왕의 약속도
희미해져 가지만
하나님은 한 민족에게 주신 약속
잊지 않으셨네
고난과 핍박 속에서도
약속의 민족은 더욱 더 번성했네

　십년이면 강산이 변한다는 말이 있다. 한 길 마음 속도 모르는 사람은
얼마나 자주 변하겠는가? 애굽의 위기를 하나님의 도우심으로 극복하고
왕의 총애를 받았던 요셉의 시절도 끝이 나고 이스라엘 민족이 핍박을
받았다. 피를 나눈 형제라도 다툴 수 있고, 평생을 함께 하기로 한 반려자
도 마음이 변할 수 있다. 영원을 바라지만 영원을 약속할 수 없는 것이 바
로 사람의 한계이며 그렇기에 영원한 말씀을 붙잡을 수밖에 없다. 사람
은 변하고, 사람은 잊지만 동일하신 하나님의 사랑과 약속은 영원히 변
하지 않기 때문이다.

물에서 건진 아기

"그 아기가 자라매 바로의 딸에게로 데려가니 그가 그의 아들이 되니라 그가 그의 이름을 모세라 하여 이르되 이는 내가 그를 물에서 건져내었음이라 하였더라"(출애굽기 2:10)
"하나님이 그들의 고통 소리를 들으시고 하나님이 아브라함과 이삭과 야곱에게 세운 그의 언약 을 기억하사 하나님이 이스라엘 자손을 돌보셨고 하나님이 그들을 기억하셨더라"(출애굽기 2:24-25)

여자 아이는 살리고
남자 아이는 죽이라
거부할 수 없는 왕의 명령
두려움에 산파들은 왕의 명령을 따랐네
통곡과 울음이 그칠 일이 없는
히브리 민족들의 가정
그 고통을 끝낼 아이를
하나님이 보내주셨네
바구니에 담겨져
애굽의 왕족이 되어 자라난 그 아기
물에서 건진 아기의 이름은
모세라 하였네

이스라엘 민족을 통해 구원의 역사를 시작하실 하나님의 계획은 여전 히 유효했으나 그 과정은 순탄치 않았다. 그럼에도 묵묵히 버텨나가며 약속을 기다리는 백성들에게 하나님은 모세를 보내주셨다.

하나님을 믿는 사람들에게도 고난은 찾아온다. 세상을 사는 동안 고난 은 필연적이다. 우리가 구할 것은 고난을 피하게 해달라는 기도가 아니 라 고난 중에도 하나님을 의지할 믿음이다.

소명

"여호와께서 그가 보려고 돌이켜 오는 것을 보신지라 하나님이 떨기나무 가운데서 그를 불러 이르되 모세야 모세야 하시매 그가 이르되 내가 여기 있나이다"(출애굽기 3:4)

하나님의 부르심을 받은 청년은
젊은 혈기를 이기지 못했네
화려한 왕궁에서 황량한 광야로
목숨을 위해 모든 것을 포기한 청년
모든 것을 내려놓았을 그때
눈앞의 불꽃이 나타났네
불꽃 가운데 임하시는 하나님의 음성
"고통 속에 있는 나의 백성을 구하라"
왕궁에서 광야로 광야에서 다시 왕궁으로
약속의 땅으로 백성을 이끄는
하나님이 주신 새로운 소명

　불의를 참지 못하는 정의로운 사람이 되는 일은 중요하다. 하지만 방법이 잘못된 정의는 불의만 못한 결과를 가져올 때가 많다. 왕궁에서의 모세보다 광야에서 연단받은 모세가 하나님의 소명에 더 적합했던 것처럼 내가 생각하는 소명에 적합한 사람이 아니라 하나님이 주신 소명에 더 적합한 사람이 되기 위해선 무엇을 해야 하는지 깊이 생각해봐야겠다.

능력의 비결

"그가 너를 대신하여 백성에게 말할 것이니 그는 네 입을 대신 할 것이요 너는 그에게
하나님 같이 되리라 너는 이 지팡이를 손에 잡고 이것으로 행할지니라"(출애굽기 4:16-17)

불꽃 가운데 임한
분명한 하나님의 부르심
지팡이로 보여주신
하나님의 놀라운 능력

모든 것을 잃고
아무것도 없다고 느껴진 광야에서
주님이 함께 하시자 기적이 일어났네
하나님이 함께 하실 때
하나님의 일을 감당할 수 있네

　하나님이 주신 비전, 소명, 꿈을 발목잡는 것은 나의 부족한 능력이다.
교회에서의 작은 직분조차도 감당하기가 너무 벅차다고 느껴질 때가 얼
마나 많은지 모른다. 그러나 잊지 말아야 할 것은 하나님은 나의 그런 부
분조차도 모두 아시고, 부족한 부분을 채워주실 능력을 가지신 분이라는
사실이다. 내가 아닌 하나님을 의지하며 순종의 발걸음을 걸어 나갈 때
하나님은 나를 통해 자신의 능력을 드러내신다.

하나님의 힘

"모세와 아론이 이 모든 기적을 바로 앞에서 행하였으나 여호와께서 바로의 마음을 완악하게 하셨
으므로 그가 이스라엘 자손을 그 나라에서 보내지 아니하였더라"(출애굽기 11:10)
"할 수 있거든 이 무슨 말이냐 믿는 자에게는 능히 하지 못할 일이 없느니라"(마가복음 9:23)

하나님의 계획을 위한
모세의 당당한 요구
이스라엘 민족을 땅에서 보내라
완악한 바로는
하나님의 명령을 거절했네
애굽에 찾아오는 열가지 재앙
장자를 잃고서야
바로는 하나님께 굴복했네
하나님의 계획은
감히 사람이 막을 수 없네

　　하나님은 사람을 통해 구원의 계획을 하나씩 펼쳐나가셨다. 때로는 이
적을 통해, 때로는 천사를 통해 아무리 당대 최강 제국의 권력자라 하더
라도 하나님의 놀라운 힘 앞에서는 아무 손도 쓸 수 없었다. 하나님은 힘
이 있고 지혜롭고 돈이 많은 사람을 쓰시는 것이 아니라 하나님의 능력
을 세상에 드러낼 수 있는 사람을 사용하신다. 나를 믿지 말고 하나님의
전능한 손길을 믿자. 나는 할 수 없지만 하나님은 하실 수 있다.

기념하라

"모세가 백성에게 이르되 너희는 애굽 곧 종 되었던 집에서 나온날을 기념하여 유교병을 먹지 말라 여호와의 권능으로 너희를 그 곳에서 인도해 내셨음이니라"(출애굽기 13:3)

기나긴 억겁의 세월
마침내 끝난 바로의 폭정
광야의 모세를 통해
그의 형 아론을 통해
하나님 마침내 자신의 계획을 이루셨네

어린 양의 피를 문설주에 바르라
누룩 없는 떡을 먹으라
민족이 해방된 이 거룩한 날을
주님 생각하며 명령대로 기념하라

수백 년을 고통 가운데 압제당하다 마침내 해방된 민족의 기쁨은 어땠을까? 전능자 하나님이 우리를 인도해냈다는 사실을 이스라엘 사람들은 어떻게 받아들였을까? 하나님을 만나고 구원의 감격에 심장이 벌떡이던 그때의 감정과 비슷할까? 아무런 소망이 없던 나의 삶에 찾아와주신 주님, 주님을 삶의 끝까지 기념하며 전심으로 예배하기를 소망한다.

구름과 불기둥

"여호와께서 그들 앞에서 가시며 낮에는 구름기둥으로 밤에는 불기둥을 그들에게 비추사
낮이나 밤이나 진행하게 하시니 낮에는 구름기둥 밤에는 불기둥이
백성 앞에서 떠나지 아니하니라"(출애굽기 13:21-22)

해방의 기쁨도 잠시
눈앞에 들어온 끝없는 광야
전능하신 하나님의 능력도
갈라진 홍해도 그들의 마음에 잊혀졌네

그러나 주님은
자신의 백성을 포기하지 않으시네
낮에는 구름기둥으로 백성을 보호하시고
밤에는 불기둥으로 자기 백성을 지키셨네

내 인생에 하나님이 존재하지 않는다고 느껴질 때가 있다. 하나님을 원망하고 믿음을 버리고 싶을 때도 정말 많이 있다. 하지만 내가 기쁠 때도, 내가 슬플 때도 변함없이 하나님은 나와 함께 하신다. 언덕을 넘어 웅덩이가 있고 골짜기를 지나 초원이 펼쳐지듯이 하나님은 내 인생에 가장 좋은 것들을 주시기 위해 언제나 준비하고 계신다. 눈앞의 사막을 보고 하나님을 원망했던 어리석은 백성이 되지 말고 낮에는 구름기둥, 밤에는 불기둥으로 지켜주셨던 권능의 하나님을 바라보자.

또 다른 위협(홍해)

"모세가 바다위로 손을 내 밀 때 여호와께서 큰 동풍이 밤새도록 바닷물을 물러가게 하시니
물이 갈라져 바다가 마른땅이 된지라"(출애굽기 14:21)
"인내는 연단을 연단은 소망을 이루는 줄 앎이로다"(로마서 5:4)

하나님의 권능에
장자를 잃은 애굽 백성들
다시 완악해진 바로 왕의 명령으로
이스라엘 백성들의 뒤를 쫓았네
앞에는 붉은 바다,
뒤에는 애굽의 군대,
살길을 잃은 백성들
다시 하나님을 원망했네
그러나 곤경 중에 임하는
놀라운 하나님의 능력
너희는 두려워하지 말고 가만히 있으라
오늘날 너희를 위하여 행하시는 여호와를 보라
자기 백성을 위해 하나님 홍해를 가르셨네

　사람은 자신이 해결할 수 있는 문제들은 하나님을 의지하지 않는다.
내가 매일 하는 일이 갑자기 조금 힘들어졌다 하더라도 여전히 내가 할
수 있는 일이기에 두렵지도 않고, 무섭지도 않다. 그러나 내 힘으로 도저
히 어쩔 수 없는 일을 만날 땐 의지할 곳이 주님뿐이다. 무력함을 느끼는
절망의 그 순간이 바로 하나님의 능력을 체험하는 순간이 되며 하나님의
살아계심을 경험하는 순간이 된다는 사실을 인생의 굴곡 때마다 기억해
야 한다.

만나와 메추라기

"이스라엘 족속이 그 이름을 만나라 하였으며 깟씨 같이 희고
맛은 꿀 섞은 과자 같더라"(출애굽기 16:31)
"지혜가 네 영혼게 이와 같은 줄 알라 이것을 얻으면 정녕히 네 장래가 있겠고
네 소망이 끊어지지 아니하리라"(잠언 24:14)

마른 땅이 된 바다를 건넌 백성들
여호와를 높이네
"여호와는 나의 힘이요 나의 구원이시로다
그는 나의 하나님이시니 그를 찬송하라"

그러나 굶주림과 목마름에
찬양이 멈추고 불평이 시작됐네
아침에는 만나로
저녁에는 메추라기로
주님이 백성을 돌보시나
그들의 마음 속에는 욕심과 정욕뿐이네

처음 출근하는 직장, 처음 만난 연인들, 처음 방문한 여행지, 언제든 첫 경험은 설레고 짜릿한 기억을 준다. 그런데 그렇게 설레고 좋은 일들도 반복되고 익숙해지면 불평과 불만이 싹트기 시작한다. 이스라엘 백성에게 주신 만나와 메추라기처럼 얼마나 많은 은혜를 누리면서도 나는 감사가 아닌 불평을 늘어놓았는가? 광야에서 불평하는 이스라엘 백성의 모습이 지금 은혜에 감사할 줄 모르는 나의 모습이 아닌지 깊이 생각해본다.

10가지 계명

"하나님이 이 모든 말씀으로 이르시되 나는 너를 애굽 땅 종 되었던 집에서 인도하여 낸
네 하나님 여호와 이니라"(출애굽기 20:1-2)
"예수께서 이르시되 네 마음을 다하고 목숨을 다하고 뜻을 다하여 주 너희 하나님을 사랑하라
하셨으니 이것이 크고 첫째 되는 계명이요 둘째도 이와 같으니 네 이웃을 네 자신같이
사랑하라 하셨으니"(마태복음 22:38-39)

의미없는 삶은
곧 가치없는 삶
무엇을 지키고
무엇을 바라며 살아가야 할까
하나님은 열가지 계명을 주셨네
하나님 앞에 지켜야 할 것
하나님을 위해 지켜야 할 것
하나님이 주신 나를 위한 계명
계명으로 자녀들의 삶을 인도하시네

　　무슨 일이든 기본이 가장 중요하다. 기본이 제대로 잡혀있지 않으면
실력이 성장할 수 없고 쉽게 정체기가 온다. 신앙의 기본도 마찬가지다.
십계명을 볼 때 너무도 당연한 계명이라는 생각이 들었다. 이 당연한 계
명도 지키지 못하면서 하나님을 믿는다고, 이웃을 사랑한다고 말할 수
있을까? 규칙과 예의범절을 지키는 것도 때로는 불편하지만 결국 그것
이 나를 보호해주기 때문이다. 십계명은 물론이고 말씀에 나온 규칙들을
모든 사람들이 지키고 노력한다면 하나님이 말씀하신 천국을 사는 동안
에 경험하게 되지 않을까?

하나님의 처소

"너는 산에서 보인 양식대로 성막을 세울지니라 너는 청색 자색 홍색 실과 가늘게 꼰
베 실로 짜서 휘장을 만들고 그 위에 그룹들을 정교하게 수 놓아서 금 갈고리를 네 기둥 위에
늘어뜨리되 그 네 기둥을 조각목으로 만들고 금으로 싸서 네 은 받침 위에 둘지며
그 휘장을 갈고리 아래에 늘어뜨린 후에 증거궤를 그 휘:안에 들여놓으라
그 휘장이 너희를 위하여 성소와 지성소를 구분하리라"(출애굽기 26:30-33)

하나님의 집,
하나님께 제사하며
예배하는 곳을
광야에서 지었네
명하신 말씀을 따라
각종 보석과 아름드리 나무와
형형색색 아름다운 자수
꺼지지 않는 감람유의 등불로
여호와의 말씀을 따라
처소를 영화롭게 가꿔야 하리

　　구약시대에는 우리의 죄를 해결하기 위해 제사로 번제를 드려야 했다
고 한다. 하나님의 말씀에 따라 지어진 거룩한 성막에서만이 번제물로
우리의 죄를 사함 받을 수가 있었다. 하나님의 살아계심을 체험한 이스
라엘 백성들이 전능하신 하나님의 명을 따라 성막을 만들었을 때 얼마나
기뻤을까? 얼마나 두렵고 떨렸을까? 지금 우리가 드리는 예배의 자세와
마음가짐은 정말로 전능자이신 하나님을 경외하는 마음이 있을까? 기쁨
을 사모하는 찬양을 드리고 있는가? 구약을 묵상하며 예배의 자세를 다
시 한 번 점검해야겠다.

우상

"백성이 모세가 산에서 더딤을 보고 모여 백성이 아론에게 이르러 말하되 일어나라
우리를 위하여 우리를 인도할 신을 만들라 이 모세 곧 우리를 애굽 땅에서 인도하여 낸 사람은
어찌 되었는지 알지 못함이라"(출애굽기 32:1)

애굽에서 백성을 이끈 위대한 모세
사십일 가까이 그 모습 보이지 않네
모세만 바라보던 백성들의 마음은
불안과 두려움만이 가득했네

하나님을 보고도 믿지 못한 백성들
말씀을 듣고도 기다리지 못한 백성들
금으로 송아지를 만들어 외치는도다
"이는 인도하여 구원한 신이다!"

보고도 믿지 못하는 백성
듣고도 기다리지 못하는 백성에게
하나님의 참혹한 진노가 임했네

하나님의 약속을 믿는 사람은 인내를 두려워하지 않는다. 하나님을 믿지 못할 때, 하나님이 아닌 사람의 방법을 따를 때, 인간은 언제나 잘못된 방법을 찾게 되고, 돌이킬 수 없는 실수를 하게 된다. 일이 잘 풀리지 않아도, 기도의 응답이 더뎌도 반드시 응답하시고 좋은 것을 주시는 주님을 기다리자. 하나님은 자신의 약속을 믿으며 기다림으로 신뢰를 나타내는 사람들을 찾으신다. 하나님이 아닌 다른 어떤 우상도 섬기지 말자. 의지하지 말자.

행진

"낮에는 여호와의 구름이 성막위에 있고 밤에는 불이 그 구름가운데 있음을 이스라엘 온 족속이
그 모든 행진하는 길에서 그들의 눈으로 보았더라"(출애굽기 40:38)
"여와께서 말씀하시되 오라 우리가 서로 변론하자 너희 죄가 주홍 같을지라도 눈과 같이 희어질
것이요 진홍 같이 붉을지라도 양털 되리라"(이사야 1:18)

성막을 만들고
언약궤를 만들었네
등잔대를 만들고
분향할 제단을 만들었네

여호와께서 말씀하신 모든 것을
이스라엘 백성들이 준행했네
하나님의 말씀이 이루어진 순간
하나님의 축복이 그들에게 임했네

보아라 영광스런 구름
성막에 충만한 여호와의 영광

이스라엘 백성들은 하나님의 권능을 체험하면서도 계속해서 하나님을 부인하고 우상을 섬기는 실수를 저지른다. 그럼에도 하나님은 그들이 돌이킬 때마다 회개를 받아주시고 다시 놀라운 권능의 손을 펴셨다. 예수님을 믿음으로 구원받은 우리도 하루에 몇 번씩 넘어지며 같은 죄를 반복할 때가 많지만 그때마다 눈물로 하나님께 회개하며 은혜를 간구해야 한다. 오직 하나님만을 더 구하며, 하나님을 사모하는 마음으로 저의 삶을 채워주소서.

번제

"제사장은 그것을 단 위에 불사를 찌니 이는 화제로 식물이요 향기로운 냄새 모든 기름은
여호와의 것이니라"(레위기 3:16)
"하나님이 이 세상을 이처럼 사랑하사 독생자를 주셨으니 이는 그를 믿는 자마다 멸망하지 않고
영생을 얻게 하려 하심이라"(요한복음 3:16)

하나님은 어떤 제사를 받으실까
어떤 예배로 하나님께 나아가야 할까
말씀대로 지키는 여호와의 규례

번제와 소제
화목제와 속죄제
속건제를 지키라

여호와의 말씀대로 지키는 제사는
여호와께 드리는 아름다운 향기라네

　　구약의 복잡한 규례들을 보다 보면 지금 우리의 예배와는 너무나 복
잡한 방식에 놀랄 때가 있다. 복잡한 규례가 아닌 신령과 진정으로 드리
는 경배를 받으신다고 말씀하신 주님께 우리는 최선을 다한 예배를 드리
고 있는지 곰곰이 생각해보게 된다. 언제나 내 안에 계시는 주님을 잊지
않고 매일 드리는 삶으로 주님을 예배하기를… 나의 삶을 통해 예수님의
향기를 세상에 아름답게 전하며 살아가기를….

서원

"그러나 서원자가 가난하여 네가 정한 값을 감당하지 못하겠으면 그를 제사장 앞으로 데려갈 것이
요 제사장은 그 값을 정하되 그 서원자의 형편대로 값을 정할지니라"(레위기 27:8)
"각각 그 마음에 정한대로 할 것이요 인색함으로나 억지로 하지 말지니
하나님은 즐겨 내는 자를 사랑 하시느니라"(고린도후서 9:7)

모든 것을 주신 주님께
나의 모든 것을 드려야 하지만

약속한 것도 드리지 못하는
연약한 나의 믿음을 주여 살피소서

나의 모든 형편을 아시는 주님
감당할 믿음을 허락하시고
작은 손길 통해서도
주님의 영광이 되게 사용해주소서

　기도를 하다 보면 생각지도 않은 서원기도를 드릴 때가 있다. 하나님
을 위해 살겠다는 서원, 하나님을 위해 드리겠다는 서원, 참으로 많은 서
원을 드리지만 생활로 돌아가는 순간 잊고 살 때가 너무 많아 주님께 부
끄러워 얼굴을 들지 못할 때가 많다. 그러나 이런 부족한 나의 모습까지
도 숨기지 않고 주님께 나아가고 싶다. 주님, 비록 지금은 믿음이 약하나
조금 더, 조금 더, 나의 전부를 드리기까지 주님을 사랑하길 원합니다.

모이는 사람들

"너희는 이스라엘 자손의 모든 회중 각 남자의 수를 그들의 종족과 조상의 가문에 따라
그 명수대로 계수할지니 이스라엘 중 이십 세 이상으로 싸움에 나갈 만한 모든 자를
너와 아론은 그 진영별로 계수하되"(민수기 1:2)

여호와의 일에는
일꾼이 필요하네
하나님의 계획하심을 따라
땀을 흘릴 일꾼들

성막을 옮기는 자
전쟁에 나설 자
하나님을 섬기는 자
여호와의 모든 일에는
헌신할 일꾼이 필요하네

하나님의 선택을 받은 이스라엘 백성은 하나님의 장엄한 구원의 계획을 온 세상에 보여야 했다. 하나님의 부르심을 따라 소임을 다하기 위해 준비하는 이스라엘 백성의 모습을 보며 사명자가 가져야 할 삶의 자세를 다시 생각하게 된다. 하나님의 인도하심을 따라 살아가겠다고 소망하면서도 시간의 흐름에 따라, 어제 하는 일을 오늘 하며 살아가고 있지 않은가? 하나님의 일꾼으로 살아가기 위해서는 반드시 준비가 필요하다.

여호와의 신호

"여호와께서 모세에게 말씀하여 이르시되 은 나팔 둘을 만들되 두들겨 만들어서 그것으로
회중을 소집하며 진영을 출발하게 할 것이라"(민수기 10:1)

두 나팔이 울릴 때
모든 백성은 나아오라

한 나팔이 울릴 땐
천부장들이 나아오라

나팔 소리에 맞춰
동쪽으로 행진하며
남쪽으로 행진하라

만군의 여화와가
너희에게 승리를 주시리라

　　나팔 소리에 맞춰 이스라엘 백성들이 일사불란하게 움직이듯이 하나
님이 주시는 신호에 맞춰 저마다의 삶에서 최선을 다하는 이 시대의 그
리스도인을 상상해본다. 모든 그리스도인이 하나님의 부르심에 민감하
게 반응하며 사회에서 빛과 소금의 역할을 하는 세상은 얼마나 아름다울
까? 그날을 위해 더욱 더 하나님의 말씀에 귀를 기울이자. 오늘 주시는
나의 사명을 최선을 다해 이루어내자.

백성의 원망

"고기가 아직 이 사이에 있어 씹히기 전에 여호와께서 백성에게 대하여 진노하사
심히 큰 재앙으로 치셨으므로"(민수기 11:33)
"삼가 모든 탐심을 물리치라 사람의 생명이 그 소유에 넉넉한 데 있지 아니하니라"(누가복음 12:5)

과거에 사로잡힌
어리석은 백성들
구원의 여호와를 잊었네

광야에서 건져주신
여호와를 잊은 백성은
하나님의 부름을 받은
신실한 지도자를 잊고 사네

원망과 불평이 끊이지 않는
목이 곧은 백성
하나님의 진노를 스스로 자초했네

　　광야에서 이스라엘 백성들이 체험한 하나님의 기적은 인류 역사상 누
구도 경험할 수 없는 분명한 기적이었다. 하나님의 기적을 체험한 이스
라엘 백성들은 항상 처음에는 기쁨으로 찬양을 드렸지만 하나님의 은혜
와 기적을 당연하다고 여길 때마다 불평과 원망을 토로했다. 처음의 감
사와, 처음의 감격을 왜 우리는 쉽게 잊고 살아갈까? 하나님이 주신 모든
행복과 기쁨, 모든 축복을 하루도 놓치지 말고 감사로 살아가자.

우리가 가야할 곳

"다만 여호와를 거역하지 말라 또 그 땅 백성을 두려워하지 말라 그들은 우리의 먹이라 그들에 보호자는 그 들을 떠났고 여호와는 우리와 함께 하시느니라 그들을 두려워 말라 하니"(민수기 14:9)

아브라함과 이삭, 야곱의 하나님
여호와가 그 백성에게 약속하신 곳
그 땅에 우리는 가야하네

강대한 백성이 있을지라도
두려워 마음이 떨릴지라도
말씀을 따라 우리는
그 땅을 차지해야 하네

여호와를 믿는 자 두려워 말지라
그들은 우리의 먹이
주님이 우리와 함께하신다

　　오랜 세월 광야를 헤매던 백성들은 마침내 약속의 땅을 목전에 두게 됐다. 하나님이 주신 약속의 땅에 강대한 민족이 있다는 사실을 정탐꾼을 통해 알았을 때 얼마나 두려웠을까? 그러나 그럼에도 그들은 떠나야 했고, 말씀을 의지해 결단해야 했다. 광야에서 이스라엘 백성을 지켜주신 하나님이 능히 그 땅에, 손에 붙이실 것이기 때문이다. 이스라엘 백성이 가나안 땅을 사모했던 마음으로 나도 우리의 본향인 천국을 사모하며 두려움이 매일의 삶을 감당해 나가야겠다.

불뱀과 놋뱀

"모세가 놋뱀을 만들어 장대위에 다니 뱀에게 물린 자가 놋뱀을 쳐다본즉 모두 살더라"(민수기 21:9)

기적을 경험해도
약속의 땅을 봐도
그치지 않는 그들의 불평

배가 고프다
목이 마르다
끊임없는 불평에
불뱀의 저주가 내렸네

죽이는 자도 여호와
살리는 자도 여호와시니
온전히 여호와의 말씀에만 순종하라

　　원망과 불평은 하나님에 대한 불신이라는 것을 우리는 너무도 자주 잊으며 산다. 어제 베푸신 주님의 은혜를 잊고, 바보같이 불평하며 원망하는 미련한 나의 회개를 주님은 조건없이 다시 받아주시고 더 큰 은혜를 베풀어주신다. 놀라운 예수님의 사랑과 하나님의 긍휼이 없이 어찌 우리가 천국을 향해 살아갈 수 있겠는가? 나에게 베푸신 하나님의 긍휼과 은혜를 기억할 때 우리도 서로 용서하며 사랑할 수 있을 것이다.

도피성

"악의가 없이 우연히 사람을 밀치거나 기회를 엿봄이 없이 무엇을 던지거나 보지 못하고 사람을
죽일만한 돌을 던져서 죽었을 때는 이는 악의도 없고 해하려 한 것도 아닌즉"(민수기 35:22-23)

억울한 백성도
죄를 지은 백성도
주님이 모두 살피시네

기회를 주시는 주님
전심을 아시는 주님
주님의 지혜와 공의로
억울한 영혼을 만지시고
지친 마음이 쉴 처소를 마련해 주소서

　나이가 어릴수록 악한 일과 선한 일을, 자를 대는 것처럼 구분하기가
쉽지 않다는 것을 깨닫게 된다. 내 생각과 다른 일들이 많이 일어나고 선
의로 한 일을 통해 누군가는 피해를 보고, 억울한 마음 하소연할 곳도 없
는 상황들이 일어나곤 한다. 그러나 모든 일을 주님은 아신다. 나의 잘못
도, 나의 억울함도, 회개하는 진실한 마음도 오직 주님은 아신다.

섬겨야 할 말

"너희 하나님 여호와께 너희에게 명령하신 모든 도를 행하라 그리하면 너희가 살 것이요
복이 너희에게 있을 것이며 너희가 차지한 땅에서 너희의 날이 길리라"(신명기 5:33)
"그런즉 너희는 먼저 그의 나라와 그의 의를 구하라 그리하면 이 모든 것을 너희에게 더하시리라"
(마태복음 6:33)

주님의 힘을 입어
위대한 여정을 마친 지도자가 있네
백성에게 전하는 그의 메시지

하나님의 약속의 땅이
너희에게 임할지어다
너희 조상이 꿈꾸던
젖과 꿀이 흐르는 땅

약속의 땅을 맞이할
새로운 마음과 새로운 삶으로
오직 주님을 섬겨라

　하나님을 믿고 난 뒤의 삶은 하나님을 믿기 전과의 삶과 분명히 달라야 한다. 모자라고 약한 나 같은 사람도 하나님을 믿고 난 뒤에 무언가 변해야 한다는 부담감과 사명감이 생겼었다. 거친 광야에서도, 젖과 꿀이 흐르는 땅에서도 주님이 나와 함께하시면 무엇도 걱정할 것이 없다. 광야에서도 찬양하며 약속의 땅에서도 겸손하자. 오로지 주님께 나의 몸과 마음을 고정하자.

새로운 시작

"모세가 여호수아를 불러 온 이스라엘 목전에서 그에게 이르되 너는 마음을 강하고 담대하라
너는 이 백성을 거느리고 여호와께서 그들의 조상에게 주리라고 맹세하신 그 땅을
차지하게 하라"(신명기 31:7)

애굽에서 백성을 이끈
위대한 지도자 모세
그러나 주님은
약속의 땅을 허락하지 않으시네

끝까지 하나님을 신뢰한
신실한 지도자 모세
청년 여호수아에게 하는 말

강하고 담대하라
여호와가 함께 하시리라

　서야 할 자리와 떠나야 할 자리를 아는 사람만큼 지혜로운 사람은 없다. 온갖 고난을 감당하면서도 가장 중요한 순간에 세상을 떠나야 했던 모세는 마지막까지 주님께 순종했다. 나도 모세처럼 순종할 수 있을까? 꿈에 그리던 가나안 땅을 앞에 두고서 하나님께 아멘으로 순종할 수 있을까? 맡은 일을 떠날 때도 순종하며, 새로운 일을 맡을 때도 여호수아처럼 담대한 믿음의 성도가 되기를 소망한다.

첫 번째 선지자(모세)

"여호와께서 그가 보려고 돌이켜 오는 것을 보신지라 하나님이 떨기 나무 가운데서 그를 불러
이르시되 모세야 모세야 하시매 그가 이르되 내가 여기 있나이다"(출애굽기 3:4)
"여호와여 나를 반기시는 때는 내가 주께 기도하오니 하나님이여 많은 인자와 구원의 진리로
내게 응답 하소서"(시편 69:13)

왕의 자녀로 왕궁에서 살던 사람
모든 걸 잃고 광야에서 살아가네
야인이 된 그에게 찾아온 여호와의 소명
나의 목소리가 되라,
민족을 이끄는 지도자가 되라

자신을 낮추고
백성을 위해 목숨을 걸었던 사람
하나님의 위대한 종 모세
하나님의 마음에 합한 사람

하나님은 당대 최고의 나라를 다스릴 수도 있는 모세가 아닌 광야에서
살인자로 도망다니는 모세를 찾아오셨다. 전능하신 하나님을 위해 내가
무엇을 할 수 있을까 싶지만 주님은 순종하는 사람, 온전히 주님을 믿는
사람을 주님은 사용하신다는 말씀이 얼마나 위로가 되는지 모른다. 지금
껏 쌓아온 나의 경험, 주변의 성공담은 그리스도인들에게는 아무런 소용
이 없다. 하나님의 때를 기다리며 하나님의 뜻을 행하는 그릇이 되기를
온 마음을 다해 소망한다.

믿음의 긍정

"그 여인이 두 사람을 이미 숨긴지라 이르되 과연 그 사람들이 내게 왔었으나
그들이 어디에서 왔는지 나는 알지 못하고"(여호수아 2:4)
"사람이 마음에 자기의 길을 계획할지라도 그 걸음을 인도하는 자는 여호와시니라"(잠언 16:9)

하나님이 너와 함께 하리라
그 말씀을 믿었던 여호수아
주신 믿음으로 나아갈 때에
그 땅의 이방 여인도 주님의 뜻을 믿었다네

하늘의 여호와는
또한 땅의 여호와시니
그 이름을 높이는 자
누구든 구원을 받으리라

구약에 나오는 이스라엘 백성의 이야기는 바로 나를 위한 하나님의 이야기이다. 이방 땅의 사람이라 하더라도 하나님을 믿는 사람들은 구원을 받았다. 기생 라합이 정탐꾼의 도움으로 하나님의 계획에 도움을 줬던 것처럼 하나님의 일하심과 계획을 우리의 부족한 생각으로 제한해서는 안된다. 하나님의 창대하신 계획과 오묘한 섭리를 믿고 따르며 순종하자.

끝과 시작, 요단

"여호와의 언약궤를 멘 제사장들은 요단 가운데 메마른 땅에 굳게 섰고 그 모든 백성이
요단을 건너기를 마칠 때까지 모든 이스라엘은 그 마른땅으로 건너갔더라"(여호수아 3:17)
"믿음은 바라는 것들의 실상이요 보이지 않는 것들에 증거니"(히브리서 11:1)

굽이쳐 흐르는 장엄한 요단강
기나 긴 파송의 세월이 끝나네
수많은 준비와 정탐의 세월
드디어 마주한 약속의 땅

언약궤를 맨 제사장들의 발걸음 따라
새로운 하나님의 역사가 시작되네
하나님이 말씀하신다
스스로를 정결케 하라, 언약궤를 따르라
전능하신 여호와가
약속의 땅을 너희에게 붙이시리라

　사백 년과 사십 년을 기다린 약속의 땅, 젖과 꿀이 흐르는 땅은 반드시
포기할 수 없는 땅이었기에 백성들은 요단을 건너야 했다. 하나님의 계
획이 이루어질 때 그동안의 좌절과 슬픔의 기억들은 기쁨과 환희의 순간
으로 채워질 것이다. 좌절과 아픔 중에도 하나님을 믿고 소망을 품는 사
람들에게 하나님은 요단이 갈라지는 기적을 보여주실 것이다. 불평과 불
만의 습관을 벗어버리고 오직 감사, 오직 주님만을 소망하자.

성을 차지하라

"이에 백성은 외치고 제사장들은 나팔을 불매 백성이 나팔 소리를 들을 때에
크게 소리쳐 외치니 성벽이 무너져 내린지라 백성이 각기 앞으로 나아가
그 성에 들어가서 그 성을 점령하고"(여호수아 6:20)
"하나님에 말씀은 살아있고 활력이 있어 좌우 날선 어떤 검보다도 예리하여 혼과 영과 및 관절과
골수를 찔러 쪼개기까지 하며 또 마음과 생각과 뜻을 판단하나니"(히브리서 4:12)

갈라진 요단강 사이
마른 땅을 밟고 건너고
굳게 닫힌 성문을 향해
주의 백성들이 나아가네

견고한 여리고
무너질리 없는 철옹성
하나님의 말씀을 따라 성을 돌아라
나팔 소리와 함성을 크게 외쳐라
말씀에 순종함으로 철옹성이 무너졌네

　사람의 생각은 사람의 결과를 가져오고 하나님의 생각은 천국의 결과
를 가져온다. 하나님의 방법은 세상의 생각으로 이해가 되지 않고, 순종
을 하기에 어려운 일들도 많다. 이해되는 일을 따르는 것은 순종이 아니
다. 나에게 늘 좋은 것을 주시는 주님, 나보다 더 놀라운 소망을 품게 하
실 주님을 믿을 때 우리는 어떤 일이든지 순종할 수 있다. 부르심에 즉각
반응하는 것이 진정한 순종임을 항상 기억하자.

승전보

"여호수아는 그들을 위하여 실로의 여호와 앞에서 제비를 뽑고 그가 거기서
이스라엘 자손의 분파대로 그 땅을 분배 하였더라"(여호수아 18:10)
"그리스도를 위하여 받는 능욕을 애굽의 모든 보화보다 더 큰 재물로 여겼으니
이는 상 주심을 바라봄이라"(히브리서 11:26)

견고한 성을 점령하라
작은 성들도 점령하라
하나님이 함께하심으로
우리가 승리하였도다

하나님이 주신 땅
선조에게 약속하셨던 땅
젖과 꿀이 흐르는 가나안 땅을
유업으로 받은 승리의 날

"인내는 쓰지만 열매는 달다"는 말이 있는 것처럼 세상만사 노력한 만
큼 보답을 얻는 것이 우리가 생각하는 세상의 이치다. 하지만 세상 일이
그렇게 뜻대로 되는 것은 아니다. 약속을 굳건히 한 뒤에도 사기를 치는
사람도 많고, 노력이 배신 당하는 경우가 보상받는 경우보다 훨씬 더 많
다. 하지만 하나님이 주신 축복은 언제나 공평하며 분명하다. 하나님이
나의 삶에 이루시는 모든 일에는 의미가 있다. 이 사실을 믿으며 흔들림
없이 주님만을 더욱 의지하자.

마지막 부탁

"오직 너희의 하나님 여호와께 가까이 하기를 오늘까지 행한 것 같이 하라"(여호수아 23:8)
"네 하나님 여호와는 소멸하시는 불이시오 질투하는 하나님이시니라"(신명기 4:24)

우리를 애굽에서 인도하신
하나님의 능력
광야에서 경험한
하나님의 놀라운 기적들

너희를 대신해 싸우시던
권능의 주님의 손길
너희가 보았던 주님,
너희가 경험한 주님,

그 주님을 따를 때 너희가 평안하리라
그 주님을 떠날 때 너희는 망하리라

이스라엘 백성은 하나님을 따름으로 많은 것을 얻었다. 애굽에서의 노예 생활에서 벗어났고 광야에서 기적을 경험했으며 하나님이 약속하신 가나안 땅을 유업으로 얻었다. 하지만 눈앞의 비옥한 땅, 만나와 고기보다 그런 하나님이 나와 함께 하신다는 사실, 나를 사랑하신다는 사실이 진정한 선물이 아닐까? 나 역시 하나님이 주실 복을 사모하며 정작 구원이라는 가장 큰 선물은 잊고 살 때가 많은 것 같다. 하나님은 이미 예수 그리스도를 통한 십자가의 복음이라는 가장 귀한 선물을 나에게 주셨다.

신실한 여호수아

"이스라엘 자손들이 여호수아가 명령한 대로 이스라엘 자손들의 지파의 수를 따라 요단 가운데에서 돌 열둘을 택하여 자기들의 유숙할 곳으로 가져다가 거기에 두었더라"(여호수아 4:8)
"가라사대 내가 이새의 아들 다윗을 만나니 내 마음에 합한 사람이라"(사도행전 13:22)

위대한 지도자 모세
그 뒤를 이었던 여호수아
하나님께 순종하고 또 순종함으로
모세보다 더 위대한 일을 이루었네

여호수아의 발걸음을 따라
이스라엘 백성은 약속의 땅을 얻었네
처음부터 끝까지
하나님을 신뢰한 여호수아

하나님을 신뢰한 여호수아가
하나님이 원하시는 일을 이뤘네

모세는 하나님이 인정하실 정도로 온유한 사람이었지만 그럼에도 여정이 힘들 때마다 하나님께 푸념 비슷한 고백을 할 때가 있었다. 그러나 여호수아는 실수는 했을지언정 하나님을 향한 단 한마디의 불평이나 푸념도 성경에 기록되어 있지 않다. 모세를 보며, 여호수아를 보며 하나님께 쓰임 받는 삶을 꿈꾸는 나는 그들만큼 하나님을 의지하고 신뢰하고자 노력하고 있는가? 하나님의 부르심에는 준비가 되었든 되지 않았든 무조건 순종하자. 순종함이 곧 능력임을 어떤 순간에도 기억하자.

세워진 사사들

"이스라엘자손이 여호와께 부르짖으매 여호와께서 이스라엘 자손을 위하여 한 구원자를 세워
그들을 구원하게 하시니 그는 곧 갈렙의 아우 그나스의 아들 웃니엘이라"(사사기 3:9)

애굽에서 이끈 위대한 모세
가나안 땅을 정복한 용맹한 여호수아
그들이 떠나고 혼란이 시작되었다

혼란한 이스라엘을 위해
세워진 사사들이 있었지만
평화는 오래가지 못했다네

진심으로 회개하고
하나님께 돌아올 때
나라를 구원할 사사를
하나님이 보내주셨네

하나님의 말씀에 순종하는 것이 선이고 불순종하는 것이 악이다. 그렇다면 우리는 하루에도 몇 번씩 악을 행하며 하나님과 멀어지고 있다. 그럼에도 하나님의 구원의 은혜가 우리를 떠나지 않는 것은 그것이 잘못된 것이며 다시 주님의 품으로 돌아가고자 하는 거룩한 마음이 있기 때문이 아닐까? 죄에 빠져 주님을 잠시 등한시 할 수는 있다. 그러나 용서해주시고 다시 받아주시고, 더 선한 길을 걷도록 도와주시는 주님이 항상 나를 기다리신다는 사실을 잊어선 안되겠다.

용사 기드온

"삼백 명을 세 대로 나누어 각 손에 나팔과 빈 항아리 들리고
항아리 안에는 햇불을 감추게 하고"(사사기 7:16)

마음을 다하지 못하는
이스라엘 백성들
하나님을 멀리해
죽음 가운데 거해가네

살기 위해 부르짖는
그들의 간절한 음성을 듣고
요아스의 아들 기드온을 세우셨네

하나님이 택한 삼백 용사
항아라와 횃불로
강대한 미디안을 물리쳤네

10만 명의 군대와 싸우기에 300명보다는 3만 명이 더 낫지 않을까? 그러나 3만 명으로 10만 명을 이기는 것은 사람이 가능한 일이지만 300명으로 10만 명을 이기는 것은 하나님이 아니고서는 할 수 없다. 우리는 나의 능력을 세상에 펼치는 사람이 아니라 하나님의 살아계심을 세상에 보여주는 사람이며, 그러기 위해서는 온전히 하나님을 따르고 신뢰해야 한다. 300명을 데리고 두려움없이 전쟁터로 떠나는 기드온처럼 담대한 마음으로 주님과 함께 세상으로 나아가자.

나실인 삼손

"삼손이 여호와께 부르짖어 이르되 주 여호와여 구하옵나니 나를 생각하옵소서 하나님이여 구하
옵나니 이번만 나를 강하게 하사 나의 두 눈을 뺀 블레셋 사람에게 원수를 단번에 갚게 하옵소서
하고 삼손이 집을 버틴 두 기둥 가운데 하나는 왼손으로 하나는 오른손으로 껴 의지하고 삼손이
이르되 블레셋 사람과 함께 죽기를 원하노라 하고 힘을 다하여 몸을 굽히매 그 집이 곧 무너져 그
안에 있는 모든 방백들과 온 백성에게 덮이니 삼손이 죽을 때에 죽인 자가 살았을 때에 죽인 자보
다 더욱 많았더라"(사사기 16:28-30)

주의 백성을 블레셋에게서 구할 자
그의 머리에 칼을 대지 말라
하나님께 선택을 받은 나실인
그가 너희를 구원하리라

그러나 사랑에 빠져,
방탕한 유혹에 빠져,
자신의 소명을 잊었다네

눈물의 회개를 용납하신 주님
그 인생 마지막에
자신의 소명을 다할 힘을 허락하셨네

　　우리의 기쁜 일에도, 슬픈 일에도 주님은 항상 함께 하신다. 내가 정말
로 하나님의 나라를 소망한다면 이 땅이 조금이라도 천국과 같이 변화되
기를 원한다면 나실인처럼 자신을 정결케 지키며 말씀을 세상에 전해야
한다. 삼손과 같은 용사도 교만할 때 적의 꾀임에 빠져 많은 인생을 낭비
한 것을 기억하며 조금 더 겸손하게, 조금 더 뜨겁게 주님을 섬기며 살아
가자.

룻의 고백

"이는 네 생명의 회복자이며 네 노년의 봉양자라 곧 너를 위한 네 며느리가
낳은 자로다 하니라"(룻기 4:15)
"너는 네 하나님 여호와께서 명령한 대로 네 부모를 공경하라 그리하면 네 하나님 여호와가
네게 준 땅에서 네 생명이 길고 복을 누리리라"(신명기 5:16)

의지할 곳 없는 외로운 과부
가진 것 없고 머물 곳 없으나
말씀을 다해 시부모를 섬겼다

떠나라는 명령에도
말씀을 지키며 동행했다

동일한 하나님을 고백하는
아름다운 여인들
하나님이 놀라운 은총을 베푸셨네

하나님의 선물 보아스 만나고
함께 한 결실로 다윗의 족보가 시작됐다

마땅히 감당해야 할 책임과 사랑도 회피하는 이 시대, 룻의 사랑과 섬김이 어떠한지 말씀을 통해 묵상해본다. 하나님을 섬겼기에 시어머니를 섬길 수 있었던 룻에게 하나님은 과부가 누릴 수 있는 가장 큰 복을 베푸셨다. 세상이 변하며 가치관도 변하고 이전의 삶을 그대로 요구할 수는 없지만 변하지 않는 진리가 무엇인지 생각하며 하나님이 주시는 지혜를 구하며 지킬 것은 지키는 삶을 살아가야겠다. 하나님이 주신 사랑만큼 이웃을 사랑하자.

한 맺힌 기도

"한나가 기도하여 이르되 내 마음이 여호와로 말미암아 즐거워하며 내 뿔이 여호와로 말미암아 높아 졌으며 내 입이 내 원수들을 향하여 크게 열렸으니 이는 내가 주의 구원으로 말미암아 기뻐함이니이다"(사무엘상 2:1)

남편의 사랑이 충만해도
자녀가 없는 슬픔이 더 컸네
비탄에 빠진 여인의
한 맺힌 기도가 주님께 드려지니
간절한 마음에 하나님이 응답하셨네

하나님이 주신 아들
하나님께 바치리라
한 여인의 기도로, 한 여인의 서원으로
하나님께 세워진 믿음의 거목

　자신의 슬픔을 놓고 간절히 기도하는 한나의 기도에 하나님은 사무엘이라는 선지자를 선물로 응답하셨다. 혼란한 시대에 하나님의 말씀을 전하는 선지자로 놀랍게 쓰임 받은 사무엘은 한 맺힌 기도의 응답으로 태어났다고 해도 과언이 아니다. 때로는 우리의 기도가 너무 1차원적으로 느껴질 수 있지만 하나님은 계산적이지 않은 솔직한 기도를 들어주시고 반드시 어떤 식으로든 응답해주신다. 나의 작은 소망도 선하게 사용하실 하나님께 진솔한 기도로 우리의 바람을 아뢰자.

하나님의 부르심

"사무엘이 자라매 여호와께서 그와 함께 계셔서 그에 말이 하나도 땅에 떨어지지 않게
하시니"(사무엘상 3:19)
"무슨 일을 하든지 마음을 주께 하듯 하고 사람에게 하듯 하지 말라"(골로새서 3:23)

어린 사무엘의 귀에 들리는
하나님의 음성
"사무엘아, 사무엘아"

"주여, 제가 여기 있나이다"
하나님은 사무엘을
선택하여 사용하셨네

사무엘을 통해
이스라엘에 내 일을 행하리라
그의 말을 듣는 자는
귀가 울림으로 알게 되리라

　　하나님의 부르심에는 남녀노소가 따로 없다. 하나님을 간절히 찾으며
부르심에 합당한 사람은 언제, 어느 때든지 소명을 받고 쓰임을 받는다.
성경의 수 많은 믿음의 위인들을 볼 때마다 강렬한 믿음에 큰 감동을 느
끼지만 나 역시 작은 일일지라도 하나님이 부르신 사명을 붙들며 살아가
야 한다는 사실을 깨닫는다. 하나님의 부르심엔 나이도, 인종도, 재산도
의미가 없다. 오늘 주신 사명을 붙들며 주님만 섬기며 살아가리라.

요구 왕을 세우다

"그에게 이르되 보소서 당신은 늙고 당신의 아들들은 당신의 행위를 따르지 아니하니
모든 나라와 같이 우리에게 왕을 세워 우리를 다스리게 하소서 한지라"(사무엘상 8:5)
"내 영혼이 여호와를 즐거워함이여 그 구원을 기뻐하리로다"(시편 35:9)

하나님이 세우신 백성이
하나님을 배신하다

왕을 세우라
우리도 다른 민족과 같아지리라

노예에서 해방시키고
광야에서 이끄시고
약속의 땅으로 이끌어주셨던
주님을 잊은 어리석은 백성

　하나님의 선택을 받았던 이스라엘 백성들은 역사상 그 누구보다 하나님을 깊이 체험했다. 그럼에도 오랜 세월이 지나자 그때의 감동과 구원의 사실이 희미해지며 자기들 보기에 좋은 대로 행하는 실수를 자행했다. 지금의 자기가 있도록 이끌어주신 여호와 하나님을 신뢰하지 못하고 영의 아버지인 하나님을 멀리하고 사람을 섬기는 인본주의를 따르며 왕을 세워달라고 사무엘에게 요구한 것이다. 세상을 살아가지만, 세상의 일을 하지만 내가 따라야 할 유일한 왕은 오직 하나님뿐이시다.

첫 번째 왕

"사무엘이 사울을 볼 때에 여호와께서 그에게 이르시되 보라 이는 내가 네게 말한 사람이니
이가 내 백성을 다스리라 하시니라"(사무엘상 9:17)

완악한 백성의 요구를
자비의 하나님이 들어주셨네

사무엘은 하나님의 뜻을 따라
하나님 마음에 합한 자를 뽑아
백성의 왕으로 삼았네

하나님 마음에 합한 사람은
능력도 아닌, 재물도 아닌,
하나님 말씀에 순종하는 사람
그런 사람을 하나님은 세우시네

　사람의 역사를 이끄는 가장 강력한 힘은 재물과 권력이다. 권력이 있
으면 재물을 벌 수 있고, 재물이 있으면 권력을 얻을 수 있다. 태초부터
지금까지 세상 사람들은 이 두 가지 가치를 떠나지 못하고 살아가고 있
다. 하지만 하나님의 방식은 다르다. 세상 사람이 보기에 좋은 사람이 아
니라 하나님의 뜻을 분별하고 순종할 사람이 왕이 되어야 하기 때문이
다. 세상 사람들이 보기에 좋은 것보다 하나님이 보시기에 어떨까라는
생각을 가지고 사는 성도가 되어야겠다.

왕의 실수

"사무엘이 사울에게 이르되 왕이 망령되이 행하였도다 왕이 왕의 하나님 여호와께서
왕에게 내리신 명령을 지키지 아니 하였도다"(사무엘상 13:13)

하나님이 세우신 왕은
사람을 두려워하고
능력의 하나님을 잊었다

불안 마음에 사로잡혀
하나님의 방법을 지키지 못했네
교만한 행동으로 하나님을 실망시켰네

화목제를 드렸으나
주님은 받지 않으시고
하나님이 세우신 왕을
하나님이 폐하시리

약속이 분명히 지켜질 것을 믿는다면 조급해하지 않는다. 하나님을 온전히 신뢰하지 못할 때 마음 속에 불안이 틈타고 인간적인 방법을 찾게 된다. 사울은 하나님이 세우신 왕이었지만 하나님을 온전히 신뢰하지 못하고 열등감을 극복하지 못했다. 하나님의 일은 나의 능력으로 하는 것이 아니다. 하나님이 주시는 때를 기도함으로 기다리자.

새로운 왕

"사무엘이 기름병을 가져다가 그의 형제중에서 그에게 부었더니 이날 이후 다윗이
여호와의 영에게 크게 감동 되니라"(사무엘상 16:13)
"그러나 너를 책망할 것이 잇나니 너의 처음 사랑을 버렸느니라"(요한계시록 2:4)

백성의 요구로 세운
이스라엘의 왕
하나님을 실망시켜
새로운 왕을 찾으라 명하시네

기름을 준비한 사무엘에게
여호와는 외모가 아닌
중심을 보신다 말씀하셨네

그 말씀에 합한 사람
이새의 아들 다윗
기름부음으로 새로운 왕이 되었네

사울도 하나님이 택한 왕이었고, 다윗도 하나님이 택한 왕이었지만 두 왕의 인생은 너무도 달랐다. 하나님의 구원은 영원한 것이지만 그 구원을 은혜로 여기며 감사함으로 살아가는 사람과 당연하게 여기며 교만함으로 살아가는 사람도 비슷한 차이가 있지 않을까? 하나님의 자녀가 됐다는 구원의 감격, 그 첫사랑의 감격을 잊지 말고 온전히 하나님만 바라보자.

하나님의 이름으로

"너는 칼과 창과 단창으로 내게 나아오거니와 나는 만군의 여호와의 이름으로
곧 네가 모욕하는 이스라엘 군대의 하나님 이름으로 네게 나아가노라"(사무엘상 17:45)
"내게 능력 주시는 자 안에서 내가 모든 것을 할 수 있느니라"(빌립보서 4:13)

장대한 적병에 지친 병사들
사기가 떨어지고
힘도 들어가지 않는 군사들
용기를 잃고 희망을 잃은 그들에게
절망같던 적군의 장수 골리앗

희망이 없던 전쟁터에
한 소년이 물멧돌을 들고 나아왔네
만군의 여호와 하나님의 이름으로
골리앗을 무찔러 여호와의 이름을 높였네

　　강인한 블레셋 병사와 괴물같던 골리앗 앞에서 이스라엘 군사들은 희
망을 잃었다. 목숨을 잃을지 모르는 상황에서 물맷돌 하나를 들고 나온
어린 다윗의 담대함은 얼마나 대단한지! 거대한 세상에서 그리스도인으
로 살아가는 것이 어쩔 때는 골리앗을 마주한 이스라엘 병사처럼 느껴질
때가 있다. 칼과 창이 아닌 하나님의 이름으로 골리앗을 무너뜨린 다윗
의 믿음! 다윗의 담대함을 본받아 살아가자.

진정한 친구

"다윗이 곧 바위 남쪽에서 일어나서 땅에 엎드려 세 번 절한 후에 서로 입 맞추고 같이 울되
다윗이 더욱 심하니"(사무엘상 20:41)
"사람이 친구를 위하여 자기 목숨을 버리면 이에서 더 큰 사랑이 없나니"(요한복음 15:13)

다윗의 용맹에
이스라엘 백성들 하나님을 보았네
왕이 아닌 다윗을 칭송하니
불안한 사울왕의 마음에 시기심이 싹텄네

왕이 두려워 사람들 다윗을 돕지 못하나
왕의 아들만이 가지고 있던 참된 용기
용기 있는 자여 평안히 가라
하나님 안에 아름다운 청년 진실한 우정

　진정한 친구 사이는 어떠한 환경에서도 우정이 변치 않는다. 친구 사이라고 생각하다가 배신을 당하고 사기를 당하며 진정한 우정이 얼마나 허망한지 깨닫게 되는 순간이 많다. 사람과 사람이 아닌 돈이 좋아, 권력이 좋아, 베푸는 것이 좋아 만나는 것이 대부분의 우정 아닐까? 그러나 요나단은 자신의 위치와 환경, 가정적인 문제까지도 차치하고 다윗을 진정으로 사랑했다. 살면서 이런 친구를 만나기는 쉽지 않을 것이기에 예수님은 우리의 친구가 되어 주신다고 약속하시지 않았을까? 받기만을 바라는 잘못된 친구처럼 예수님을 여기지 말고, 요나단과 다윗의 우정같은 진실한 마음을 드리자.

다윗의 도피

"네가 나 선대한 것을 오늘 나타냈나니 여호와께서 나를 네 손에 넘겼으나
네가 나를 죽이지 아니하였도다"(사무엘상 24:18)
"여짜오되 주의 영광 중에서 우리를 하나는 주의 우편에 하나는 좌편에
앉게 하여 주옵소서"(마가복음 10:37)

살기 위해 도망친 다윗
침을 흘리며 미치광이가 된 다윗
이스라엘의 용사를
사람들은 몰라보고
광야에 나가 기회를 틈탔네

숨은 굴에서 사울을 만났으나
하나님의 권위를 인정하며
죄를 짓지 않았네
사울은 과거를 후회했으나
잘못을 돌이킬 순 없었다네

　당한 만큼 갚아주는 일은 얼마나 통쾌한지 모른다. 당하고만 있는 사람을 사람들은 '고구마'라고 폄훼하며 용서와 관용의 자세를 잊고 살아간다. 일국의 장군에서 광야의 야인으로 살아간 다윗은 사울에 대한 서운함과 미움이 얼마나 쌓였을까? 그럼에도 다윗은 마지막까지 하나님의 권위를 잊지 않았다. 교회 생활에서도 억울하고 슬픈 일들이 많지만 그럼에도 끝까지 하나님의 권위를 인정하며 감내하는 것이 하나님이 바라시는 지혜로운 신앙생활이다.

기도의 선지자

"사무엘이 죽으매 온 이스라엘 무리가 모여 그를 두고 슬피 울며
라마 그의 집에서 그를 장사 한지라"(사무엘상 25:1)
"내 마음이 매우 고민하여 죽게 되었으니 너희는 여기 머물러
나와 함께 깨어 있으라"(마태복음 26:38)

믿음의 거장 모세
겸손한 지도자 여호수아
오랜 암흑의 세월과
사사들을 거쳐
또 다른 선지자 사무엘이 있었네

사람에 휩쓸리지 않고
하나님의 음성 들으며
민심을 살피는 지혜로운 사람

정결한 마음으로 에벤에셀의 하나님을
이스라엘 백성에게 온전히 전하며
맡은 소임을 다했네

　사람이 살다가 죽는 것은 모두가 겪는 필연이다. 태어나서 죽는 연수
는 대부분 비슷하지만 그 사람이 세상을 떠날 때의 평가를 통해 같은 시
간도 어떻게 살았는지가 결정된다. 나의 삶이 한 절이라도 주님을 닮는
다면 나의 죽음을 통해서도 사람들은 살아계신 하나님을 기억할 것이다.
하나님께 드려진 삶을 어린 시절부터 삶의 마지막까지 온전히 살아왔던
사무엘처럼 더욱 더 주님께 집중하며 살아가기를 소망한다.

첫 번째 왕 사울

"그가 무기를 든 자에게 이르되 네 칼을 빼어 그것으로 나를 찌르라 할례 받지 않은 자들이 와서 나를 찌르고 모욕할까 두려워하노라 하나 무기를 든 자가 심히 두려워하여 감히 행하지 아니하는지라 이에 사울이 자기의 칼을 뽑아서 그 위에 엎드러지매 무기를 든 자가 사울이 죽음을 보고 자기도 자기 칼 위에 엎드러져 그와 함께 죽으니라"(사무엘상 31:4-5)

베냐민 지파의 후손
기스의 아들
준수한 용모의
하나님이 택하신 이스라엘 첫 번째 왕

하나님을 믿었으나
끝까지 신뢰하지 못한 애석한 왕
하나님의 말씀을 믿지 못하고
하나님의 때를 기다리지 못했네

불순종한 사울의 모습에 주님은
하나님의 영을 거두셨네

사울은 당대 사람들이 보기에 누가 봐도 하나님이 선택하신 완벽한 왕이었을 것이다. 사울이 조금 더 지혜로운 선택을 했다면 처음의 아름다운 모습으로 삶의 마지막을 그렸겠지만 부담감에 모든 것을 그르쳐 하나님을 잊고 다윗을 시기하는 최악의 왕이 되고 말았다. 순종은 내가 보기에 좋은 것이 아니라, 하나님의 말씀에 그저 순종하는 것이라는 사실을 사울의 최후를 통해 기억하자.

두 용사의 죽음

"내 형 요나단이여 내가 그대를 애통함은 그대는 내게 심히 아름다움이라
그대가 나를 사랑함이 기이하여 여인의 사랑보다 더하였도다 오호라 두 용사가 엎드러졌으며
싸우는 무기가 망하였도다 하였더라"(사무엘하 1:26-27)

참혹한 전쟁은
첫째 왕 사울과
용맹했던 아들 요나단
이스라엘의 두 용사를 죽게 했네

하나님이 세운 왕을 인정하고
진정한 우정을 나눴던 다윗은
슬픈 노래로 아름다운 추억을 기렸네

　세상엔 많은 사랑이 있지만 그중에서도 부모님의 사랑이 가장 하나님의 사랑에 가까운 사랑의 모습인 것 같다. 물론 그럼에도 완벽한 사랑일 순 없다. 세상에서 참된 사랑을 찾기란 불가능하기 때문이다. 작은 조건이나 상황의 변화만으로도 없었던 사랑도 생기고, 뜨거웠던 사랑도 식어지기 때문이다. 요나단과의 우정을 통해 참된 사랑을 느낀 다윗은 전사 소식을 들었을 때 얼마나 애통했을까? 완전한 사랑을 지금도 모든 사람들에게 주시길 원하는 하나님의 마음은 얼마나 안타까우실까?

요나단과의 추억

"다윗이 사울에게 말하기를 마치매 요나단의 마음이 다윗의 마음과 하나가 되어
요나단이 그를 자기 생명 같이 사랑하니라"(사무엘상 18:1)
"그의 십자가의 피로 화평을 이루사 만물 곧 땅에 있는 것들이나 하늘에 있는 것들로
그로 말미암아 자기와 화목케 되기를 기뻐하심이라"(골로새서 1:20)

왕이 될 장자, 요나단은
배신으로 보일 수도 있었지만
하나님의 사람 다윗의 곁을 지켰다

요나단은 세상의 왕인 아버지보다
하늘의 왕인 하나님의 뜻을
깨닫고 지켰다

하나님을 두려워했지만
아버지에게도 끝까지 충성한
진정한 용사 왕자 요나단

요나단은 굳이 다윗과 친하게 지낼 이유가 없었다. 조용히 숨어서 아버지 말만 잘 들으면 장차 왕이 되고 최고의 권력을 손에 넣을 수 있었다. 그럼에도 다윗을 두둔하면서도 마지막까지 아버지의 곁을 떠나지 않았던 모습을 보면 요나단은 사리사욕이 아닌 지켜야 할 것을 지키며 행하는 사람이었던 것 같다. 어디에 있던 맡겨주신 일에 최선을 다하는 사람, 그러면서도 선을 넘지 않는 하나님 앞에 정직한 사람이 되게 해주시기를….

큰 별 다윗

"유다 사람들이 와서 거기서 다윗에게 기름을 부어 유다 족속의 왕으로 삼았더라"(사무엘하 2:4)
"내가 너로 여자와 원수가 되게 하고 네 후손도 여자의 후손과 원수가 되게 하리니 여자의 후손은
네 머리를 상하게 할 것이요 너는 그에 발꿈치를 상하게 할것이라"(창세기 3:15)

이새의 아들,
막내 다윗
사람이 보기엔 초라한 외모였으나
하나님이 보시기에 합당한 사람

소년의 때에 골리앗을 이기고
여호와의 살아계심을 만방에 알렸네
불순종한 사울 대신
다시 세운 하나님의 왕

유다의 큰 별 다윗

　　사무엘로부터 기름부음을 받은지 오랜 세월이 지났지만 이제야 다윗
은 정식으로 왕이 되었다. 광야의 야인으로 살며, 사울과 요나단의 죽음
을 전해들으며 어쩌면 하나님에 대한 의심이 들수도 있었지만 다윗은 끝
까지 약속을 믿고 자신의 할 일을 했다. 하나님의 모든 계획은 완전하신
것으로 하나도 이루어지지 않음이 없음을 믿고 나를 위해 보내주신 주님
을 믿으며 우릴 위해 보내주신 주님을 전하자.

겸손의 왕

"여호와 하나님이여 이제 주의 종과 종에 집에 대하여 말씀하신 대로 행하사"(사무엘하 7:25)
"그런즉 너희는 먼저 그의 나라와 그의 의를 구하라 그리하면 이 모든 것을
너희에게 더하시리라"(마태복음 6:33)

하나님의 계획을 따라
마침내 왕이 된 다윗
가장 높은 권력을 지님에도
하나님의 살아계심을 잊지 않았다네

여호와께 기도하는 왕
여호와께 뜻을 묻는 왕
다윗의 찬양을 기뻐 받으시는
만왕의 왕 전능하신 여호와

　왕이 된 순간 다윗은 그동안 살아온 인생이 주마등처럼 스쳐지나갔을 것이다. 왕이 됐으니 이제 대업을 이루었다는 생각도 인간적으로 들지 않았을까? 그럼에도 다윗은 하나님을 찬양하는 일, 하나님의 뜻을 묻는 일을 지켜나갔다. 사울과는 달리 항상 하나님의 뜻을 묻고 하나님의 방법대로 살아가기를 원하는 다윗에 비해 우리는 얼마나 하나님을 믿고, 신뢰하며, 기도하고, 찬양을 드리고 있는가? 찬양과 기도로 더욱 더 주님과의 소통을 원하는 그리스도인이 되기를 간구한다.

은혜의 아들

"다윗이 이르되 사울에 집에 아직도 남은 사람이 있느냐 내가 요나단으로 말미암아
그 사람에게 은총을 베풀리라 하니라"(사무엘하 9:1)
"오직 너희는 원수를 사랑하고 선대하며 아무것도 바라지 말고 빌리라 그리하면 너희 상이 클 것
이요 또 지극히 높으신 이의 아들이 되리니 그는 은혜를 모르는 자와 악한 자에게도
인자로우시니라"(누가복음 6:33)

은혜는 돌에 새기라
원한은 물에 떠내려보내라
왕이 됐고 모든 걸 이뤘지만
요나단의 은혜를 잊지 않은 다윗

오랜 세월이 지나도
잊혀지지 않는 진정한 친구
아들을 찾아 왕의 은혜를 베풀었네
받은 은총과 은혜를 갚은 진정한 왕 다윗

　왕이 된 다윗은 모든 원한을 잊고 자신을 괴롭혔던 사울왕의 후손까지
찾아서 은혜를 베풀고자 한다. 끝없는 것이 사람의 욕심인지라 아무리
왕이 됐다 하더라도 전 왕의 재산을 모두 물려주기가 쉽지는 않았을 텐
데 다윗의 행동에는 일말의 망설임도 없었다. 원수까지 사랑하라 말씀하
신 예수님, 작은 자를 먼저 섬기라던 예수님의 말씀이 이런 모습이 아닐
까? 내가 할 수 있는 사람이 아니라 내가 할 수 없는 사람조차 사랑하고
도우려는 삶의 자세가 필요한 것 같다. 바로 그런 사랑이 있었기에 예수
님은 우리를 품으시고 구원하실 수 있었다.

스며든 죄

"그 장례를 마치매 다윗이 사람을 보내 그를 왕궁으로 데려오니 그가 그의 아내가 되어
그에게 아들을 낳으니라 다윗이 행한 그 일이 여호와 보시기에 악하였더라"(사무엘하 11:27)
"네 이웃에 아내를 탐내지도 말찌니라"(신명기 5:21)

전쟁의 걱정에
잠들지 못하는 다윗의 밤

별빛에 비친 아름다운 여인의
목욕하는 모습을 보았네

밤을 틈타 스며들어오는
욕정이란 악한 죄

한 번 넘어진 다윗은
더 악한 죄를 지었네

　죄는 우리가 생각지도 못한 일들을 통해 스며들어 온다. 사람의 근본
이 죄이며 세상을 살아가는 것은 죄 가운데 살아가는 것과 같다. 하나님
의 말씀으로 꽁꽁 무장하지 않으면 단 하루도, 단 한 시도 죄를 짓지 않고
살아가기가 쉽지 않다. 오랜 세월을 하나님 마음에 합한 행동을 했던 다
윗도 한 번에 무너지며 돌이킬 수 없는 죄를 지은 것처럼 날마다 말씀과
기도로 삶의 주파수를 하나님께 맞추며 살아가도록 하자.

책망과 수용

"너는 은밀히 행하였으나 나는 온 이스라엘 앞에서 백주에 이 일을 행하리라
하셨나이다 하니"(사무엘하 12:12)

욕망에 사로잡혀
하나님께 죄를 지은 다윗은
지은 죄를 깨닫지 못했네

그런 다윗 앞에 선
또 다른 하나님의 선지자 나단은
비유를 들어 하나님의 말씀을 전했네

뒤늦은 후회에 무릎을 꿇었으나
공의의 하나님은 값을 치르게 하셨네

잘못을 하지 않던 사람이 잘못을 할 때 더욱 무너질 위험이 크다. 잘 나
가던 무패의 챔피언들이 한 번의 패배를 극복하지 못하는 경우가 많은
것도 같은 이유 때문이다. '한 두 번은 괜찮겠지'라는 생각으로 작은 일을
넘어가면 결국 큰 걸림돌이 되어 다시 나타나곤 한다. 오늘 하루를 먼저
주님께 온전히 드리며, 작은 죄도 낱낱이 고하며 회개하는 삶이 되어야
겠다. 하나님은 사랑하는 자녀들의 회개에 절대로 눈을 감지 않으신다.

배신한 아들

"전령이 다윗에게 와서 말하되 이스라엘 인심이 다 압살롬에게로 갔다 한지라"(사무엘하 15:13)

죄 가운데 돌아온 아들
모든 백성들이 사랑한
다윗의 용맹한 아들

수없이 죄를 용서하고
입을 맞추었으니
압살롬의 마음은 배신에 물들었네

병사를 모아라, 말들을 모아라
내가 아버지를 몰아내고 왕이 되리라
모든 백성들이 새로운 왕을 따랐고
다윗의 곁에는 옛 친구 요나단의 아들 뿐이었네

예전에는 압살롬을 계속해서 용서하는 다윗의 모습이 미련해 보이던 때가 있었다. 그러나 나도 자녀를 키우다보니 정말 자식 이기는 부모가 없고, 무슨 일을 해도 용서가 된다는 마음이 어떤 것인지를 알게 됐다. 그런 아들에게 배신을 당했으니 다윗의 심정은 얼마나 참담할까? 사랑이 클수록 배신은 마음을 힘들게 한다. 하나님에게도, 사람들에게도 받은 사랑을 당연한 줄 생각지 말고 감사하며 보답하는 인생을 살아가야 한다.

돌아온 왕

"왕의 마음이 심히 아파 문 위층으로 올라가서 우니라 그가 올라갈 때에 말하기를
내 아들 압살롬아 내 아들 내 아들 압살롬아 차라리 내가 너를 대신하여 죽었더라면,
압살롬 내 아들아 내 아들아 하였더라"(사무엘하 18:33)

쫓겨난 왕이
마침내 다시 돌아왔으나
사랑하던 아들은
이미 세상을 떠났네

자신을 배반했으나
자신의 목숨을 노렸으나
그럼에도 끊을 수 없었던
다윗의 애절한 부정

아들을 잃었으나 여호와를 찬양하며
왕의 본분을 잊지 않았네

모든 걸 잃고 쫓겨났을 때보다도 왕이 된 후에 오히려 더 큰 시련들이
찾아왔다. 백성들, 자녀, 장군들과의 관계도 처음부터 다시 시작해야 하
는 상황이었고, 게다가 반역자였음에도 아들이 죽었다는 사실에 다윗은
슬픔으로 몸부림쳤다. 사랑하는 내 가족, 내 자녀가 죽었다는 사실은 생
각조차 하고 싶지 않다. 그런데 이런 상황에서도 다윗은 하나님을 찬양
하며 영광 돌리는 일을 잊지 않았다. 그렇다, 모든 일에는 하나님이 우선
이다. 모든 영광은 하나님께 돌려야 한다.

하나님을 찬양하는 자(다윗)

"내가 전심으로 여호와께 감사하오며 주는 모든 기이한 일들을 전하리이다 내가 주를 기뻐하고 즐거워하며 지존하신 주의 이름을 찬송하리다"(시편 9:1-2)

성실한 양치기 다윗,
음악을 좋아하는 찬양의 다윗

원수도 사랑하는 다윗,
우선순위를 잊지 않는 신실한 다윗

은혜는 반드시 갚는 다윗,
죄를 깨닫고 눈물로 회개하는 다윗

진정으로 용서할 줄 아는 다윗,
하나님을 사랑하며 수많은 찬양을 남겼던 다윗

많은 실수를 했음에도 하나님이 다윗을 사용하시고 지금도 우리가 다윗을 묵상하는 것은 다윗만큼 하나님을 찬양한 사람이 없기 때문이다. 하나님을 찬양하는 것이 정말로 즐겁고 힘이 되는 일이었기에 다윗은 수많은 시편을 남기며 하나님 앞에서 체면도 던지고 춤을 출 수 있었을 것이다. 나의 찬양은 하나님 앞에 의무감으로 드려지고 있지 않은지, 하나님을 향한 찬양이 나에게 정말로 기쁨과 힘이 되고 있는지 되돌아보며 모든 힘을 다해 주님을 찬양하자.

세 번째 왕

"왕의 신하들도 와서 우리 주 다윗 왕에게 축복하여 이르기를 왕의 하나님이 솔로몬의 이름을
왕의 이름보다 더 아름답게 하시고 그의 왕위를 왕의 위보다 크게 하시기를 원하나이다 하매
왕이 침상에서 몸을 굽히고"(열왕기상 1:47)
"우리의 년 수가 칠십이요 강건하면 팔십이라도 그년수의 자랑은 수고와 슬픔 뿐이요
신속히 가니 우리가 날아가나이다"(시편 9:10)

죄악에서 태어난
범죄의 결실이었지만
하나님의 은혜로
이스라엘의 왕이 되었도다

망설이는 다윗에게
하나님은 분명한 신호를 주셨고
율법의 순종을 당부했도다
아들아, 네가 여호와의 명령을 지키면
어디로 가든지 형통하리라

　　다윗과 밧세바의 만남은 이루어져서는 안될 만남이었다. 하지만 다윗
의 절절한 회개와 노력으로 하나님은 새로운 계획을 주셨고 둘 사이에서
태어난 솔로몬은 역사상 누구보다도 지혜로운 왕으로 성장했다. 하나님
의 뛰어난 지혜와 섭리는 나의 실수와 잘못까지도 개의치 않으신다. 실
수와 잘못을 하지 않는 것보다 실수와 잘못을 했을 때 바로 돌아와 하나
님께 회개하는 삶의 자세가 우리에게는 더욱 필요하다.

지혜를 주소서

"내가 네 말대로 하여 네게 지혜롭고 총명한 마음을 주노니 네 앞에도 너와 같은 자가 없거니와
네 뒤에도 너와 같은 자가 없을 것이라"(열왕기상 3:12)

기브온의 산당에서 드려지는
천일 동안의 끝없는 제사
솔로몬의 정성에
그의 꿈에 하나님이 임하셨네

"구하라, 너에게 무엇을 줄꼬?"
망설임 없이 솔로몬이 구한 것은
그 무엇보다 중한 지혜

가장 중요한 것이 무엇인지 알았던 솔로몬에게
하나님은 세상에서 가장 뛰어난 지혜를 베푸셨네

왕의 아들로 살아가면서 솔로몬은 세상의 다양한 경험을 했을 것이다.
부족한 것 없는 무소불위의 권력을 가진 자리에서 솔로몬은 지혜가 세상
에서 가장 귀한 것이라는 사실을 깨달은 것이 아닐까? 하나님의 지혜를
얻은 솔로몬은 세상 누구보다 지혜로웠다. 부족한 자에게 꾸짖지 않고
후히 주시는 주님을 나 역시 기쁘게 한다면 세상의 그 어떤 복도 아까워
하지 않고 주님이 주실 것이다.

솔로몬의 지혜

"이는 하나님에 지혜가 그의 속에 있어 판결함을 봄이더라"(열왕기상 3:28)
"너희 중에 누구든지 지혜가 부족하거든 모든 사람에게 후히 주시고 꾸짖지 아니 하시는 하나님께 구하라 그리하면 주시리라"(야고보서 1:5)

천한 신분의 기생 두 명이
솔로몬을 찾아와 억울함을 토했네
아기의 엄마를 어떻게 찾아줄꼬

누구보다 지혜롭다는 솔로몬의
날카로운 명령 "아기를 칼로 자르라"
참된 어미가 눈물을 흘리며 나아왔네

솔로몬의 지혜로 진실은 밝혀지고
온 백성이 솔로몬을 칭송하며
하나님이 주신 지혜를 높였다네

친자검사도 할 수 없는 시대에 어떻게 자녀를 진짜 부모에게 돌려줄 수 있을까? 나 역시 당시에 같은 상황에 처한다면 솔로몬 같은 판결을 내릴 수는 없었을 것이다. 사람의 판단과 사람의 생각은 아무리 잘나도 한계가 있다. 위기의 때마다 우리가 하나님께 기도로 묻고 말씀에서 답을 찾아야 하는 것은 내가 아닌 하나님의 지혜로 도움을 받을 수 있기 때문이다. 나의 지혜가 부족할 때는 모든 답이 하나님께 있음을 기억하자.

함께 하시는 하나님

"하나님이 세상을 이처럼 사랑하사 독생자를 주셨으니 이는 저를 믿는 자마다 멸망하지 않고
영생을 얻게 하려 하심이라"(요한복음 3:16)

호흡만으로도
살아계신 하나님을 느끼네

잠이 들 때도, 이른 새벽에서
하나님의 은혜로 나는 살아갈 수 있네

걸어갈 때 길을 밝히시고
사방이 막혔을 때 하늘 길을 열어주시니
내 마음이 오직 하나님만 경외하기 원합니다

나를 먼저 아시고
나를 먼저 찾아오신 주님
주님께 나의 모든 삶을 드리기 원합니다

　　수없이 이 말씀을 묵상해도 하나님의 사랑에 대한 감격이 거센 파도처럼 밀려온다. 아무런 수고 없이 나를 사랑하시고 구원하시기 위해 무엇보다 값진 대가를 치르셨던 주님….

　　그 사랑을 믿는다면 말씀을 묵상할 때마다 마음은 감사로 요동치며 기도를 쉴 수가 없다. 외롭고 힘들 때마다 나를 찾아오시고 위로해주시는 주님께 전심으로 찬양하며 영광 돌려드리는 성도가 되기를 오늘도 기도한다.

하나님의 집, 성전

"네 수한이 차서 네 조상들과 함께 누울 때에 내가 네 몸에서 날 네 씨를 네 뒤에 세워
그의 나라를 견고하게 하리라"(사무엘하 7:12)

아버지 때에 이루지 못했던
거룩한 하나님의 성전
아들이 그의 뜻을 이어
거룩한 성전을 세우네

왕이 된지 사 년
각 나라의 모든 좋은 것으로
하나님을 위한 성전을 세웠네

말씀을 지킬 때
다윗의 약속을 지키신다
주님은 솔로몬에게 약속하셨네

　다윗이 그토록 세우고 싶어했던 하나님의 성전은 솔로몬 대에 들어와
서야 지어질 수 있었다. 우리가 보기엔 다윗이 세우나 솔로몬이 세우나
아무런 상관이 없어 보이지만 하나님은 작은 흠도 용납하지 않으신다.
나의 생각으로 경솔히 하나님을 위한다는 생각은 얼마나 위험한 생각인
가? 성전을 짓기 위해 대를 이었던 다윗의 마음처럼 하나님이 정말로 원
하고 바라시는 것이 무엇인지 더 겸손히 묵상하며 뜻을 깨달아가고 싶
다.

솔로몬의 궁(왕궁)

"솔로몬이 자기의 왕궁을 십 삼년동안 건축하여 그 전부를 준공하니라"(열왕기상 7:1)

하나님의 성전을 건축하고
자신을 위한 왕궁을 건축한 솔로몬처럼

항상 하나님이 먼저이고
자신은 나중으로 살아가게 하소서

겸손한 마음으로 하나님만 높이게 하시고
주신 영광으로 다시 주님을 높이기 원합니다

아름다운 궁전을 세웠던 솔로몬처럼
하나님이 축복을 주시길 간구합니다

　지혜의 왕 솔로몬은 하나님의 성전을 7년 동안이나 정성스레 지었다. 솔로몬 왕 정도이면 왕궁을 동시에 지을 수도 있었겠지만 하나님의 성전을 짓기 전에는 왕궁을 짓지 않았다. 아마도 전력을 다해 성전에 집중하고 싶었던 것이 아닐까? 하나님이 바라시던 대로 자신의 최선을 다했던 솔로몬처럼 우리도 전력을 다해 예배를 드려야 한다. 말로는 존귀하신 예수 그리스도의 이름으로 하나님께 예배를 드린다고 고백하는 우리들, 과연 예배 때 무엇을 생각하고 어떻게 예배를 드리고 있을까?

하나님의 언약

"솔로몬이 여호와를 위하여 쌓은 제단 위에 해마다 세 번씩 번제와 감사의 제물을 드리고 또 여호와 앞에 있는 제단에 분향하니라 이에 성전 짓는 일을 마치니라"(열왕기상 9:25)

성전을 건축하고
왕궁을 건축하고
왕이 원하던 모든 일을 마쳤네

모든 일을 완수한 왕에게
다시 나타난 기브온의 주님
성전을 구별함을 칭찬하며
다시 한 번 언약을 세워주셨네

말씀을 지키는 자에게
동일한 축복을 주시는 자애의 주님

　기브온에서 솔로몬의 꿈에 나타났던 하나님은 성전과 왕궁을 건축한 솔로몬의 꿈에 다시 나타나셨다. 하나님은 최선을 다해 하나님의 성전을 지었던 솔로몬을 칭찬하며 아버지 대로부터 주셨던 동일한 약속을 다시 한 번 확인하셨다. 솔로몬에게 주셨던 약속은 오늘날을 살아가는 그리스도인에게도 동일하다. 하나님의 일을 거룩히 구별하며 맡겨주신 일에 최선을 다하면 하나님은 나를 위한 복도 베푸시며 그 일을 통해 영광받으신다.

솔로몬의 타락

"오직 이 나라를 다 빼앗지 아니하고 내 종 다윗과 내가 택한 예루살렘을 위하여
한 지파를 네 아들에게 주리라 하셨더라"(열왕기상 11:13)

하나님의 사랑을 받고
사람들의 칭찬을 받았던
지혜의 왕, 그대여
어찌하다 여호와로부터 멀어졌는가

세상의 둘도 없는 지혜로
다윗도 못한 대업을 이룬 왕이여
하나님의 말씀을 듣고
하나님께 약속한 그대여,

어찌하여 마음을 돌려
여호와께로부터 멀어졌는가

　지혜로운 솔로몬, 부귀영화를 누렸던 솔로몬, 하나님을 극진히 섬김으로 형통을 약속받았던 솔로몬이 하나님을 떠나는 일이 벌어졌다. 솔로몬을 사랑했던 하나님은 두 번이나 권유했지만 이방 여인들에게 빼앗긴 솔로몬의 마음은 돌아오지 않았다. 세상의 최고 지혜도, 부귀와 영화도 하나님으로부터 멀어졌기에 솔로몬에게는 축복이 아니라 오히려 독이 되었다. 지금 내가 부러워하고 누리고 싶어 하는 것들도 어쩌면 축복이 아닌 독이 될지도 모른다. 주신 은혜에 감사하며 만족하며 살아가자.

실패한 솔로몬

"솔로몬이 여호와 앞에서 악을 행하여 그의 아버지 다윗이 온전히 따름같이 따르지 아니하고"

(열왕기상 11:6)

주님이 주신 지혜의 영광이
타국으로까지 넘쳐 흘렀었네
레바논의 백향목으로 기둥을 세웠고
고귀한 금과 은이 거리에 돌멩이처럼 흔했네

하나님이 주신 이러한 축복을 주셨는데
어째서 주님을 마음으로부터 지웠는가
하나님이 이러한 약속을 주셨는데
어째서 하나님의 뜻을 어기고 좋을 대로 행했는가

무엇이 성공이고 무엇이 실패인지 정의하기 쉽지 않을 때가 있다. 돈을 많이 벌어서 성공인가? 많은 돈을 가진 사람이 건강이 안 좋다면 그돈이 무슨 소용일까? 돈도 많고, 건강하지만 아무도 믿지 못하고 외롭게 살아가는 사람은 어떤가? 솔로몬은 세상 사람들이 바라던 모든 것을 가진 사람이었다. 하지만 성경은 그의 삶을 실패로 정의한다. 하나님을 떠나 자기 좋을 대로 살았기 때문이다. 나는 성공한 사람인가? 실패한 사람인가? 주님, 하나님이 보시기에 성공한 사람으로 살아가게 해주소서.

분열된 왕국

"여호와의 말씀이 너희는 올라가지 말라 너희 형제 이스라엘 자손과 싸우지 말고 각기 집으로 돌아가라 이 일이 나로 말미암아 난 것이라 하셨다 하라 하신지라 그들이 여호와의 말씀을 듣고 그 말씀을 따라 돌아갔더라"(열왕기상 12:24)

세상이 칭송하는 지혜의 왕
그러나 하나님을 떠난 어리석은 왕
마지막엔 사람에게도
하나님에게도 마음을 얻지 못했네

어리석음으로 뿌린 씨앗이
그의 자녀를 통해 절망이 됐네
하나님의 선택을 받은 민족,
두려움과 다툼으로 분열되는 저주를 받았네

　하나님을 섬긴다는 명분으로 갈라진 이스라엘 왕국을 보며 십계명을 가지러 갔던 모세를 기다리지 못하고 금송아지를 섬겼던 이스라엘 백성들이 떠올랐다. 어떻게 저런 선택을 할 수 있을까 싶은 생각이 들다가도 하나님을 신뢰하면서도 때때로 나만 믿고 살았던 과거로 돌아가는 나의 모습이기도 하다는 생각이 들었다. 바른 신앙은 가족을 연합하고, 민족을 연합시키지만 불신앙은 반대의 분열을 가져온다는 사실을 기억하자.

오랜 기근

"길르앗에 우거하는 자 중에 디셉 사람 엘리야가 아합에게 말하되 내가 섬기는 이스라엘의 하나님 여호와께서 살아 계심을 두고 맹세하노니 내 말이 없으면 수 년 동안 비도 이슬도 있지 아니하리라 하니라"(열왕기상 17:1)

하나님께 죄를 지은
이스라엘 백성,
하나님은 엘리야를 통해
비를 그치게 하셨네

너희가 회개하지 않으면
다시 나에게 돌아오지 않으면
내 말이 나타나지 않으면
수년 동안 비가 오지 않으리라
거룩하신 여호와의 말씀이니라

　이스라엘의 악한 행위는 이스라엘에 대한 저주로 돌아왔다. 하나님은 이스라엘의 죄를 깨닫게 하기 위해 오랜 가뭄을 내리셨고, 엘리야를 통해 말을 전하셨다. 물이 없이는 단 하루도 살 수 없는게 사람인데 몇 년 동안 비가 오지 않았으니 얼마나 살기가 괴로웠겠는가. 그러나 그런 순간에도 선지자를 대접하고, 하나님을 순종했던 사르밧 과부같은 사람에게는 살 길을 열어주셨다. 어떤 상황에서도 하나님을 섬기며 기적을 경험하는 순종하는 사람이 되자.

죽은 자를 살리신

"엘리야가 그 아이를 안고 다락에서 방으로 내려가서 그의 어머니에게 주며 이르되 보라 네 아들
이 살아났느니라 여인이 엘리야에게 이르되 내가 이제야 당신은 하나님의 사람이요 당신의 입에
있는 여호와의 말씀이 진실한 줄 아노라 하니라"(열왕기상 17:23)
"너는 내게 부르짖으라 내가 응답하겠고 네가 알지 못하는 크고 비밀한 일을
네게 보이리라"(예레미야 33:3)

통의 가루가 다하지 않고
병의 기름이 떨어지지 않네
그러나 어이할꼬
사랑하는 아들이 죽었다네

사망의 근심에서
나를 건져낼 자가 세상에 없으리라
절망한 과부는 하나님의 사람을 원망했네

죽은 아들을 위한 선지자의 절절한 기도
과부의 아들을 살리고
하나님의 말씀을 믿게 만들었네

　　말씀만 보기에는 과부의 행동에 문제가 있어 보이지만 사실 그녀에게
는 통의 기름이 떨어지지 않게 하고, 밀가루가 그치지 않게 하는 능력의
엘리야가 죽은 아들을 살릴 능력도 있다는 믿음이 있었던 것 아닐까? 간
절히 찾는 자를 만나주시는 주님, 간구하는 자에게 무엇이든 주신다는
주님, 나는 그런 주님께 얼마나 간절히 구하고 호소하고 있는가?

진짜와 가짜

"이에 여호와의 불이 내려서 번제물과 나무와 돌과 흙을 태우고 또 도랑의 물을 핥는지라
모든 백성이 보고 엎드려 말하여 여호와 그는 하나님이시로다
여호와 그는 하나님이시로다"(열왕기상 18:38-39)

하나님의 은혜로 살아가던
능력의 선지자 엘리야
거짓을 섬기는 바알의 선지자들과
피할 수 없는 길에 섰네

아직도 깨닫지 못하는
우둔한 왕과 백성들
하나님은 진노의 불로
승리를 선언하셨네

엘리야는 살아계신 하나님을 보여줬고
백성들은 살아계신 하나님을 찬양했네

하나님의 살아계심을 부인할 수 없는 결정적인 순간이었다. 엘리야의 능력은 하나님이 아니고서는 결코 할 수 없는 기적이었다. 지금 세상을 살아가는 우리들도 세상에서 하나님의 살아계심으로 보여줘야 한다. 거부할 수 없는 분명한 증거를 가짜를 믿는 모든 사람들에게 보여줬던 엘리야처럼 하나님을 증거하는 삶을 살아가자.

은혜의 단비

"조금 후에 구름과 바람이 일어나서 하늘이 캄캄해지며 큰 비가 내리는 지라"(열왕기상 18:45)

여호와 하나님, 살아계신 하나님
자비의 하나님, 은혜의 하나님
죽게 된 당신의 백성을 위해
단비를 내려주소서

겸손히 무릎 꿇은 주님의 사람
믿음을 가지고 사환을 보내도다
겸손함으로 간절히 구했던
엘리야의 마음을 보신 주님
은혜의 단비를 허락하셨도다

엘리야의 기도로 가물었던 비가, 다시 엘리야의 기도로 내리기 시작했다. 엘리야는 하나님의 명령대로 행하는 일들도 결코 자신의 능력인 체를 하지 않았다. 얼마나 겸손한 기도의 자세와 강인한 믿음인가! 믿음으로 기도하며 이루어질 것을 믿었던 엘리야처럼 마음으로 믿고 의에 이름으로 입으로 시인해 나가는, 말씀과 같은 신앙을 가지는 그리스도인이 되자. 메마른 사람들의 영혼에 가뭄에 단비 같은 은혜를 전하는 것이 우리의 할 일이다.

낙망하는 자

"로뎀나무 아래 누어 자더니 천사가 그를 어루만지며 그에게 이르되 일어나서 먹어라"

(열왕기상 19:5)

다하지 않는 식량의 기적을 이루고
거짓된 선지자들을 불로 사르고
가문 땅에 비가 오게 한 능력의 선지자
선택받은 하나님의 사람이여

어찌하여 낙망하여 죽기를 간구하는가
악한 왕을 향한 두려움에 죽기를 간구하는가
하나님은 그대를 잊지 않으셨다
위로를 받고 음식을 먹으라
엘리야를 위로하시는 로뎀의 하나님

　인간에게는 벗어날 수 없는 분명한 한계가 있다. 매사에 담대하고 수많은 기적을 행했던 엘리야의 통한의 고백을 보라. 십자가의 예수님이 잔을 피하게 해달라고 기도하셨던 것처럼 사명의 기로에 선 하나님의 사람들의 마음에는 어쩔 수 없는 두려움이 존재한다. 그러나 그 두려움이 있다는 것은 곧 올바른 길을 선택할 수 있는 기로라는 것을 기억하자. 기도와 묵상으로 바른 길로 인도해주실 주님을 의지하자.

엘리야의 승천

"엘리야가 엘리사에게 이르되 청하건대 너는 여기 머물라 여호와께서 나를 벧엘로 보내시느니라 하니 엘리사가 이르되 여호와께서 살아 계심과 당신의 영혼이 살아 있음을 두고 맹세하노니 내가 당신을 떠나지 아니하겠나이다 하는지라 이에 두 사람이 벧엘로 내려가니"(열왕기하 2:2)

여호와의 부르심을 받은 엘리야
주님이 명하신 곳으로 떠나려 하나
사랑하는 그의 제자는 떠나지 않았네

거듭된 명령에도 떠나지 않았네
엘리야의 능력보다 갑절을 원했던
엘리사의 거룩한 욕심
하나님께 모든 것을 맡긴 위대한 엘리야

하나님은 엘리사의 거룩한 욕심을
승천하는 엘리야를 보임으로 허락하셨네

엘리야보다 더 놀라운 능력을 세상에 보인 선지자가 몇 명이나 있을까? 게다가 엘리사는 죽음을 경험하지 않고 하나님께 부르심을 받았다. 이 모든 역사를 옆에서 지켜본 엘리사는 누구보다도 엘리야의 위대함을 알았을 것이다. 그러나 그럼에도 엘리야의 능력을 갑절이나 달라는 무리한 간구를 했다. 보통 사람은 상상도 할 수 없는 놀라운 능력을 목도하고도 갑절을 구하는 하나님의 능력에 대한 욕심… 그 거룩함에 대한 갈망이 나의 마음에는 있는가? 더욱 하나님을 원하고, 더욱 하나님께 가까이 가고자 하는 거룩한 열망을 마음에 부어주소서, 주님!

불의 선지자, 엘리야

"모든 선한 일에 너희를 온전케 하사 자기 뜻을 행하게 하시고 그 앞에 즐거운 것을 예수 그리스도 말미암아 우리 속에 이루시길 원하노라 영광이 그에게 세세무궁토록 있을 지어다"(히브리서 2:10)

악한 영에 사로잡힌
아합과 아하시야의 시대의 이스라엘,
오로지 여호와 하나님만을 신뢰한
불의 선지자 엘리야

죽은 사람을 살리고
거짓 선지자를 이기고
하나님의 살아계심을 이스라엘에 보였으나
지친 심령에 하나님의 위로를 구했던
인간적이었던 엘리야

하나님을 위해 살고
하나님을 보이기 위해 쓰임받고
하나님을 통해 하늘로 승천했네

　엘리야 선지자의 위대함은 많은 능력을 보인 것보다도 시종일관, 초지일관으로 하나님을 세상에 보이던 우직함에서 느껴지는 것 같다. 아무도 하나님을 두려워않는 시대에 혼자서 왕을 대적하고, 수많은 선지자들을 대적하며, 백성들에게 하나님의 소리를 외치며 얼마나 외롭고 고단했을까? 그러나 하나님은 분명 살아계시기에 그는 이길 수 있었다.

씻으라, 나으리라

"나아만이 이에 내려가서 하나님의 사람의 말대로 요단강에서 일곱 번 몸을 잠그니 그의 살이 회복되어 깨끗하게 되었더라"(열왕기하 5:14)

아람의 위대한 장군 나아만
아무에게도 말 못 할 병을 앓았네
지혜로운 여종은
놀라운 선지자의 존재를 주인에게 알렸네

누구도 해결할 수 없는 괴로운 병,
나아만은 나음을 위해 금과 비단을 챙겼으나
하나님의 사람은 문밖의 나아만에게
요단강으로 가 일곱 번 씻으라 무례하게 전했네

지혜로운 종들로 화를 이기고
요단강에서 몸을 씻게 된 나아만
깨끗한 나음을 입고 살아계신 하나님을 찬양했네

나아만의 순종은 겉으로 보기에는 스스로 마음에서 우러나온 모습이 아니었다. 하지만 낮은 종들의 말을 흘려듣지 않고 그대로 따랐다는 것에서 보았듯이 나아만은 자기보다 낮은 사람의 말에도 귀를 기울이고, 맞다고 생각되면 받아들이는 합리적이면서 겸손한 사람이었던 것 같다. 바라고 바라던 기도 제목을 서원할 때 우리도 나아만처럼 하나님께 필요도 없는 돈과 비단을 가지고 나아가는 것이 아닐까? 하나님은 우리의 순종을, 우리의 삶을 원하신다는 것을 기억하자.

필사즉생

"엘리사가 이르되 여호와의 말씀을 들을지어다 여호와께서 이르시되 내일 이맘때에 사마리아 성문에서 고운 밀가루 한 스아를 한 세겔로 매매하고 보리 두 스아를 한 세겔로 매매하리라 하셨느니라 그 때에 왕이 그의 손에 의지하는 자 곧 한 장관이 하나님의 사람에게 대답하여 이르되 여호와께서 하늘에 창을 내신들 어찌 이런 일이 있으리요 하더라 엘리사가 이르되 네가 네 눈으로 보리라 그러나 그것을 먹지는 못하리라 하니라"(열왕기하 7:1-2)

하나님의 예언이 이스라엘에 전해졌다
어리석은 신하들 하나님을 믿지 못하고
왕에게 어리석은 지혜를 쏟아냈네

하나님을 믿지 못하는 신하들
문둥병 환자보다 믿음이 없었던 신하들
하나님의 모든 예언은 이루어졌고
믿는 자들은 은혜를 입었으나
믿지 못하는 자들은 이슬처럼 사라졌도다

　기적과도 같은 일들은 사람의 의지나 생각이 아닌 하나님의 말씀과 능력으로 일어나는 것이다. 우리는 항상 만화같은 놀라운 일들이 내 삶에 일어나기를 바란다. 그러나 그런 일들을 이루어낼 힘과 지혜가 우리에겐 없다. 그런 권능을 가진 분은 하나님이시기에 우리는 바라는 것들을 하나님께 구해야 하며, 하나님이 말씀하신 것은 그대로 믿어야 한다. 내 삶의 놀라운 기적을 이루실 분은 오로지 하나님뿐이심을 온 마음으로 고백한다.

기적의 선지자 엘리사

"엘리야가 엘리사에게 이르되 나를 네게서 데려감을 당하기전에 내가 네게 어떻게 할지를 구하라
엘리사가 이르되 당신의 성령이 하시는 역사가 갑절이나 네게 있게 하소서"(열왕기하 2:9)

하나님의 대변자 엘리야,
그의 수제자,
그를 끝까지 떠나지 않았던
참된 제자,
마지막까지 떠나지 않았던
끈기를 가졌던 제자

하나님의 사람 엘리야의
승천하는 모습을 바라봤던
유일한 제자
엘리야처럼 죽은 자를 살리고,
모세처럼 강을 가르는
갑절의 능력을 받은 거룩한 선지자가 되었네

　자신의 바람대로 엘리야보다 뛰어난 능력을 받았던 엘리사였지만 그는 욕심이나 사심에 의해 한 번도 능력을 사용하지 않았다. 누구보다 위대한 선지자였고, 뛰어난 행적을 보였지만 그 모든 삶에는 하나님의 은혜와 영광에 포커스가 맞춰져 있었다. 우리의 삶은 어떨까? 나를 위해 하나님을 끌어다 사용하고 있는 것은 아닐까? 내 욕심과, 사심이 아닌 오직 하나님을 향한 열망으로 모든 것이 사용되기를 바란다. 누구를 위한 것이 아닌 오직 여호와 하나님 앞에 영광이 되자!

마지막 왕 호세아

"누가 지혜가 있어 이런 일을 깨달으며 누가 총명이 있어 이런 일을 알겠느냐 여호와의 도는 정직이니 의인은 그 길로 다니거니와 그러나 죄인은 그 길에 걸려 넘어지리라"(호세아 14:9)

이스라엘의 마지막이 다가오네
이스라엘아, 마음을 돌이켜 선을 행하고
옷을 찢으며 여호와께 돌아오라

끝까지 기다리시는
여호와의 사랑을 깨달으라
악에서 떠나,
하나님의 사랑으로 돌아오라

하나님의 사랑을 느끼지 못하고
끊임없이 부르시는 음성을 듣지 못하는
눈이 멀고, 귀가 먼 슬픈 민족이여

　수많은 선지자들이 하나님의 말씀을 전했지만 이스라엘은 결국 멸망하고 만다. 마지막 왕인 호세아는 9년간 이스라엘을 통치했고, 전 왕들과 같이 악행을 행하지는 않았지만 그럼에도 하나님으로부터 멀어지는 민족의 종말을 막을 수는 없었다. 지금도 하나님을 모르는 수많은 사람들이 저마다의 선을 행하며 평범하게 살아가고 있다. 하지만 하나님을 향하지 않는 삶은 어떤 모습이든 그저 멀어지고 있을 뿐이다. 서둘러 많은 사람들이 하나님을 향해 돌아오도록 더 큰 목소리로 세상에 주님의 말씀을 외치자.

히스기야 왕

"우리 하나님이여 원하건데 이제 우리를 그의 손에서 구하옵소서 그리하시면 천하 만국이 주 여호
와가 홀로 하나님이신 줄 알리라 하니라"(열왕기하 19:19)

유다의 왕 아하스의 아들
다윗처럼 정직했던
여호와의 마음에 합한 왕

누구보다 하나님을 신뢰하며
말씀을 청종하며 의지했던 왕

기도로 나라를 회복하며
수많은 강대국을 물리친
응답받는 기도의 비결을 알았던
지혜롭고 현명했던 왕

히스기야 왕의 시대에는 나라의 사정이 좋지 않았다. 주변 강대국의
수탈에도 손놓고 당해야 할 정도로 이스라엘의 자존심은 땅에 떨어져 있
었다. 그러나 히스기야는 하나님이 누구신지 알고, 어떻게 간구해야 하
는지를 알았던 '기도하는 왕'이었다. 내 힘으로 도저히 할 수 없는 일들이
있을 때 하나님께 기도한다면 문제를 해결할 수 있다. 한 가지 복음을 믿
고 한 분이신 하나님께 기도로 구할 때 응답해주시는 주님이심을 믿자.

죽음을 돌이킨 기도

"이사야가 이르되 무화과 반죽을 가져오라 하매
무리가 가져다가 그 상처에 놓으니 나으니라"(열왕기하 20:7)
"쉬지 말고 기도하라"(데살로니가전서 5:17)

주여, 제가 죄를 범했나이다
주여, 제가 하나님을 믿지 못했나이다
하나님의 선지자 이사야를 통해
전달하신 죽음의 명령을 거두어주소서

주님의 은혜를 사모하나이다
낙심하지 않고 기도하겠나이다
하나님을 경외하고, 진실한 마음을 드렸던
불초 종의 행동을 떠올려 주소서
사망의 죄에서 어리석은 이를 건져주소서

히스기야는 세상의 모든 일이 하나님의 섭리 아래 돌아가고 있다는 생각을 했었던 것 같다. 그래서 무슨 문제가 있을 때, 그것이 자신의 실수에 의한 것이라 하더라도 항상 간구의 대상이 하나님이었다. 세상의 문제가 생겨도, 군대가 쳐들어와도, 죽을 병에 걸려도 하나님께 간구하는 히스기야의 시선… 세상의 통치자가 하나님이시라는 고백을 히스기야와 같은 초점으로 하나님께 드리고 싶다.

큰 믿음을 가진 왕

"너희가 내게 이르기를 우리는 우리 하나님 여호와를 의뢰하노라 하리라마는 히스기야가 그들의 산당들과 제단을 제거하고 유다와 예루살렘 사람에게 명령하기를 예루살렘 이 제단 앞에서만 예배하라 하지 아니하였느냐 하셨나니 청하건대 이제 너는 내 주 앗수르 왕과 내기하라 네가 만일 말을 탈 사람을 낼 수 있다면 나는 네게 말 이천 마리를 주리라"(열왕기하 18:22-23)

스물다섯에 왕이 되어
스물여덟 해를 다스린 왕
성전을 수복하고, 정결하게 했으며
적의 공격을 막기 위해
하나님의 사람을 찾아갔던 왕

모든 위기의 순간에도
오로지 하나님을 바라보며
하나님께 간구했던
기도할 줄 알았던 믿음을 가진
지혜로운 히스기야

　　어머니로부터 바른 신앙을 물려받은 히스기야 왕, 그의 행적은 볼 때마다 대단하고 도전을 준다. 한 나라를 책임진 왕으로 모든 것을 잃을 수도 있는 순간, 나뿐 아니라 모든 백성들까지 위험할 수 있는 순간에도 보이지 않는 하나님의 전능하심을 믿는 믿음, 흔들리지 않고 간구하는 놀라운 믿음을 본받고 싶다.

아담으로부터 아브라함까지

"아담, 셋, 에노스,"(역대상 1:1)

아담으로부터 시작된 인류
번성하고 번성했으나
수많은 죄악으로 홍수의 처벌을 자초했네

의인 노아만이 살아남은 새로운 시대
셈과 함과 야벳이
모든 사람들의 조상이 됐네

후손의 후손들이 또 후손을 낳고
넓은 땅은 갈라지기 시작했네
그중에 태어난 데라의 후손 아브라함
믿음의 조상, 새로운 계보가 시작됐네

　창세기로부터 시작된 인류의 역사는 성경에 빈틈없이 기록되어 있다. 구약은 나와 있는 말씀대로 믿는 것이 쉽지 않지만 하나님이 창조주라는 사실을 인정하고 예수 그리스도의 살아계심을 믿는 시각으로 바라볼 때 이 역시 모든 말씀이 사실이라는 것을 깨닫게 된다. 당장 100년 전의 세상도 정확히 이해할 수 없는 인간의 지각이지만 그럼에도 하나님을 믿는, 구원자 예수님을 내 마음속에 모시는 진정한 지혜를 구하자.

아브라함부터 다윗까지

"보아스는 오벳을 낳고 오벳은 이새를 낳고 이새는 맏아들 엘리압과 둘째로 아비나답과 셋째로 시
므아와 넷째로 느다넬과 다섯째로 랏대와 여섯째로 오셈과 일곱째로 다윗을 낳았으며"

(역대상 2:12-15)

하나님의 섭리로 시작되는
새로운 구원의 역사
아브라함의 아들 이삭,
이삭의 아들 야곱과, 열두 자손들
그들을 통해
별 같은 민족의 약속을 이루셨다

믿음의 약속은 보아스와 룻을 통해
그리고 오벳과 이새를 통해 흘러갔고
마침내 다윗이 태어나
큰 약속이 성취됐네

　아무 의미없이 나열되는 것 같은 구약의 이야기들은 하나님의 섭리 안
에 이어지고 있는 언약의 약속들이다. 똑같은 믿음의 조상을 두어도, 똑
같은 믿음의 아버지를 두어도 자녀들은 제각기 때로는 하나님을 더 잘
믿으며, 때로는 하나님을 믿지 못하고 죄를 지으며 살아간다. 사람이 하
나님을 믿든, 떠나든, 선을 행하든, 죄를 짓든 하나님의 역사는 계속해서
흘러간다. 악한 곳에 거하지 않고 하나님의 역사에 참여하는 거룩한 성
도로 쓰임받기를 기도한다.

다윗에서 요시아까지

"내 이름으로 일컫는 내 백성이 그 악한 길에서 떠나 스스로 겸비하고 기도하여 내 얼굴을 구하면
내가 하늘에서 듣고 그 죄를 사하고 그 땅을 고치리라"(역대하 7:14)

모든 것을 계획하신 하나님의 섭리가
이새의 일곱째 아들을 통해 흘러가네

이새의 아들은 왕이 되었고,
그의 아들은 세상에서 가장 뛰어난
지혜를 축복으로 받았네

솔로몬의 아들은 르호보암
그의 후손들은 때때로 여호와를 떠났고
때때로 회개함으로 돌아왔으니
왕들의 족보는 요시아까지 이어졌네

　다윗으로부터 시작된 예수님의 족보는 수많은 왕들의 이야기로 이어
진다. 같은 나라 같은 민족, 같은 역사를 가진 이스라엘이지만 하나님과
의 관계를 통해 때로는 강대국이 됐고, 때로는 약소국이 됐다. 이렇듯 신
앙과 세상에서의 성공은 따로 나눌 수 있는 부분이 아님을 깨달아야 한
다. 하나님께 순종하고 말씀대로 사는 것이 세상에서도 성공하고 하나님
께 영광이 되는 중요한 비결이다.

성전의 재건

"사로잡혔다가 돌아온 이스라엘 자손과 자기 땅에 사는 이방 사람의 더러운 것으로부터 스스로를 구별한 모든 이스라엘 사람들에게 속하여 이스라엘의 하나님 여호와를 찾는 자들이 다 먹고 즐거움으로 이레 동안 무교절을 지켰으니 이는 여호와께서 그들을 즐겁게 하시고 또 앗수르 왕의 마음을 그들에게로 돌려 이스라엘의 하나님이신 하나님의 성전 건축하는 손을 힘 있게 하도록 하셨음이었더라"(에스라 6:21)

금 그릇을 가져와라 백성들이여
은 그릇을 모아라 제사장들이여
포로가 된 백성이 돌아오고
하나님의 말씀이 나타났으니
여호와의 성전을 우리가 다시 세우자

기쁨으로 예물을 드리고
각자의 재능으로 성전을 보수하라
주님이 주신 축복을
다시 주님의 창고에 채우라

살아계신 이스라엘의 하나님,
주의 율법을 지키고
주신 규례를 다시 회복하라

　사로잡혔던 백성들이 돌아오자마자 다시 성전을 세우고 하나님을 경배했던 것처럼 주님을 알지 못하고 세상에서 죄인으로 살아가던 나를 찾아오신 주님을 만났을 때도 동일한 헌신을 드려야 한다. 하나님을 마음에 모시고, 하나님을 최고로 예배하며, 주신 모든 것에 감사하자.

에스라

"이 일 후에 바사 왕 아닥사스다가 왕위에 있을 때에 에스라라 하는 자가 있으니라 그는 스라야의
아들이요 아사랴의 손자요 힐기야의 증손이요"(에스라 7:1)

이스라엘의 제사장
아론의 후손,
바벨론에서도 모세의 율법을 잊지 않은
위대한 율법가 에스라

하나님의 능력을 힘입어
포로 된 백성을 구했네
하나님께 기도함으로
하나님의 능력을 힘입은 에스라

통곡함으로 회개하며
말씀을 다시 회복시킨 놀라운 사람

에스라를 묵상할 땐 어쩔 수 없다는 말은 단지 나의 핑계일 수도 있다
는 생각을 한다. 이방 땅에 있어서, 포로 생활 중이어서, 나의 힘이 없어
서… 이 모든 그럴듯한 이유가 에스라에게는 핑계였다. 어디에 있든, 무
슨 일을 하든, 하나님의 말씀을 지키며 거룩하게 살아갔던 에스라… 동
일한 은혜를 내 삶에도 내려주시기를, 그 은혜를 통해 삶의 한 절이라도
하나님께 영광으로 드려질 수 있기를 간절히 기도한다.

성문

"내가 그들에게 대답하여 이르되 하늘의 하나님이 우리를 형통하게 하시리니"(느헤미야 2:20)

돌아온 백성
찾아낸 말씀
그리고 회복된 성전
그러나 무너진 성벽을 어이할꼬

성은 허물어지고
성벽은 불에 탔으니
찾아오는 적들을 어이할꼬

눈물을 흘리며
목숨을 아끼지 않는
느헤미야의 애절한 기도에
은혜의 하나님
성벽의 재건으로 응답하시리

　　단신으로는 괄목할만한 성공을 거둔 느헤미야였지만 민족의 어려움 앞에서는 무력함을 느낄 수밖에 없었다. 하나님의 말씀이 회복되고, 성전을 회복하는 일보다 무너진 성벽을 재건하고 성문을 세우는 일은 몇 배는 힘든 사실상 불가능한 일이었다. 그러나 이 모든 일들이 느헤미야 한 사람의 기도와 간구로 이루어질 수 있었다. 민족을 살리는 한 사람의 기도! 기도의 힘은 얼마나 무한한가!

백성의 고난

"내 하나님이여 내가 이 백성을 위하여 행한 모든 일을 기억하사 내게 은혜를 베푸시옵소서"

(느헤미야 5:19)

무너진 성벽,
살길 없는 백성들
살기 위해 가진 모든 것을
가진 자들에게 내어놓네

백성들의 고혈을 뽑아
재산을 불리는 가진 자의 만행
끝없는 악순환의 고리를 끊을 자가 누구인고

하나님의 마음을 아는 느헤미야
백성들의 삶을 위해
과감한 결단을 내렸네

성벽을 재건하고 백성들이 돌아오는 것은 좋은 일이었지만 당장 생계가 힘든 백성들이 많았다. 그런데 동포들의 그런 어려움을 이용해 사리사욕을 불리는 사람들이 많았나보다. 지금도 세계의 99%의 부를 1%가 차지하고 있다고 하지 않는가? 인간의 탐욕, 역사의 순환은 계속해서 돌아가는 것 같다. 느헤미야는 이런 고리를 끊을 수 있는 유일한 사람이었다. 기득권 쪽에 서있으면서도 자신의 이익보다는 많은 사람들의 이익을 생각했던 느헤미야처럼 하나님의 마음을 알고 용기 있게 실행하는 사람이 되자.

율법으로 돌이키라

"백성이 율법의 말씀을 듣고 다 우는지라 총독 느헤미야와 제사장 겸 학사 에스라와 백성을
가르치는 레위 사람들이 모든 백성에게 이르기를 오늘은 너희 하나님 여호와의 성일이니
슬퍼하지 말며 울지 말라 하고"(느헤미야 8:9)
"하나님 앞에서 율법을 듣는 자가 의인이 아니요 오직 율법을 행하는 자라야
의롭다 하심을 얻으리니"(로마서 2:13)

들으라 이스라엘아
하나님의 율법이도다
모세에게 내려주신
유일한 진리의 말씀을 들으라

하나님을 송축하라
아멘으로 화답하라
절기를 지키고, 규례를 지키며
베옷을 입고 눈물을 흘리며
다시 여호와께 돌아오라

　율법을 준수하는 것은 하나님께 예배하는 것이며 또한 그 말씀에 자복
하여 회개하는 것이다. 죄를 고백하고 하나님께 돌아오는 것도 얼마든
지 예배가 될 수 있다. 모든 죄를 용서해주시는 주님을 믿으며 예배함으
로 확신을 가질 때 살아계신 하나님을 전심으로 기뻐할 수 있다. 율법은
행함이고 행함은 믿음이다. 그러나 율법으로 구원받는 것이 아니라 내가
죄인임을 깨닫고 예수 그리스도의 보혈로 죄를 용서받아 구원에 이르는
것이라는 사실을 잊지 말고 기억하자.

믿음의 지도자 느헤미야

"그런즉 너희는 먼저 그의 나라와 그의 의를 구하라 그리하면 이 모든 것을
너희에게 더하시리라"(마태복음 6:33)

아닥사스다 왕의 술 관원
세상의 부러울 것이 없었던
성공자 느헤미야

하나냐를 통해
절망뿐인 백성들의 소식을 들었네
기도하며 금식하며
주님의 도우심을 구한 믿음의 지도자 느헤미야

주님은 왕의 마음을 움직여
유다의 총독이 되게 하셨네
기도와 믿음의 리더십으로
성벽을 재건한 믿음의 지도자, 느헤미야

하나님이 지도자로 쓰시는 사람은 인내하는 사람이다. 느헤미야는 자신의 힘으로 무엇이든 시도해볼 수 있는 위치였지만 그러지 않았다. 자신의 뜻을 들어주려는 왕의 질문에도 짧은 순간이지만 기도로 응답을 구했다. 모든 삶을 하나님께 드린 느헤미야, 작은 일에도 기도로 준비했던 느헤미야처럼 지금 시대를 살아가는 우리들, 바로 그리스도인들도 진정한 본직을 회복하며 외형적인 모습에만 치중하는 작금의 시대에서 돌아서야 한다. 하나님의 나라와 의를 구할 때 하나님이 모든 걸 주신다.

폐의된 와스디

"그 후에 아하수에로 왕의 노가 그치매 와스디와 그가 행한 일과 그에 대하여
내린 조서를 생각하거늘"(에스더 2:1)
"사무엘이 가로되 여호와께서 번제와 다른 제사를 그 목소리 순종하는 것을 좋아하심 같이 좋아
하시겠나이까 순종이 제사보다 낫고 듣는 것이 수양의 기름보다 나으니"(사무엘상 15:22)

강대국의 왕 아하수로에로
자신의 영광을 위해 잔치를 열었네
180일 동안 꺼지지 않는
회장의 횃불,
마를 일 없이 채워지는 술잔과 접시

아하수에로 잔치의 마지막을
왕후를 통해 빛내길 원했다네
이유 없이 왕의 청을 거절한
알 수 없는 왕후의 불순종
왕의 진노에 가장 높은 여인의 자리에서
땅으로 떨어졌네

술자리에서 왕후를 드러내고자 했던 아하수에로 왕의 모습은 정상적
이지 않다. 그러나 그런 아하수에로 왕의 청을 뚜렷한 이유도 없이 거절
한 와스디의 모습은 더더욱 이해하기 어렵다. 그러나 이런 일들조차 하
나님은 에스더를 통해 선택한 민족을 구원하시기 위해 사용하셨다. 세상
에서 일어나는 모든 일을 인간의 생각으로는 이해하기 어렵다. 지혜의
하나님이 모든 일을 통해 선을 행하실 줄 믿고 믿음의 한 걸음을 오늘을
통해 살아갈 뿐이다.

새로운 왕후

"왕의 측근 신하들이 아뢰되 왕은 왕을 위하여 아리따운 처녀들을 구하게 하시되 전국 각 지방에 관리를 명령하여 아리따운 처녀를 다 도성 수산으로 모아 후궁으로 들여 궁녀를 주관하는 내시 헤개의 손에 맡겨 그 몸을 정결하게 하는 물품을 주게 하시고 왕의 눈에 아름다운 처녀를 와스디 대신 왕후로 삼으소서 하니 왕이 그 말을 좋게 여겨 그대로 행하니라"(에스더 2:2-4)

마음에 상심히 큰 왕
신하들의 청을 따랐네
각 지방에 아리따운 처녀들은
모두 도성으로 불려갔네

유다인 모르드개의 사촌
고아 에스더도 왕의 명을 따랐네
왕궁에 들어간 에스더,
왕의 총애를 받은 에스더,
이 일을 통해서도 하나님의 일이 시작됐네

　　우연인 것 같았던 아하수에로의 진노, 와스디의 폐위, 그리고 새로운 왕후를 뽑는 일에 참여한 모르드개의 사촌 에스더, 이 모든 일들은 하나님의 계획 아래서 일어난 필연이었다. 하나님은 모르드개에게 지혜를 주셨고 그 지혜로 에스더는 총애받는 왕후의 자리에 오를 수 있었다. 각자의 자리에서 최선을 다하는 사람들, 하나님의 뜻이 나타나기까지 인내하는 사람들로 하나님의 역사가 이루어진 것이다. 부족한 나의 삶도 하나님께 쓰임받게 될 줄을 믿기에 작은 일이지만 오늘도 최선을 다해 살아가야겠다.

흉계

"하만이 모르드개가 무릎을 꿇지도 아니하고 절하지도 아니함을 보고 매우 노하더니 그들이 모르드개의 민족을 하만에게 알리므로 하만이 모르드개만 죽이는 것이 부족하다고 생각하고 아하수에로의 온 나라에 있는 유다인 곧 모르드개의 민족을 다 멸하고자 하더라" - 에스더 3장 5-6절
"다시 두 번째 나아가 기도하여 이르되 내 아버지여 만일 내가 마시지 않고는 이 잔이 내게서 지나갈 수 없거든 아버지에 원대로 되기를 원하나이다 하시고"(마태복음 26:42)

왕의 사람, 악독한 하만
왕의 앞에서는 충직한 신하였으나
사람들 앞에서는 왕처럼 행세하였네

충직한 모르드개를 향한
하만의 분노로
모든 유다 민족이 처형될 위기가 찾아왔네

담대한 에스더를 통해
장대한 하나님의 계획이 세상에 드러났네
모르드개와 에스더를 통해
유다는 구원받았네

한 알의 밀알이 땅에 떨어져 죽으면 많은 열매를 맺는다는 예수님의 말씀을 모르드개의 삶과 에스더의 결단을 통해 알 수 있다. 나 역시 나의 희생을 통해 많은 사람을 살릴 수 있는 기회가 생긴다면 동일한 결단을 내릴 수 있을까? 주님, 나의 모습을 죽이고 하나님이 바라시는 삶을 살아가고자 하는 열정을 내 마음에 허락해 주소서.

하나님만 예배한 사람

"모르드개가 그를 시켜 에스더에게 회답하되 너는 왕궁에 있으니 모든 유다인 중에 홀로 목숨을 건지리라 생각하지 말라 이 때에 네가 만일 잠잠하여 말이 없으면 유다인은 다른 데로 말미암아 놓임과 구원을 얻으려니와 너와 네 아버지 집은 멸망하리라 네가 왕후의 자리를 얻은 것이 이 때를 위함이 아닌지 누가 알겠느냐 하니"(에스더 4:13-14)

포로로 잡혀간 민족,
고아가 된 사촌 여동생을
딸과 같이 사랑하고 양육한 심성
목숨을 잃을지언정
부정한 일을 저지르지 않았던
강직한 모르드개

하나님의 지혜로
에스더를 왕후로 세우고
왕의 암살을 막았으며
민족의 말살을 막았네
하나님을 경외한 모르드개
나라의 가장 높은 신하가 되었네

모르드개가 살아온 삶은 결과적으로 하나님이 예비하신 삶이었다. 눈앞의 일에 최선을 다하며 양심을 어기지 않은 모르드개의 삶은 하나님이 사용하시는 사람들의 삶이었다. 하나님은 높은 자리에 있는 사람, 능력 있는 사람, 돈이 많은 사람이 아니라 하나님의 능력을 펼칠 자격이 있는 깨끗한 사람을 사용하신다. 사람의 눈치를 보지 말고 오직 하나님만 바라보고 하나님만 경외하는 사람이 되자.

민족을 구한 사람

"왕후 에스더가 대답하여 이르되 왕이여 내가 만일 왕의 목전에서 은혜를 입었으며 왕이 좋게 여기시면 내 소청대로 내 생명을 내게 주시고 내 요구대로 내 민족을 내게 주소서 나와 내 민족이 팔려서 죽임과 도륙함과 진멸함을 당하게 되었나이다 만일 우리가 노비로 팔렸더라면 내가 잠잠하였으리이다 그래도 대적이 왕의 손해를 보충하지 못하였으리이다 하니 아하수에로 왕이 왕후 에스더에게 말하여 이르되 감히 이런 일을 심중에 품은 자가 누구며 그가 어디 있느냐 하니"

(에스더 7:3-5)

베냐민 지파, 아비하일의 딸
모르드개의 양녀,
왕궁의 궁녀,
아하수에로의 왕후,
유다 민족의 구원자

금식 기도로 민족의 구원을
하나님께 구했네
하나님이 주신 것으로
하나님의 뜻을 이룬
불굴의 사람, 왕후 에스더

　하나님의 나라에서 쓰임 받는 사람은 비율이 다르긴 하지만 성경을 보면 남녀노소를 가리지 않고 준비가 된 사람을 사용하심을 알 수 있다. 아브라함은 백세에 아들을 낳아 하나님이 주신 축복을 이어갔으며 요셉은 애굽에 팔려갔음에도 이스라엘이라는 민족을 시작하는 다리를 놓았다. 왕자에서 쫓겨난 광야의 모세는 이스라엘 백성을 출애굽 시켜 약속의 땅으로 인도했다. 내 인생의 아주 작은 부분이라도 하나님께 맡기자.

우수의 의인

"우스 땅에 욥이라 불리는 사람이 있었는데 그 사람은 온전하고 정직하며 하나님을 경외하며
악에서 떠난 자더라"(욥기 1:1)

하나님을 경외하고
악에서 떠난 사람
우스 땅의 의인 욥

하나님이 주신 축복에도
죄를 멀리했던 사람
혹시 모를 죄도 두려워
매일 제사를 드려
마음을 정결케 했네

베푸는 부자들의 이야기가 귀감이 되고 있는 요즘의 시각으로 봐도 성
경의 욥은 뭔가 다른 부자였던 것 같다. 누가복음에서 예수님은 부자가
하나님을 경외하기가 어렵다고 말씀하셨지만 욥은 지역의 제일 가는 부
자였음에도 하나님 앞에 조금의 실수도 하지 않으려고 노력하는 사람이
었다. 가진 것이 많다는 것은 누릴 것이 많다는 뜻이고 그렇기에 하나님
보다 세상에 더 집중하기가 쉽다는 뜻이 아닐까? 나는 세상의 것을 더 누
리길 바라는가, 아니면 하나님과 더 교제하며 살아가길 원하는가?

사탄의 시험

"사탄이 여호와께 대답하여 이르되 욥이 어찌 까닭 없이 하나님을 경외하리이까 주께서 그와 그의 집과 그의 모든 소유물을 울타리로 두르심 때문이 아니니이까 주께서 그의 손으로 하는 바를 복되게 하사 그의 소유물이 땅에 넘치게 하셨음이니이다 이제 주의 손을 펴서 그의 모든 소유물을 치소서 그리하시면 틀림없이 주를 향하여 욕하지 않겠나이까"(욥기 1:9-11)

땅을 두루 다니며
넘어질 사람을 찾는
악한 자녀 사탄

하나님이 자랑하는 주의 종 욥
악에서 떠난 욥의 믿음을 시험하길 원했네

많은 것을 주셨으니
하나님을 경외할 뿐이라는 사탄의 간교
다만 욥의 목숨 외에는 건들지 말라
하나님은 사탄의 시험을 허락하셨네

　하나님을 믿지 않는 사람은 이미 멸망의 길을 걷고 있기 때문에 사탄의 별다른 시험이 없다. 하지만 욥의 경우도 그렇고 광야에서 시험을 받으시는 예수님의 공생애 기간도 그렇고 믿음이 출중하고 신실한 경우 사탄이 더욱 넘어뜨리려고 수를 쓴다. 모든 시험을 이기고 승리하셨던 예수님처럼 고난이 찾아왔을 때는 나에게 겨자씨만한 믿음이라도 있음을 믿고 감사함으로 인내하자. 고난에 빠질수록 더욱 하나님을 찾고, 간절히 무릎을 꿇자.

욥의 고난

"욥이 일어나 겉옷을 찢고 머리털을 밀고 땅에 엎드려 예배하며 이르되 내가 모태에서 알몸으로 나왔사온즉 또한 알몸이 그리로 돌아가올지라 주신 이도 여호와시요 거두신 이도 여호와시오니 여호와의 이름이 찬송을 받으실지니이다 하고 이 모든 일에 욥이 범죄하지 아니하고 하나님을 향하여 원망하지 아니하니라"(욥기 1:20-22)

하나님의 축복이 가득했던
우스의 욥의 집
잔혹한 사탄의 시험이 시작됐네

잔치 중에 죽어가는 종들
뜻 모를 이유로 사라져가는 가축들
천재지변으로 목숨을 잃는
너무도 사랑했던 가족들

고난의 욥은 그럼에도 하나님을 예배했네
주신 분도 여호와, 거둔 분도 여호와
오직 주님의 이름만 높임을 받으소서

하루아침에 사랑하는 자녀와 그에 재산과 종들까지 다 잃어버린 욥, 도저히 세상에서 일어날 수도 있을까 생각되는 엄청난 고난이었다. 죄가 있는 사람도 처벌을 받을 땐 억울해하는 것이 당연한데 죄가 없는 욥의 심정은 얼마나 참혹했을까? 이런 상황에서 욥이 보여준 모습은 너무나도 놀랍다. 하나님의 뜻이 무조건 옳다고 생각했기에 더욱 회개를 하고 하나님을 원망하지 않았던 것이다. 조금만 원하는 대로 일이 풀리지 않아도 하나님을 원망하는 얕은 신앙을 버리자.

육체의 고난

"사탄이 여호와께 대답하여 이르되 가죽으로 가죽을 바꾸오니 사람이 그의 모든 소유물로 자기의
생명을 바꾸올지라 이제 주의 손을 펴서 그의 뼈와 살을 치소서 그리하시면 틀림없이 주를 향하여
욕하지 않겠나이까 여호와께서 사탄에게 이르시되 내가 그를 네 손에 맡기노라 다만 그의 생명은
해하지 말지니라"(욥기 2:4-6)

모든 재산을 잃고
사랑하는 가족을 잃었음에도
욥은 하나님께 죄를 짓지 않았네

신실한 욥을 넘어뜨리기 위해
사탄은 그의 육체를 쳤네
모든 것을 허락하신 하나님은
그러나 욥의 생명만은 지키셨네

세상 사람이 보기에도, 아내가 보기에도
억울하고 어리석은 욥이었지만
절대로 입술의 죄를 짓지 않았다네

　　사탄은 욥을 타락시키는 일에 실패하자 이번에는 그의 건강을 건드렸
다. 한 사람을, 한 영혼을 넘어뜨리려는 사탄의 책략은 이처럼 집요하다.
욥은 이제 가진 것에 이어 하나님을 온전히 예배할 수 있는 건강까지 잃
었다. 조금도 억울한 마음이 없었을까? 그럼에도 하나님을 향해 입으로
범죄하지 않는 욥의 믿음이란! 세상 사람들은 물론, 함께 살았던 아내조
차 이해할 수 없는 신앙이지만 신앙은 사람이 아닌 하나님을 향한 것임
을 욥을 통해 기억하자.

위로의 친구들

"밤낮 칠일동안 그와 함께 땅에 앉았으나 욥에 고통이 심함을 보므로
그에게 한마디도 말하는 자가 없더라"(욥기 2:13)

먼발치서 보이는
비참하고 처량한 한 사내
욥을 본 친구들은
위로의 말조차 입에 담지 못했네

옷을 찢으며
티끌을 뿌리며
밤낮을 욥과 함께 지냈으나
한 마디도 할 수 없었네

나의 친구, 나의 욥,
비참한 그의 상황을 우리가 어찌하랴

　욥의 비참한 소식을 듣고 왔던 친구들은 위로를 전하려 했으나 아무
말도 하지 못했다. 욥이 당한 고난이 우리가 글로 보고 떠올리는 상상보
다 훨씬 더 참혹했음을 알 수 있다. 동방에서 가장 큰 부자에게 무슨 일이
생겼기에 혈혈단신이 되고, 알거지가 되었단 말인가. 아무것도 가진 것
없는 욥에게 찾아온 친구들은 그야말로 욥의 덕을 보러 찾아온 사람들이
아닌 위로의 목적을 가진 진짜 친구였다. 욥의 고통을 같이 슬퍼하며 말
없이 함께 울어주는 그런 친구가 되자.

저주받은 탄식

"어찌하여 내가 태에서 죽어 나오지 아니하였던가 어찌하여 내 어머니가 해산할 때에 내가 숨지지 아니하였던가 어찌하여 무릎이 나를 받았던가 어찌하여 내가 젖을 빨았던가 그렇지 아니하였던들 이제는 내가 평안히 누워서 자고 쉬었을 것이니"(욥기 3:11-13)

하나님을 향한 원망도 아닌
사람을 향한 원망도 아닌
인간으로써 견딜 수 없는 고난
그 가운데 선 욥의 어쩔수 없는 탄식

나의 고통은 어째서인가
나의 슬픔은 어째서인가
내가 태어나지 않았더라면
내가 살아가지 않았더라면

이 고통을 피할 수 있었을 텐데
편안한 휴식 속에서 머무를 수 있었을 텐데

믿음도 흔들리지 않고, 하나님을 원망하지 않았던 욥이었지만 감내할 수 없는 거대한 고통의 크기에 저절로 나오는 탄식까지 막을 수는 없었다. 모든 고난의 화살은 스스로에게 돌린 것이다. 나는 욥의 이런 자세까지도 배울 점이 있다고 생각한다. 내가 잘못한 것을 하나님의 탓으로 쉽게 돌리는 삶이 아니라 하나님은 신실하고 실수가 없으신 분이라는 인식을 마음 깊이 뿌리내리는 신앙, 그런 신앙인이 되고 싶다.

엘바스의 책망

"데만 사람 엘리바스가 대답하여 이르되 누가 네게 말하면 네가 싫증을 내겠느냐, 누가 참고 말하지 아니하겠느냐 보라 전에 네가 여러 사람을 훈계하였고 손이 늘어진 자를 강하게 하였고 넘어지는 자를 말로 붙들어 주었고 무릎이 약한 자를 강하게 하였거늘 이제 이 일이 네게 이르매 네가 힘들어 하고 이 일이 네게 닥치매 네가 놀라는구나"(욥기 4:1-5)

절망에 빠진 욥
그의 곁을 지켰던 친구들
욥의 원망을 듣고 그를 책망하네

모든 것은 죄의 결과거늘
어찌 하나님께 죄를 짓는가
하나님을 신뢰한 욥에게
어찌 더한 책망을 하는가

위로를 하러 온 친구도
나의 고통을 알지 못하네
주여, 이 고통의 삶을 끝내주소서

　　욥의 고통은 사람의 말로 감히 위로할 수 있는 것이 아니었다. 정말 힘들 때는 아무리 좋은 말이나 선물도 도움이 되지 않는다. 그러나 스스로를 의롭다고 생각했던 엘바스는 욥의 고난을 목도하면서도 오히려 욥에게 죄가 있음을 인정하라고 종용했다. 이런 실수는 특별히 그리스도인들이 조심해야 할 실수다. 우리는 하나님이 아니기에 아무것도 알 수 없다. 고통받는 사람에게는 함께 있음으로 위로하고 슬퍼하는 사람에게는 함께 울어주며 위로하는 공감하는 그리스도인이 되어야 한다.

빌닷의 책망

"내가 하나님께 아뢰오니 나를 정죄하지 마옵소서 무슨 까닭으로 나와 더불어 변론하시는지
내게 알게 하옵소서"(욥기 10:2)

수아 사람 빌닷의 말이로다
하나님은 공의이거늘
고난을 당한 당신이
어찌 결백하단 말인가
회개하라, 주님께 돌아오라

빌닷의 우둔한 위로는
욥의 억장을 무너뜨렸네
보여줄 것도 없고,
판결 받을 것도 없으니,
억울한 욥의 심정을 누가 풀어주리

하나님은 공의의 하나님이시지만 우리가 세상을 살아가며 겪는 모든 고난과 고통이 죄의 결과라고 생각하는 시선은 매우 위험하다. 설령 고난의 원인이 죄라 할지라도 그것은 같은 죄인인 우리가 입에 올릴 수 있는 말이 아니다. 위로하고 격려하며, 기도해주는 것이 참된 믿음의 동역자들이 감당해야 할 일이다. 위로에 있어서도 하나님의 주권을 신뢰하며 묵묵히 가는 뚝심이 필요하다.

소발의 책망

"나의 눈이 이것을 다 보았고 나의 귀가 이것을 듣고 깨달았느니라 너희 아는 것을 나도 아노니 너희만 못하지 않으니라 참으로 나는 전능자에게 말씀하려 하며 하나님과 변론하려 하노라 너희는 거짓말을 지어내는 자요 다 쓸모 없는 의원이니라 너희가 참으로 잠잠하면 그것이 너희의 지혜일 것이니라"(욥기 13:1-5)

네가 정말 결백하느냐
하나님 앞에 네가 정말 죄가 없느냐
사람이 감히 의로울 수 있느냐
하나님께 깨끗한 사람이 어디있느냐
욥의 변론에 소발이 다시 책망하네

너희는 평안 가운데 있고
나는 고난 가운데 있으니
너희의 말이 나에게 무슨 소용이 있겠느냐
나를 그냥 두라, 나의 괴로움은 이미 족하도다

　　친구들의 책망을 듣고 욥이 견디기 힘들었던 것은 억울함보다도 자신이 누구보다 경외하고 보시기에 정직하고자 노력했던 하나님의 이름으로 정죄받는 것이었다. 욥의 친구들은 위로를 하러 온 상황에서도 하나님의 이름을 들어 자신들의 생각을 욥에게 강요했을 뿐이다. 우리 역시 나이가 많다고, 평안 가운데 있다고, 신앙생활을 조금 더 오래 했다고 나도 모르는 사이에 이런 실수를 할지 모르는 일이다. 잘못된 방식으로 하나님의 이름을 논하지 말고 함부로 죄를 입에 올리는 실수를 범하지 말자. 모든 판단은 오직 하나님만이 하신다.

욥의 간절한 기도

"오직 내게 이 두 가지 일을 행하지 마옵소서 그리하시면 내가 주의 얼굴을 피하여 숨지 아니하오
리니 곧 주의 손을 내게 대지 마시오며 주의 위엄으로 나를 두렵게 하지 마실 것이니이다 그리하
시고 주는 나를 부르소서 내가 대답하리이다 혹 내가 말씀하게 하옵시고 주는 내게 대답하옵소서"

(욥기 13:20-22)

주님 나를 버리셨나이까
정녕 나를 버리셨나이까
내가 주를 부르니
나에게 응답하소서

나에게 말씀하소서
나의 기도에 말씀을 주소서
내가 죄를 지었나이까
나의 허물과 죄를 깨닫게 하소서

나를 향해 얼굴을 가리지 마시고
나를 원수로 대하지 마소서

　　하나님을 향한 믿음이 중요한 이유는 우리 인생이 오직 한 번뿐이기
때문이다. 인생에 두 번은 없다. 한 번뿐인 인생에 예수님을 믿고 구원을
받지 못하면 그 다음은 존재하지 않는다. 욥은 이 비밀을 이미 알고 있었
다. 덧없이 짧은 인생에서 유일한 의미는 하나님을 만나는 삶이며, 모든
고난에서 해방시켜주실 유일한 권능자가 하나님이라는 욥의 깨달음, 그
깨달음이 오늘을 살아가는 우리 그리스도인들에게도 필요하다.

독백

"내 뿌리는 물로 뻗어나가고 이슬이 내가지에서 밤을 지내고 갈 것이며 내 영광은
내게 새로워지고 내 손에서 내 화살이 끊이지 않았노라"(욥기 29:19-20)

저 먼 타국에서
나를 위로하러 온 세 명의 친구들
어찌하여 내가 경외하는 주의 이름으로
나를 정죄하고 괴롭게 하는가

모든 것을 잃으면서
내 입으로 주를 욕되게 하지 않았네
모든 사람들이 욕하고
사랑하는 아내마저 나를 버렸지만
그래도 나는 주를 떠나지 않았네
입으로 범죄함을 짓지 않았네

   친구들의 질타로 네 사람의 대화는 어느샌가 욥을 향한 위로가 아닌 잘잘못을 따지는 변론의 장이 됐다. 친구들의 변론에 마음이 더욱 괴로웠던 욥은 자신이 겪은 일을 다시 한 번 말하며 그럼에도 자신을 구원해 줄 하나님을 믿는다고 고백한다. 욥이 아무 의미없는 삶을 그저 살아가며 버티는 것은 여전히 공의와 약속의 하나님이 죄 없는 자신을 향한 마음을 돌이켜주실 것임을 믿었기 때문이다. 기쁠 때나 슬플 때나 하나님을 향한 변함없는 마음을 가진 욥과 같은 신앙을 갖게 하소서.

욥의 고백

"여호와께서 데만 사람 엘리바스에게 이르시되 내가 너와 네 두 친구에게 노하노니 이는 너희가 나를 가르켜 말한 것이 내 종 욥의 말같이 옳지 못함이라 그런즉 너희는 수소 일곱과 숫양 일곱을 가지고 내 종 욥에게 가서 너희를 위하여 번제를 드리라 내 종 욥이 너희를 위하여 기도할 것인즉 내가 그를 기쁘게 받으리니 욥의 친구들이 여호와께서 자기들에게 명령하신대로 행하니라 여호와께서 욥을 기쁘게 받으셨더라"(욥기 42:7-9)

주여 내가 고백하나이다
주 앞에 지은 죄를 회개하나이다
하나님 앞에 의인이 없음을 고백하며
친구들의 책망 앞에 엎드리나이다

티끌같은 나를 구원하시고
이루지 못하는 것이 없는
권능의 손을 펴사
고통 뿐인 인생속에
하나님의 계획을 세워주소서

우리가 보기에는 아무런 잘못이 없는 욥이었지만 그럼에도 하나님 앞에서는 떳떳할 수 없었다. 아담의 후손 이래로 인간은 스스로 의로울 수가 없기 때문이다. 하나님 앞에 억울함을 토로한 욥의 참담한 회개에 하나님은 잘못을 한 친구들까지도 용서해주셨다. 하나님 앞에 참된 신앙을 가진 한 사람의 힘이 얼마나 큰지 알 수 있는 부분이다. 사탄의 시험 가운데에서도 하나님을 향한 믿음을 잃지 않고 주변 사람들을 도울 수 있는 그런 사람으로 성장하고 싶다.

회복의 하나님

"나는 지난 세월과 하나님이 나를 보호하시던 때가 다시 오기를 원하노라"(욥기 29:2)

하나님의 연단 가운데
마침내 승리했네
사탄의 책략에도
하나님을 향한 믿음을 지킨 욥
입의 죄를 짓지 않은 욥

여호와가 욥의 곤경을 돌이키시고
갑절의 복을 허락하셨다네
잃은 것보다 더한 은혜를 허락하셨네
보아라 욥의 집에 넘치는 하나님의 은혜를
여호와는 자기 사람을 잊지 않고
수렁에서 건져주시는 주님이시로다

광야의 예수님을 끊임없이 시험했듯이 욥이 당한 고난도 끝이 없는 고난이었다. 모든 것을 잃고 목숨만을 부지했던 욥이었지만 하나님을 향한 믿음이 결국은 고난을 끝내고 이전의 갑절이나 되는 축복으로 인도했다. 사람이 사람을 사랑하는데 있어서 가장 불안한 것은 짝사랑이다. 내가 아무리 상대방을 사랑해도 상대방이 나를 받아주지 않으면 그 사랑은 이루어질 수 없다. 하나님과 나의 관계도 마찬가지지만 하나님은 태초부터 나를 한시도 잊지 않고 사랑을 보내주고 계신다. 고난 중에도 하나님의 사랑을 믿어 의심치 않는 욥과 같은 믿음으로 주님의 사랑을 믿게 하소서!

의인 중의 의인

"여호와를 경외하는 자 누구냐 그가 택할 길을 그에게 가르치시리로다"(시편 25:12)

우스 땅의 욥
하나님의 인정을 받은 의인
진정한 믿음의 사람

하나님을 경외하며
악에서 떠난 사람
사탄의 시험에 지지 않고
죄의 마음을 품지 않았던 사람

힘들게 한 친구들도 외면하지 않고
이들을 위해 기도를 드렸던 욥
동방의 거부, 의인 중의 의인

　자녀를 키우면서 가장 큰 보람은 무엇일까? 이 험난한 세상 가운데 꿋꿋이 사명을 펼치며 온전히 우뚝 서는 모습을 보는 것이 아닐까? 욥을 보는 하나님의 마음도 그러했으리라 생각한다. 온갖 간교에도 넘어지지 않고 믿음을 유지하는 욥, 어떤 축복이나 저주에도 흔들리지 않고 하나님을 떠나지 않는 신앙, 하나님의 인정을 받고 지역에서 가장 크게 쓰임 받는 욥과 같이 자립할 수 있는 신앙을 가진 사람이 되고 싶다.

복 있는 사람

"악인들은 그렇지 아니함이여 오직 바람에 나는 겨와 같다 그러므로 악인들은 심판을 견디지 못하며 죄인들이 의인들에 모임에 들지 못하리로다 무릇 의인들의 길은 여호와께서 인정하시나 악인들의 길은 망하리로다"(시편 1:4-5)

복 있는 사람은 누군가
악인의 꾀를 쫓지 않는 사람이다
복 있는 사람은 누군가
죄인의 길을 따르지 않는 사람이다

세상 사람들이 바라는 복은
물질을 얻고,
성공으로 나아가는 길이지만
하나님이 주시는 복은
악에서 떠나고
율법을 지킬 때 얻는 복이라네

사람은 두 가지의 길이 있다. 세상을 살아가는 사람들은 언제든 두 가지 갈림길에서 선택을 해야 한다. 중립지대는 없다. 빠르든 늦든 결국 결정을 해야 한다. 하나님을 믿고, 말씀을 따라 살려고 노력하는 삶과 진리를 거부하고 세상의 방법을 따라 살아가는 것 중 무엇을 선택하겠는가? 하나님을 믿는 것은 전적으로 우리들의 자유나 그 자유에 대한 책임 역시 우리들의 몫이다.

간구의 기도

"내가 평안히 눕고 자기도 하리니 나를 안전히 살게 하시는 이는 오직
여호와이시니이다"(시편 4:8)

나의 부름에 응답하소서
나의 하나님이여
내가 곤란에 빠졌사오니
나를 건져주소서

부족한 종의 기도를 들으시고
나를 건져내사
여호와의 영광을 위해 사용하소서
마음을 경건히 함으로
주님께 부르짖으니
나의 안위를 책임져주소서

　다윗은 모든 고난 중에 먼저 기도를 드렸다. 고난을 당하면 원망부터
하는 나의 모습과는 달리 자신의 참담함마저 기도로 풀어낸 다윗의 모습
은 참으로 본받을만하다. 아들이 죽었을 때도, 압살롬을 잃었을 때도 다
윗의 심정은 이루 말할 수 없을 정도로 슬펐을 것이다. 하지만 그럼에도
다윗은 기도했고 기도 가운데 하나님의 위로를 느끼며 마음의 평안을 얻
었다. 나의 모습은 기도를 통해 항상 구하기만 했었던 이기적인 모습이
었다. 마음의 평안, 하나님과의 교제를 위한 다윗과 같은 기도를 드리자.

창조의 노래

"어리석은 자는 그에 마음에 이르기를 하나님이 없다 하는도다 그 들은 부패하고
그 행실이 가증하니 선을 행하는 자가 없도다"(시편 14:1)

온 땅에 퍼진 주의 이름
주의 영광이 하늘까지 덮여있네

고즈넉한 아름다운 석양
풀밭에 켜켜이 맺혀 있는
영롱한 아침 이슬

시릴 정도의 푸른 하늘
형형색색의 아름다운 수풀

내 눈에 담기는 모든 세상에
하나님의 영광이 찬란히 빛나도다

자연을 보며 느낀 아름다움이 시편 곳곳에 드러나 있다. 다윗의 마음을 가지고 나도 세상을 바라봤다. 무심코 지나치던 일상의 소경들이 모두 하나님의 작품이자 아름다움이라는 감동이 되어 다가왔다. 영혼 깊은 곳에서부터 하나님을 찬양했던 다윗의 노래는 세상에 담긴 하나님의 아름다움을 발견했기에 나왔던 것이다. 부족한 나같은 사람을 위해 우주 만물을 창조하신 주님의 은혜, 주님의 사랑과 함께 매일 주신 하루를 행복하게 살아가자.

실족한 자를 위한 기도

"여호와여 도우소서 경건한 자가 끊어지며 충실한 자들이 인생 중에 없어지나이다
그들이 이웃에게 각기 거짓을 말함이여 아첨하는 입술과 두 마음으로 말하는도다"(시편 12:1-2)

경건한 자가 사라지며
충실한 자가 없어지니
여호와여 도우소서

이웃에게 거짓을 말하는 자를
여호와의 목전에서 치우시고
아첨하는 입술과
두 마음을 가진 자를 소멸하소서

주님을 사랑하고
주님을 사모하는 사람들을
대대로 지키고 보호하소서

왜 선한 사람이 고통 받고 악인은 득세하는가? 이 질문은 고대로부터
내려온 인간의 딜레마인 것 같다. 다윗의 시대에도 이런 의문은 여전했
으며 다윗은 하나님께 거룩한 사람들을 지켜달라는 기도를 드렸다. 우리
가 보기에도 답답하고 가슴이 아픈데 하나님이 보시기엔 얼마나 그러할
까? 그러나 모든 일에 완벽한 계획을 가지고 계시는 하나님을 신뢰하며
답답하고 아쉬운 마음마저 주님께 기도로 올려드려야 한다.

창조와 율법

"또 주의 종이 이것으로 경고를 받고 이것을 지킴으로 상이 크니이다"(시편 19:11)
"주에 말씀이 맛이 내게 어찌 그리 단지요 내 입에 꿀보다 더 다니이다"(시편 119:103)

하늘아 하나님의 영광을 선포하라
궁창아 위대한 하나님의 손을 나타내라
하늘에 장막을 베푸신 하나님의 은혜
하늘에서 하늘까지 운행하는
구름의 놀라운 운행을 보라

만물을 창조하고 운행하시는
여호와의 능력은 율법에서로이다
여호와의 증거를 믿는 자에게
지혜를 베푸시고 구원을 허락하시니
모든 사람은 고개를 들어
주를 영접할지라

태초부터 지금까지 하나님의 살아계심과 놀라운 계획은 사라지지 않고 이어져 내려왔다. 모든 사람들과 만물들이 증거하고 있는 확실한 하나님의 살아계심을 어찌 눈을 감고 모른 척 할 수 있을까! 하나님의 율법을 통해 죄를 깨닫고 회개하며, 마음이 정결하게 될 때 하나님을 사모하고 예배하고자 하는 마음이 더 커진다. 송이 꿀보다 더 단 하나님의 말씀이라는 다윗의 고백이 나의 고백이 되도록 마음을 지키자. 삶을 정결케 하자.

선한 목자

"여호와는 나의 목자시니 내게 부족함이 없으리로다
그가 나를 푸른 풀밭에 누이시며 쉴 만한 물 가로 인도하시는도다"(시편 23:1-2)

선한 것으로
나의 모든 것을 채워주시는
나의 목자, 여호와를 찬양합니다

주가 계심으로 두렵지 않고
주가 함께하심으로 평안하나이다

내가 부족한 곳을 아시고
누울 곳으로 인도하시며
때에 따라 물가로 인도하시는
선한 목자, 여호와를 찬양합니다

　낯선 곳을 여행할 때는 가이드의 말을 100% 신뢰하게 된다. 아무리 위험한 곳이라도 가이드의 말만 잘 따르면 사고를 당하지 않고 무사히 여행을 다닐 수 있는 것처럼 내 인생을 인도하시는 분이 전능자 하나님이라는 사실을 알 때 인생의 어떤 굴곡에서도 두려워 않고 하나님을 의지할 수 있다. 나는 얼마나 주님을 신뢰하며 그 능력을 믿는가? 여호와를 진정한 나의 목자로 모시며 힘써 높여 찬양하자.

참회의 기도

"여호와여 내가 주께 바랐사오니 내 주 하나님이 내게 응답하시리이다"(시편 38:15)
"여호와여 주의 노하심으로 나를 책망하지 마시고 주의 분노하심으로 나를 징계하지 마소서
주의 화살이 나를 찌르고 주의 손이 나를 심히 누르시나이다"(시편 38:1-2)

자비의 하나님
연약한 저의 잘못을 책망하지 마시고
저를 향한 분노를 거두어 주소서

주님의 징계가 두려우니
주의 화실을 겨누지 마시고
불쌍한 죄인을 굽어 살피소서

괴로움에 탄식하는 나를
버리지 마시고 건지소서
나를 버리지 마소서
나의 구원자 하나님이여

죄를 벗어나 살 수 없는 비참한 존재가 우리 인간이다. 하나님을 향한 죄를 인지하고 있다면 바로 회개를 할 때 하나님의 도우심을 구할 수 있다. 양심에 거리낌을 느끼면서도 애써 외면하며 겉모습만 신앙인인 바리새인처럼 살아가면 아무리 꾸며도 마음의 평안이 존재하지 않는다. 우리의 모든 것을 아시는 주님께 나의 모든 것을 아뢰자. 누구에게도 말할 수 없는 심한 죄라도 주님께는 고해야 한다. 그럼으로 회개를 구해야 한다.

왕 중의 왕

"내 눈이 이 땅에 충성된 자를 살펴 나와 함께 거하게 하리니 완전한 길에 행하는 자가
나를 수종하리로다"(시편 101: 6)

지존하신 여호와가
온 땅의 왕이시니
손뼉을 치고 목청을 높이라
왕이신 주님을 찬양하라

큰 왕이 오셨다
나팔을 불고 소고를 치라
기쁨의 찬송을 즐거이 받으시는
주님을 높이라
주님만을 찬양하라

높은 사람을 위해 일하는 사람은 일종의 자부심이 있다. 나라를 움직이는 대기업 회장님의 비서 일을 하는 사람은 비록 주변인일 뿐이지만 하는 일에 자부심을 느낀다. 문득 내가 섬기는 분은 어떤 분인가 하는 생각이 든다. 만왕의 왕, 세상 그 누구보다도 존귀하고 높으신 주님, 그분을 위해 봉사를 하며 예배를 드리고 있는 나는 그 일들을 기쁘게 감당하고 있는가? 주님을 위한 일이라는 자부심이 있는가? 교회에서 맡은 일에 충성하는 것이 하나님을 찬양하는 것이며 하나님을 찬양함으로 내 마음에 기쁨이 가득하기를 소망한다.

자백

"주여 내 입술을 열어 주소서 내입이 주를 찬송하며 전파하리이다"(시편 51:15)
"여호와께서 말씀하시되 오라 우리가 서로 변론하자 너희 죄가 주홍 같을지라도 눈과 같이 희어
질 것이요 진홍 같이 붉을지라도 양털같이 되리라"(이사야 1:18)

나는 죄악이 많나이다
주홍같이 붉은 나의 죄를
주님께 고하오니
긍휼의 하나님 나의 고백을 들으시고
죄악을 깨끗이 씻어주소서

나의 부끄러운 죄를
주님 앞에 낱낱이 고하오니
붉은 죄를 씻으시고
깨끗이 제하소서

내 안의 부정한 마음을 몰아내시고
주님의 정직한 영으로 채워주소서

　성경에서 하나님께 죄를 자백한 사람은 모든 죄를 용서받았다. 죄를
속이고 감추려다 벌을 받은 사람은 있지만 있는 죄를 자백할 때 용서받
지 못한 사람은 없다. 가장 소중한 사람에게만 말할 수 있는 비밀이 있는
것처럼 나의 어떤 죄든지 용서해주시고 새롭게 해주실 수 있다는 신뢰가
주님께 있을 때만 회개가 가능하기 때문이 아닐까? 회개에는 용기가, 용
서에는 사랑이 필요하다.

불신하는 어리석음

"어리석은 자는 그의 마음에 이르기를 하나님이 없다하도다"(시편 53:1)

악을 행하며
사람 앞에 교만하며
하나님이 없다고 말하는 자여
그대의 어리석음을 깨달으라

부패하여 악을 행하며
부끄러움을 모르는 자여
그대의 어리석음에서 돌아서라

모든 걸 살피시는 하나님을
지각하지 못하는 아둔한 자여
그대의 어리석음을 회개하라

선글라스를 낀 사람은 모든 것이 어둡게 보이고, 눈이 나쁜 사람은 모든 세상이 뿌옇게 보이듯이 우리가 믿고 바라는 것에 따라 세상은 천국처럼 보이기도 하고 지옥처럼 보이기도 한다. 세상 사람들은 자기만을 믿고 살아간다. 우주까지 관찰하는 시대에 '하나님이 어디에 있느냐'고 묻는다. 그러나 말씀을 믿는다면, 말씀의 안경으로 세상을 바라본다면 만물에 차고 넘치는 하나님의 존재하심을 발견할 수 있다. 하나님을 아는 것이 지혜이며 하나님을 부정하는 것이 세상에서 최고로 어리석은 일이다.

오직 주님만 의지하라

"포악을 의지하지 말며 탈취한 것으로 허망하여지지 말며 재물이 늘어도
거기에 마음을 두지 말지어다"(시편 62:10)

세상의 많은 소문이 있고
세상의 많은 지혜가 있으나
오직 의지할 것은 주님뿐이네

세상의 많은 소리가 있고
돕겠다는 많은 사람이 있으나
동행하는 곳은 주님의 손길 뿐이네

내 영혼아 동요하지 말라
내 영혼아 염려하지 말라
만왕의 왕 주님이 나의 도움이시니
잠잠히 하나님만 바라라

아기 때는 오직 부모를 의지할 수밖에 없다. 아기들의 모든 필요를 부모들이 채워주기 때문에 아기들의 입장에서 부모는 무슨 일이든 할 수 있는 슈퍼맨처럼 느껴진다. 그래서 100% 의지 할 수 있다. 어려움 중에 하나님을 의지하는 신앙을 가진 사람은 이런 믿음을 하나님께 품은 사람이다. 우리의 소원을 세상이 아닌 하나님께 둘 때, 하나님이 나의 삶에 관심을 가지고 계신다는 사실을 의심하지 않을 때, 고난 속에서도 더욱 하나님을 의지하며 하나님을 바라는 소망을 가질 수 있다. 오직 하나님을 의지하는 내가 되자, 오직 하나님만 바라는 내가 되자.

곤고한 자의 기도

"하나님이여 침묵하지 마소서 하나님이여 잠잠하지 마시고 조용하지 마소서"(시편 83:1)

흩어진 내 영혼
침수된 내 영혼을
주님 구원하소서

수렁에 빠진 자기의 양을
목숨을 걸고 건지시는
선한 목자 주님

살고자 부르짖는
소인의 청을 거절마시고
권능의 손으로 속히 건져주소서

　겉으로 보기엔 만사형통이었던 것 같은 다윗의 삶도 시편의 고백을 보면 많은 두려움의 순간들이 있었다. 유능한 장군이어도, 골리앗을 물리친 장수여도, 한 나라의 왕이여도 사람에게는 문제가 있을 수밖에 없다. 그 문제 가운데서도 끝까지 주님을 붙잡는 사람이 다윗처럼 승리하는 사람이다. 부당한 일을 당할 때도, 내 힘으로 어쩔 수 없는 일들 가운데 있을 때도 하나님만 바라보자. 주님만이 나의 곤고한 마음을 회복시키실 수 있다.

최고의 복

"여호와 하나님은 해요 방패이시라 여호와께서 은혜와 영화를 주시며 정직하게 행하는 자에게 좋은 것을 아끼지 아니하실 것임이니이다 만군의 여호와여 주께 의지하는 자는 복이 있나이다 만군의 여호와여 주의 장막이 어찌 그리 사랑스러운지요"(시편 84:11-12)

내 영혼이 주님을 사모하길 원합니다
오로지 주님만을 사모하길 원합니다
아름다운 주님의 궁전에 거하며
보좌에 앉으신 주님을 경배하길 원합니다

세상의 복을 구하기보다
말씀이 말하는 복을 원하며
세상에서의 부귀와 영화보다
천국에서의 면류관을 바라나이다

　세상에서의 복이 얼마나 가치 있는지 알고 싶다면 사람들이 복이라고 말하는 걸 모두 얻은 사람의 삶을 살펴보면 된다. 나 역시 그런 사람들의 삶을 살펴봤을 때 적어도 세상의 복을 가진다고 100% 행복한 삶을 산다고 말하기에는 반대되는 경우가 많았다. 반면에 하나님을 사모하며 살아간 사람들의 삶은 어떤가? 목숨을 잃을 위기에 처하고 고난을 당하고 또 실제로 목숨을 잃었어도 후회한 사람은 거의 없다. 이 하나님을 이 세상에서 만날 수 있다는 것은 얼마나 큰 복인가? 이러한 마음의 묵상이 늘 우리의 심령에 마르지 않는 샘물처럼 거하기를 바란다.

응답을 바라나이다

"주 나의 하나님이여 내가 전심으로 주를 찬송하고 영원토록 주의 이름에 영광을 돌리리니 이는
내게 향하신 주의 인자하심이 크사 내 영혼을 깊은 스올에서 건지셨음이니이다"(시편 86:12-13)

가난한 심령으로
주님께 부르짖으니
주여 응답하소서

약하고 곤비한 나는
아무것도 가진 것이 없습니다
오로지 주님만을 의지하오니
주여 내게 응답하소서

주를 의지하는 작은 종을
외면하지 마시고 응답하소서
나의 영혼 주만 바라보오니
만족으로 채우시고 기쁘게 하소서

성경의 많은 위인들은 기쁨과 영광의 때보다 고난의 때가 더 많았다.
그럼에도 하나님을 왜 믿고, 왜 찬양했을까? 처한 상황에서도 막을 수 없
는 감사와 기쁨이 넘쳤기 때문이 아닐까? 위기에 처했을지라도 하나님
이 구해주시고 더 넘치는 기쁨을 주신다는 사실을 삶을 통해 체험했기
때문이 아닐까? 입술의 고백을 넘어서는 하나님을 체험하는 삶을 나도
경험하길 원한다. 주님을 더욱 갈망하는 은혜의 열정을 삶 속에 부어주
소서!

모세의 노래

"주 우리 하나님의 은총을 우리에게 내리게 하사 우리의 손이 행한 일을
우리에게 견고하게 하소서 우리의 손이 행한 일을 견고하게 하소서"(시편 90:17)

태초 이전부터 계셨던 주님,
만물과 우주를 창조하신 주님,
우리가 거할 거처를 지으신 주님,

무에서 영원까지 존재하시는 주님,
하루도 지키시며 영원을 허락하시는 주님,
모든 삶의 순간을 주님께 맡기나이다

짧은 생을 주의 영광을 위해 사용하시고
광야에서도, 왕궁에서도
기쁠 때나 슬플 때나
오로지 주님만 의지하게 하소서

　세상의 모든 답은 성경에, 하나님의 말씀에 있다. 세상의 모든 것이 하나님의 주권 아래 있다는 사실을 인정할 때 모든 인생의 답이 정해져 있기에 순탄한 항로만이 눈 앞에 펼쳐진다. 백가지의, 천가지의 위험이 있어도 하나님 한 분만 만나면 모든 위험이 사라지기 때문이다. 인간은 너무도 연약한 존재이기에 의지할 존재가 반드시 필요하다. 만물의 창조주이자 무한한 사랑의 하나님을 의지하지 않는다면 도대체 누구를 의지하겠는가? 피난처 되시고 위로자 되시는 주님을 온전히 내 삶의 주인으로 인정하자.

새 노래

"하늘은 기뻐하고 땅은 즐거워하며 바다와 거기에 충만한 것이 외치고 밭과 그 가운데 있는
모든 것은 즐거워할지어다 그때 숲의 모든 나무들이
여호와 앞에서 즐거이 노래하리니"(시편 96:11-12)

온 땅이여
만왕의 왕께 찬양할지니
새노래로 여호와께 노래하라

죄인인 우리를
주님이 구원하셨으니
기쁜 소식을 날마다 전할지어다

찬양받기 합당하신
유일한 하나님 창조주 아버지에게
합당한 영광을 돌릴지어다
새노래로 더욱 높일지어다

　같은 말씀도 매일 읽다 보면 새로운 느낌으로 마음에 깨달아지는 은혜가 있다. 사람이 가장 견디기 힘든 일 중 하나는 같은 일을 반복하는 것이지만 하나님을 향한 반복에는 매번 새로운 은혜가 임한다. 매주 드리는 예배를 일상의 반복이라 생각지 말고 그 순간에 주시는 하나님의 은혜에 집중해보는 것은 어떨까? 같은 찬양도, 같은 말씀도 새로운 은혜로 베풀어주실 것이다.

구속자의 노래

"주린 자들로 말미암아 거기에 살게 하사 그들이 거주할 성읍을 준비하시고 밭에 파종하며 포도원을 재배하여 풍성한 소출을 거두게 하시며 또 복을 주사 그들이 번성하게 하시고 그의 가축이 감소하지 아니하실지라도 다시 압박과 재난과 우환을 통하여 그들의 수를 줄이시며 낮추시는 도다"

(시편 107:36-39)

선한 여호와,
인자한 여호와께 감사하라
길 잃은 자의 나침반 되시며
방황하는 자들의
거할 처소가 되시는 주님께 감사하라

목이 마른 자들에게
말씀의 생명수를 주시고
곤비하여 지친 영혼에게
위로와 힘을 주시는
기적과 능력의 여호와께 감사하라

하나님께 속한 사람은 모든 것을 하나님이 책임져 주신다. 나의 삶은 어디에 소속되어 있는가? 나의 믿음은 어디에 소속되어 있는가? 교회와 구역, 맡은 일도 물론 중요하지만 그보다 더 큰 개념의 하나님 나라에 소속된 군사이자 성도라는 사실을 잊지 말아야 한다. 하나님과 교제하며 하나님의 말씀을 깨닫는 것이 우리 삶의 가장 큰 우선순위가 되어야 한다. 말씀과 기도, 찬양과 감사라는 신앙의 기본을 잊지 말자.

잊지 말아야 할 찬양

"이제부터 영원까지 여호와의 이름을 찬송할지로다 해 돋는 데에서부터 해 지는 데에까지
여호와의 이름이 찬양을 받으시리로다"(시편 113:2-3)

찬양하라, 찬양하라
여호와의 이름을 찬양하라

만왕의 왕이신 주님
주님의 이름을 영원까지 높이라

높임 받을 한 이름
유일한 이름 주님의 이름을 찬양하라

아침부터 저녁까지
태초부터 영원까지 주님의 이름을 찬양하라

궁핍하고 썩은 거름같은 내 인생에 빛을 주신 분은 예수 그리스도시
다. 감히 주님이 아니면 세상의 어떤 심리학도, 철학도, 다른 종교도 이런
일을 하실 수는 없다. 칠흑같은 어둠 속에서도 주님이 주시는 한줄기 빛
이 있다. 그 빛을 발견할 때 새로운 인생을 살아갈 기회를 얻는다. 사랑하
는 아들을 보내사 나같은 죄인에게 구원을 허락하신 주님, 주님만을 평
생토록 찬양하고 높이기를 원하나이다.

주께만 돌릴 영광

"이스라엘아 여호와를 의지하라 그는 너희의 도움이시요 너희의 방패시로다 아론의 집이여 여호
와를 의지하라 그는 너희의 도움이시요 너희의 방패시로다 여호와를 경외하는 자들아 너희는 여
호와를 의지하여라 그는 너희의 도움이시요 너희의 방패시로다"(시편 115:9-11)

세상의 사람들
금과 은으로 우상을 만드네
하나님이 창조한 해와 달
별과 땅, 짐승들을 섬긴다네

사람이 만든 것을 섬기는
어리석은 사람들
우리의 하나님은 하늘의 주시네

그들의 우상은 보지도 못하고
듣지도 못하고, 걷지도 못하나
하늘의 주님은 나의 도움이 되시고
전능한 힘으로 삶을 굽어살피시네

  인류 문화의 유산들 중 많은 부분들은 섬기는 신에 관한 것들이다. 이
집트와 남미에 있는 피라미드와 수많은 조각상들은 보기에 기이할 정도
로 위엄이 있으나 그곳에서 잘못된 믿음과 헛된 신을 섬기려다 많은 사
람들이 희생됐다. 사람이 세우고, 사람이 만든 것들은 위대해 보이고 장
엄해보일 수도 있으나 결국 도구에 불과할 뿐 신이 될 수는 없다. 사람의
한계를 인정할 때 창조주 하나님을 인정하지 않을 수 없다.

묵상으로 드리는 찬양

"내 길을 굳게 정하사 주의 율례를 지키게 하소서 내가 주의 모든 계명에 주의할 때에는 부끄럽지
아니하리이다 내가 주의 의로운 판단을 배울 때에는 정직한 마음으로 주께 감사하리이다"

(시편 119:5-7)

여호와의 율법은 온전하니
행위로 율법을 지키기 원하네
부족한 섬김을 주여 살피시고
마음을 받으사 복을 주소서

주님이 주신 증거들이 만연하니
증거들을 목도하며 전하게 하소서
전심으로 주님을 바라니 영광 받으시고
찬양을 받으사 평안을 주소서

처음 보는 물건을 사용할 때 설명서가 없다면 용도와 방법을 알기가
어려울 것이다. 혹자는 그래서 인생이 어렵다고 한다. 어떻게 살아야 하
고, 무엇을 해야 하는지 매뉴얼이 없기 때문이다. 나 역시 젊은 시절 비슷
한 이유로 방황을 했었다. 모든 지혜가 담겨 있는 성경을 만나기 전까지
는 말이다. 말씀을 볼 때 우리는 세상이 창조된 목적과 내가 누굴 믿어야
하고, 어떻게 살아야 하는지를 명확히 알게 된다. 명약관화한 하나님의
말씀을 묵상함으로 하루를 하나님께 드리자.

지키시는 자

"내가 산을 향하여 눈을 들리라 나의 도움이 어디서 올까 나의 도움은 천지를 지으신
여호와에게서로다"(시편 121:1-2)

흑암 속 내 영혼
한 줌의 희망마저 없을 때
그래도 주님은 나의 도움이 되시네
천지를 지으신 주님이 도우시네

세상에 홀로 떨어져
아무도 없어 외롭다고 느낄 때
그래도 주님은 나의 주님이시네
쉬지도, 졸지도 않고 곁에서 지켜주시네

하나님은 우리와 항상 함께 하신다. 하나님은 세상의 모든 일을 주관
하시며, 모든 사람을 향한 계획을 갖고 계신다. 이 사실을 믿는다고 고백
하는 나는 정작 살면서 작은 일 하나하나에 일희일비하며 변화하는 부족
한 믿음을 가지고 있는 것 같다. 내가 고통 가운데 있을 때도 주님은 나와
함께 하시며 잠시도 나를 떠나지 않으신다. 그런 주님을 믿고 그저 감사
와 찬양, 기도로 간구할 때 하나님은 모든 문제를 해결해주시고 더 좋은
초장으로 나를 인도해주시는 분이심을 믿자.

참된 자유

"눈물을 흘리며 씨를 뿌리는 자는 기쁨으로 거두리로다 울며 씨를 뿌리러 나가는 자는
반드시 기쁨으로 그 곡식 단을 가지고 돌아오리로다"(시편 126:5-6)

부족한 나의 삶이
주님께 찬양이 되기 원하네

나의 삶에 일하시는 하나님
세상이 주님을 알기를 원하네

내가 드리는 기쁨의 찬양이
사람들에게 전하는 복음이 되기를 원하네

내 삶에 이루시는 하나님의 큰일이
기쁨의 수확이 되기를 바라네

하나님을 믿는 것이 자유를 억압하고, 삶을 제한한다고 느끼는 사람들
이 많이 있다. 예수님을 믿고 교회를 다니면 당연히 해야 하는 것과 당연
히 하지 말아야 한다고 생각되는 일들이 있기 때문이다. 하지만 사랑하
는 사람을 위해 담배를 끊고 운동을 하고 공부를 하는 것을 억압이라고
하지 않듯이 하나님을 위해 살아가고자 하는 노력 역시 억지로 해서는
안 된다. 놀라운 은혜를 베풀어주신 은혜에 한 절이라도 보답하며 살아
가기 위해서 조건 없는 사랑을 주신 주님께 내가 할 수 있는 최소한의 노
력이라도 통해 복음을 위한 삶을 살아가자.

평안의 순복

"여호와께서 집을 세우지 아니하시면 세우는 자의 수고가 헛되며 여호와께서 성을 지키지 아니하시면 파수꾼의 깨어 있음이 헛되도다 너희가 일찍이 일어나고 늦게 누우며 수고의 떡을 먹음이 헛되도다 그러므로 여호와께서 그의 사랑하시는 자에게는 잠을 주시는도다"(시편 127:1)

나의 노력도
뜨거운 구슬 땀도
주님의 허락 없이는
땅에 닿지 않네

나의 작은 소망도
지키기를 바라는 축복도
주님의 허락 없이는
아무런 소용이 없네

주님을 향한 나의 마음을 아시는 주님
순종함으로 복을 얻게 하시고
오늘부터 영원까지 지켜주소서

　　일 년을 열심히 헌신한 농부도 비가 오지 않으면 수확을 거둘 수 없듯이 아무리 열심히 노력을 하고 바라는 것을 위해 헌신한다 해도 하나님의 뜻과 계획이 아니라면 이루어질 수 없다. 나의 삶의 노력과 소중한 자녀들까지도 성공하게 할 수 있는 가장 확실한 방법은 모두 하나님께 맡기는 것이다. 가정을 세우시고 수고를 지키시며 사랑으로 평안을 주시는 주님이 모든 좋은 것으로 우리의 삶을 채워주실 것이다.

동일하신 그 사랑

"여호와께 감사하라 그는 선하시며 그 인자하심이 영원함이로다 신들 중에 뛰어난 하나님께
감사하라 그 인자하심이 영원함이로다"(시편 136:1-2)

주 하나님 여호와
주님보다 더 선하신 분은
이 세상에 없다네

하늘을 펼치시고
대지를 지으시고
우주를 창조하신 분이 주님이시네

만유의 주
지혜의 창조자
전능한 하나님의 동일하신 그 사랑

    나를 향한 하나님의 사랑은 하루도, 일 년도, 십 년도 아닌 태초부터 지
금까지 영원한 사랑이다. 유한한 우리로서는 감히 상상도 할 수 없는 놀
라운 사랑, 그 사랑을 묵상할 때 어찌 지겨울 수 있으며 어찌 거부할 수
있겠는가? 오늘도, 내일도, 영원까지 나를 사랑하시는 하나님께 매일 할
수 있는 최대한의 사랑을 드리는 삶을 살아가자.

나를 잘 아시는 주님

"주께서 내가 앉고 일어섬을 아시고 멀리서도 나의 생각을 밝히 아시오며
나의 모든 길과 내가 눕는 것을 살펴 보셨으므로 나의 모든 행위를 익히 아시오니"(시편 139:2-3)

나를 살피고
나를 아시는 주님
나의 행위를 감찰하소서

때로는 실수하고
때로는 넘어지나
주님을 향한 중심을 보소서

나의 생각을 아시고
나의 길을 아시는 주님
주님께로 더 가까이 인도하소서

인간의 생각으로는 하나님의 지혜를 감히 가늠하기 어렵다. 비록 나 같은 초라한 인생이라 하더라도 곰곰이 뒤돌아보면 도저히 나의 노력과 실력으로는 받을 수 없었던 놀라운 축복들을 하나님은 부어주셨다. 내 생각과 마음으로 세상을 살아갈 땐 사람의 한계를 벗어날 수 없지만 모든 것을 초월하는 주님께 모든 것을 맡기며 살아갈 때 상상도 할 수 없는 은혜를 누리며 살아갈 수 있다. 놀라운 은혜의 하나님을 묵상하며 하루를 살아가자.

영혼아, 찬양하라

"여호와는 천지와 바다와 그 중의 만물을 지으시며 영원히 진실함을 지키시며
억눌린 사람들을 위해 정의로 심판하시며 주린 자들에게 먹을 것을 주시는 이시로다
여호와께서는 갇힌 자들에게 자유를 주시는도다"(시편 146:1-7)

찬양받기 합당하신 유일한 이름
내 영혼아 찬양하라
여호와를 찬양하라

넘치는 은혜를 내 삶에 베푸셨네
내 영혼아 찬양하라
여호와를 찬양하라

광야같은 세상 속에 큰 도움이 되시니
내 영혼아 찬양하라
여호와를 찬양하라

　믿었던 사람에게도 사기를 당하고, 사랑하는 가족과도 사이가 나빠지는 때가 있지만 나의 창조주, 구세주 하나님은 언제나 동일하게 나를 믿어주시고 사랑을 베풀어주신다. 사람을 의지하고 기대면 반드시 상처를 입지만 하나님을 의지하는 사람은 반석 위에 세운 집과 같다. 영원불멸하시는 하나님이 나의 편이라는 사실이 어떤 상황에서 소망을 품게 만드는 원동력이 된다. 사람을 의지하지 않고 하나님을 의지하는 것이 참된 행복임을 믿자. 사람을 의지하지 말고 오로지 하나님만 의지하자.

잠언을 들으라

"어리석은 자를 슬기롭게 하며 젊은 자에게 지식과 근신함을 주기 위한 것이니
지혜 있는 자는 듣고 학식이 더할 것이요 명철한 자는 지략을 얻을 것이라
잠언과 비유와 지혜 있는 자의 말과 그 오묘한 말을 깨달으리라"(잠언 1:4-6)
"사람이 만일 온 천하를 얻고도 자기의 목숨을 잃으면 무엇이 유익 하리요"(마가복음 8:36)

지혜가 부족한 자
명철이 부족한 자
지혜자의 잠언
그 말씀을 들으라

공의를 모르는 자
정직하지 못한 자
지혜자의 잠언
그 말씀을 깨달으라

　모든 사람의 삶에는 목적이 있다. 그리고 그 목적을 이루기에 필요한 능력과 덕목이 있다. 사람 사이에 지켜야 할 기본 예절이 있는 것처럼 지혜로운 사람들의 삶에도 일관성이 있다. 성경은 잠언을 통해 믿음뿐 아니라 삶의 다양한 지혜도 우리에게 일깨워준다. 나같이 미련하고 부족한 사람도 잠언을 통해 인생의 교훈을 배우고 삶에 적용할 수 있으니 성경은 얼마나 귀한 책인가? 인생의 모든 교훈과 진리가 담겨 있는 부족함이 없는 성경을 인생의 푯대로 삼자.

자녀들의 교훈

"나도 내 아버지에게 아들이었으며 내 어머니 보기에 유약한 외아들이었노라
아버지가 내게 가르쳐 이르기를 내 말을 네 마음에 두라 내 명령을 지키라 그리하면 살리라"

(잠언 4:3-4)

세상이 변하고
문화가 바꿔어도
부모를 공경하는 것이
하나님이 세운 질서

아버지가 부족하고
어머니가 약할 지라도
순종하고 순종하는 것이
하나님이 주시는 복의 비밀

어린 시절 하나님의 말씀을 받으라
그 말씀이 너를 악한 길에서 지키리라

　아무리 어리석은 부모라도 자녀를 위해서는 최선을 다한다. 후대로 갈
수록 사람들이 더 지혜로워지고, 건강해지는 것은 좋은 것을 물려주려는
부모님들이 자신의 삶을 희생해가며 최선을 다하기 때문이 아닐까? 그
런 부모이기에 자녀들은 항상 순종하며 말씀을 훈련하며 살아가야 한다.
세상의 그 어떤 교육법보다 하나님의 말씀이 훨씬 큰 도움이 된다.

지혜를 찾으라

"너희 어리석은 자들은 어리석음을 좋아하며 거만한 자들은 거만을 기뻐하며 미련한 자들은 지식을 미워하니 어느 때까지 하겠느냐 나의 책망을 듣고 돌이키라 보라 내가 나의 영을 너희에게 부어 주며 내 말을 너희에게 보이리라"(잠언 1:22-23)
"여호와께서 성읍을 향하여 외쳐 부르시나니 완전한 지혜는 주의 이름을 경외 함이니라 너희는 매가 예비 되었나니 그것을 정하신 이가 누구인지 들을지니라"(미가 6:9)

세상을 둘러봐도
아무리 지혜자를 찾아봐도
하나님 지혜에 비길 수 없도다

세상 사람들은
어리석음을 쫓으며
지혜의 말씀에 귀를 막는도다

어리석음을 버리고
거만함과 악한 마음을 버리고
지혜의 말씀을 찾아 돌이키라

　지혜는 사람의 머리에서 나오지 않고 하나님 말씀에서 나온다. 다른 사람의 말을 듣고 사는 사람과 하나님 말씀으로 살아가는 사람을 비교해 보면 누구나 명확하게 알 수 있는 사실이다. 그럼에도 어리석은 사람들은 말씀이 아니라 세상에서 지혜를 찾아 헤맨다. 잘 사는 법, 돈 버는 법, 심지어 사랑하는 법까지 있지도 않은 해답을 구하려 하니 찾을 수가 없을 뿐이다. 살아계신 하나님께 부족한 지혜를 구하자.

아들을 위한 훈계

"구부러진 말을 네 입에서 버리며 비뚤어진 말을 네 입술에서 멀리하라"(잠언 4:24)

사랑하는 아들들아
아비의 말을 들으라
모든 아버지는 아들이었고
모든 아들은 아버지가 된다

내가 깨달은 한 가지 법도
주님의 말씀을 듣고
주님의 법을 지키면 복을 받는다는 것

오직 하나님의 말씀을 듣고
오직 하나님의 말씀을 지켜라
그리하면 네 인생이 평탄하리라

　자녀를 정말로 미워해서 때리고 훈계하는 아버지는 한 사람도 없다. 아들이 잘못된 길을 가면 체벌을 해서라도 바른 길로 인도해야 하는 것처럼 아버지의 사랑은 때로는 훈계라는 형태로 나타난다. 사랑하는 나의 자녀들에게 나는 무엇을 가르칠 수 있을까? 바로 하나님의 말씀뿐 다른 길은 없다. 하나님의 뜻을 알고 하나님의 뜻을 지키게 가르치고 돕는 것이 사랑하는 자녀에게 부족한 아비가 줄 수 있는 최고의 선물이다.

경건한 자를 인도하시네

"너의 행사를 여호와께 맡기라 그리하면 네가 경영하는 것이 이루어지리라 여호와께서 온갖 것을
그 쓰임에 적당하게 지으셨나니 악인도 악한 날에 적당하게 하셨느니라"(잠언 16:3-4)

마음에 하나님이 없고
삶 속에 신앙이 없다면
어떤 노력도 소용이 없네
하나님이 허락하지 않으시네

보기에 좋은 선을 행하고
있는 힘껏 남을 도와도
마음속에 진실함이 없으면
하나님이 열납하지 않으시네

하나님을 믿는 사람들은 선한 일을 행하면서 살아가게 된다. 이것은
하나님의 명령이자 의무이지만 자발적으로 원해서 하는 헌신이기도 하
다. 그러나 이런 겉모습에 치중하다가 정작 중요한 마음의 중심을 놓치
는 일이 있다. 하나님은 우리의 사랑과 헌신을 기뻐 받으시지만 심령을
감찰하시며 우리의 헌신이 허례와 허식이신지 모두 아시는 분이시기도
하다. 보여지는 신앙만큼 진실한 마음을 같게 해달라고 주님께 기도드리
자.

미련함에서 슬기로움으로

"악을 행하는 자는 사악한 입술이 하는 말을 잘 듣고 거짓말을 하는 자는 악한 혀가 하는 말에
귀를 기울이느라"(잠언 17:4)

먹을 것이 넘치고
넓은 저택에 살아도
화목함이 없다면 소용이 없네

하나님의 축복은
세상의 방식으로 임하지 않네
세상 가운데 말씀으로 살아가리

겸손함으로 몸을 낮추고
예배함으로 주를 찬양하는
합당한 자를 주님이 형통한 길로 인도하시네

우리는 하루를 살아가면서도 많은 실수를 한다. 사람에 대한 실수, 일에 대한 실수, 하나님에 대한 실수… 그러나 이 모든 실수들을 잘 받아들이고 극복한다면 그 실수는 더 나은 실력을 위한 거름이 되기도 한다. 지금은 미약하고 미련하다 해도 날마다 주시는 은혜를 통해 하나씩 극복해 나간다면 우리의 신앙도, 삶도, 바라는 비전도 하나님이 주시는 지혜 가운데 더 완벽해질 것이다.

심은 대로 거두리라

"정의를 행하는 것이 의인에게는 즐거움이요 죄인에게는 패망이니라 명철의 길을 떠난 사람은
사망의 회중에 거하리라"(잠언 21:15-16)

잡초가 심긴 곳에는
변함없이 잡초가 자라고

작은 묘목 심긴 곳에는
아름드리 거목이 자라나네

욕심을 심는 사람은
죄를 거두어 사망에 거하겠고

말씀을 심는 사람은
열매를 맺어 축복 속에 거하리라

　인생 가운데 당연하게 저지르게 되는 작은 죄와 편법들은 너무나도 많다. 지름길을 위해 남을 속이고 편법을 쓰면서도 사람들은 정당화를 한다. 청문회를 봐도 자기가 그렇게 높은 자리에 올라갈 줄 모르고 불법을 행한 사람들이 많다. 나중에 장관이 될 수도 있다고 생각하는 사람은 그런 삶을 살지 않았을 것이다. 마찬가지로 천국이 종착지라고 생각하는 우리 그리스도인들도 세상에서 살아가는 방식이 달라야 한다. 삶이란 토양 속에 하나님이 주신 성령의 열매를 심어 천국에서 큰 상급을 누리는 삶을 바라야 한다.

후회 없는 삶

"악인에게 네가 옳다 하는 자는 백성에게 저주를 받을 것이요 국민에게 미움을 받으려니와
오직 그를 견책하는 자는 기쁨을 얻을 것이요 또 좋은 복을 받으리라"(잠언 24:24-25)

살다보면 실패하고
바라는 것을 놓치고
이해할 수 없는 일들이 생기네

모든 일엔 주님의 뜻이 있네
눈앞의 벽들을 넘어
푸른 하늘을 준비하신 주님이시네

하나님이 허락하신 귀한 인생
불신과 후회로 낙심하지 말고
매일 주님께 충성하리

사람의 인생은 세상을 떠나는 마지막 순간에 결정된다. 내가 두 눈을
감고 세상을 떠나는 순간에는 무엇을 가장 아쉬워할까? 많은 회한이 들
것이다. 더 공부하지 못한 것, 더 열심히 살지 못한 것, 그리고 주님께 서
원한 것들을 행동으로 지키지 못한 것. 하나님은 우리를 통해 이루고자
하는 목적이 있으시기에 새로운 하루를 허락하셨다. 그 마음을 지키며
주어진 하루를 후회없이 최선을 다해 살아가자.

자랑

"너는 내일 일을 자랑하지 말라 하루 동안에 무슨 일이 일어날는지 네가 알 수 없음이니라
타인이 너를 칭찬하게 하고 네 입으로는 하지 말며 외인이 너를 칭찬하게 하고
네 입술로는 하지 말지니라"(잠언 27:1-2)

세상의 즐거움도
세상의 자랑도
세상의 업적도
하루를 가지 않네

하나님의 은혜는
하나님의 사랑은
하나님의 구원은
그러나 영원하네

사람들은 자기 자신을 드러내고자 하는 본성이 있다. 아기들은 조그만 일에도 부모의 칭찬을 바라며 성인들의 삶도 이와 크게 다르지 않다. 자기의 하루를 행복하게 보이기 위해서 얼마나 포장하고 또 남에게 자랑하는가? 그러나 이런 자랑은 우리의 삶에 아무런 유익이 없다. 외부의 행복은 내면에서 채워지는 행복과는 달리 채워지는데 한계가 있기 때문이다. 이승의 모든 자랑은 그리스도인에게 해당사항이 없다. 유일한 자랑인 예수 그리스도만을 드러내고 자랑하자.

지혜로운 아내

"누가 현숙한 여인을 찾아 얻겠느냐 그의 값은 진주보다 더 하니라 그런 자의 남편의 마음은
그를 믿나니 산업이 핍절하지 아니하겠으며 그런 자는 살아 있는 동안에 그의 남편에게
선을 행하고 악을 행하지 아니하느니라"(잠언 31:10-12)

하나님을 경외하고
말씀을 깨닫는 지혜로운 여인
하나님이 허락하신 현숙한 여인이라네

진주보다도 귀하고
한 집안을 책임질 존귀한 여인
하나님이 준비하신 현숙한 여인이라네

선을 사랑하고, 악을 멀리하며
말씀대로 양육하고 충고할 경건한 여인
하나님이 준비하신 현숙한 여인이라네

지금 시대는 성역할이 무너지고 가족이 해체되고 있다. 보편적인 아버지와 어머니의 역할, 가족들의 유대가 낡은 것으로 취급받는 시대이지만 지금도 이런 가치들은 삶에서 중요한 역할을 차지한다. 중요한 것을 중요한지 모르고 잃게 될 때 모든 문제가 생겨난다. 그리스도인들은 말씀이 가르치는 가정의 역할과 덕목을 마땅히 구하고 가르쳐야 한다.

무상한 인생

"전도자가 이르되 헛되고 헛되며 헛되고 헛되니 모든 것이 헛되도다 해 아래에서 수고하는
모든 수고가 사람에게 무엇이 유익한가 한 세대는 가고 한 세대는 오되
땅은 영원히 있도다"(전도서 1:2-4)

해가 뜨고 해가 지네
태어나고 또 쓰러지네
이룬 것들이 다시 무너지네

사람의 인생은 무엇이며
사람의 유익은 무엇인가

떠도는 구름엔 거처가 없고
흐르는 강물은 목적이 없네
하나님 없이는 모든 것이 헛되다네

하나님이 없다면, 천국이 없다면, 죄도 없고, 영혼도 없고, 우리 삶에
목적이 없다면, 나의 삶을 어떤 모습일까? 사람들은 어떻게 살아가야 할
까? 아무리 생각해도 도저히 결론이 떠오르지 않는다. 그런 삶은 어떤 성
공을 이루어도, 아무리 장수를 해도 의미 없는 한낱 꿈같은 삶일 것이다.
허무한 세상에 빛이 되신 주님, 무상한 내 삶에 목적이 되신 주님을 더욱
더 높이리라.

헛된 수고

"사람이 해 아래에서 행하는 모든 수고와 마음에 애쓰는 것이 무슨 소득이 있으랴
일평생에 근심하며 수고하는 것이 슬픔뿐이라 그의 마음이 밤에도 쉬지 못하나니
이것도 헛되도다"(전도서 2:22-23)

뜻 없이 태어나
정처 없이 표류하는 것이 인생

제 아무리 힘을 다해도
손을 핀 채로 세상을 떠나야 하네

일찍 떠나도 나중에 떠나도
결국 사라지는 인생

세상의 모든 수고가 헛되니
오직 여호와를 경외하리라

전도서를 묵상할 때는 한 평생을 고생하신 아버지가 떠오른다. 산골에서 무일푼으로 시작해 일가를 이루시고 우리 5남매를 잘 기르셨다. 노년에 건강이 안좋아 고생을 하시다가 못난 자녀들 때문에 호강도 별달리하지 못하시고 뇌수술을 몇 차례 받으신 뒤 하나님의 부르심을 받으셨다. 하나님을 믿고 천국에 가셨지만 100세에 가까운 아버지의 삶을 통해 하나님 없이는 모든 삶이 참으로 무상하다는 사실을 깨닫는다.

범사에 때가 있다

"하나님이 모든 것을 지으시되 때를 따라 아름답게 하셨고 또 사람들에게는 영원을 사모하는
마음을 주셨느니라 그러나 하나님이 하시는 일의 시종을
사람으로 측량할 수 없게 하셨도다"(전도서 3:11)

하나님을 모르고
방황하던 때가 있었네
그러나 그때도 하나님의 때였네

하나님을 알면서도
애써 외면하던 때가 있었네
그러나 그때도 하나님의 때였네

하나님을 알던 때도
하나님을 모르던 때도
나의 삶은 주님 안에 있었네

인생을 내 마음대로 살고 있다고 생각하던 때가 있었다. 하나님을 모
르던 때의 삶은 아무런 의미도 없는 죄 가운데의 삶이었지만 하나님을
알고 난 뒤에는 그런 시간들도 다 하나님의 섭리 안에 있었음을 깨닫게
되었다. 하나님을 모르던 삶을 경험함으로 하나님의 소중함을 알았기 때
문이다. 밤에는 셀 수 없는 별들을 하늘에 수놓으시고, 낮에는 온 천하를
햇살로 비추시는 주님, 생명을 주관하고 이른 비와 늦은 비로 일용할 양
식을 준비하시는 하나님, 때에 맞는 은혜를 베푸시는 주님을 찬양한다.

불평등

"내가 다시 해 아래에서 행하는 모든 학대를 살펴 보았도다 보라 학대 받는 자들의 눈물이로다
그들에게 위로자가 없도다 그들을 학대하는 자들의 손에는 권세가 있으나
그들에게는 위로자가 없도다"(전도서 4:1)

노력하고 수고해도
가진 것을 빼앗기네

자녀를 낳고 애를 써도
바람을 따라 떠나가네

아무리 애를 쓰고 수고해도
바라는 일들은 점점 멀어지네

행복을 위해 노력해도
오히려 불행만이 찾아오네

　　세계 최고의 부자 빌 게이츠가 강의를 할 때 가장 처음 얘기하는 말은 "인생은 공평하지 않다"라고 한다. 가만히 보면 세상에는 정말 공평한 것이 없다. 모든 인간은 평등하고 공평한 권리를 누린다고 하지만 태어나는 순간 많은 것이 이미 결정되어 있다. 길가의 동식물도 마찬가지다. 콩나물 시루에 같은 물을 주고 키워도 자라나는 속도가 저마다 다르다. 오직 하나님의 사랑만이 모든 사람이 평등하게 누릴 수 있는 귀한 축복인 것이다. 평등한 사랑과 구원을 나누어주시는 하나님만을 바라볼 때 불평등한 인생에서도 감사와 기쁨을 채워나갈 수 있다.

하나님을 경외하라

"너는 하나님의 집에 들어갈 때 네 발을 삼갈지어다 가까이하여 말씀을 듣는 것이 우매한 자들이 제물을 드리는 것보다 나으니 그들은 악을 행하면서도 깨닫지 못함이라"(전도서 5:1)

존귀하신 하나님
부족한 입술로
죄를 짓지 않게 하소서

나의 눈으로
범죄하지 않게 하시고
마음을 지켜주소서

헛된 기도로
잘못된 서원을 하지 않게 하시고
지킬 약속만 드리기 원합니다

　성경의 바리새인들과 사두개인들의 면면을 살펴보면 너무나도 멋진 신앙생활을 하고 있었다는 사실을 알게 된다. 그럼에도 그들은 왜 예수님께 책망을 받았을까? 신앙생활의 중심이 하나님을 향해 있지 않고 자랑에만 있었기 때문이다. 그들은 하나님의 이름으로 예수님을 정죄하고 책망하는 큰 죄를 저질렀다. 예수님을 믿는 우리들도 급한 마음과 어리석은 모습으로 동일한 죄를 짓고 있지 않은지 늘 돌아봐야 한다.

가치

"지혜의 그늘 아래에 있음은 돈의 그늘 아래에 있음과 같으나, 지혜에 관한 지식이 더 유익함은
지혜가 그 지혜 있는 자를 살리기 때문이니라 하나님께서 행하시는 일을 보라
하나님께서 굽게 하신 것을 누가 능히 곧게 하겠느냐"(전도서 7:12-13)

부족한 지혜를 가진 자는
옳고 그름을 알지 못합니다
다만 지혜의 말씀을
마음에 담게 하소서

근심보다 평안을 허락하시고
슬픔보다 즐거움을 허락하시고
지혜로운 자의 책망을 즐거워하며
우둔한 자의 칭찬을 멀리하게 하소서

　분명한 가치를 내릴 수 있는 일도 있지만 그렇지 않은 일들도 많다. 혹은 더 나은 가치가 있음을 알면서도 개인의 어리석음으로 그르치는 경우도 많다. 수험생도 누구나 공부해야 할 때라는 걸 알지만 잠깐의 즐거움을 찾느라 잠을 자고, 티브이를 보고, 컴퓨터를 하지 않는가? 하나님은 우리가 이런 혼란을 겪지 않게 세상에서 가장 귀한 독생자를 주심으로 구원해주셨다. 나에게 그만한 가치가 있다는, 너무나도 분명한 고백이다. 최고의 사랑을 고백해주신 주님께 나도 그 무엇과도 비교할 수 없다는 분명한 믿음을 드리길 원한다.

하나님의 손

"모든 사람의 결국은 일반이라 이것은 해 아래에서 행해지는 모든 일 중의 악한 것이니
곧 인생의 마음에는 악이 가득하여 그들의 평생에 미친 마음을 품고 있다가
후에는 죽은 자들에게로 돌아가는 것이라"(전도서 9:3)

광활한 대자연도
저 높은 곳에 있는 사람도
여기 낮은 곳에 있는 사람도
하나님의 도움 없이는
하나도 된 것 없네

살아있는 모든 이에겐
하나님의 놀라운 계획이 있네
우리가 보기엔 이해하지 못하나
당장 내일 일이 무엇일지 모르나
주님을 의지할 때 그 누구도 걱정없네

예수님의 십자가는 사람이 생각할 수 없는 놀라운 구원의 방법이었다. 죄에 빠진 우리를 살리기 위한 하나님의 방법은 사람의 지혜를 뛰어넘는 놀라운 사랑의 역사적 현장이다. 가늠할 수 없는 지혜와 능력을 가지신 주님께 감히 내가 무슨 말을 할 수 있겠는가? 나를 구원한 사랑을 깨닫게 해주신 은혜에 감사하며 그저 할 수 있는 최선을 다해 주님을 예배하며 복음을 전파할 뿐이다.

창조주를 기억하라

"너는 아침에 씨를 뿌리고 저녁에도 손을 놓지 말라 이것이 잘 될는지, 저것이 잘 될는지, 혹 둘이 다 잘 될는지 알지 못함이니라 빛은 실로 아름다운 것이라 눈으로 해를 보는 것이 즐거운 일이로 다 사람이 여러 해를 살면 항상 즐거워할지로다 그러나 캄캄한 날들이 많으리니 그 날들을 생각할 지로다 다가올 일은 다 헛되도다"(전도서 11:6-8)

어린 시절의 천진난만함도
학생 때의 즐거움도
청춘 때의 뜨거움도
하나님이 보시기에
합당한 삶이 되기를 원합니다

세상의 많은 기쁨들
함께하면 즐거운 사람들
이어주신 소중한 가족들
주신 분이 누구인지
기억하며 경배하기 원합니다

세상에 태어났다는 것은 곧 죽음이 결정되었다는 말과도 같다. 호기심만이 가득한 어린 시절을 겪어 큰 꿈을 가질 청소년기 그리고 뜨거운 열정을 품고 세상에 나가는 청년기를 지나 어른이 되고 일가를 이룬 뒤 결국 생을 마감하게 된다. 당연히 행복한 인생도 있을 것이고 불행한 인생도 있을 것이다. 그러나 어떤 인생이든 간에 죽음으로 끝나는 인생이 되지 않으려면 이 모든 인생의 근원이신 창조주 하나님을 알아야 한다. 죽음이 있으면 심판이 있고, 그 심판자는 창조주라는 사실을 깨달을 때 인생의 허무함을 벗어날 수 있다.

사랑의 노래

"내 마음으로 사랑하는 자야 네가 양 치는 곳과 정오에 쉬게 하는 곳을 내게 말하라 내가 네 친구의
양 떼 곁에서 어찌 얼굴을 가린 자 같이 되랴 여인 중에 어여쁜 자야 네가 알지 못하겠거든 양 떼의
발자취를 따라 목자들의 장막 곁에서 너의 염소 새끼를 먹일지니라"(아가서 1:7-8)

하나님이 베푸신 뜨거운 사랑
나 그대에게
고백하기 원하네

어여쁘고 어여쁘다
세상의 가장 고운 말로
그대에게 사랑을 고백하네

사랑으로 함께 하고
사랑으로 하나 되기 원하네
뜨거운 사랑을 그대에게 고백하네

　사랑에 빠진 사람은 눈에 보이는 게 없다. 사랑하면 무엇인들 못해줄
게 없다 때로는 애타는 마음, 미움도 있지만 그 미움 또한 사랑의 표현 방
법이다. 아침에 눈을 떠도 사랑하는 사람이 생각나고 길 가다 하늘만 봐
도 사랑하는 사람이 떠오른다. 사랑에 빠진 사람은 온 천하에 금은보화
를 다 모아놔도 포기하고 사랑을 선택할 것이다. 그러나 이런 사랑도 인
간이기에 한계가 있다. 오직 예수님의 사랑만이 완전하고 영원하다. 천
하보다 더 귀하게 나를 여기시고 사랑하시는 예수님을 바라보자.

성숙한 사랑

"우리가 일찍이 일어나서 포도원으로 가서 포도 움이 돋았는지, 꽃술이 퍼졌는지, 석류 꽃이 피었는지 보자 거기에서 내가 내 사랑을 네게 주리라 합환채가 향기를 뿜어내고 우리의 문 앞에는 여러 가지 귀한 열매가 새 것, 묵은 것으로 마련되었구나 내가 내 사랑하는 자 너를 위하여 쌓아 둔 것이로다"(아가서 7:12-13)

사랑이 인생을 아름답게 한다
화창한 날을 더 화창하게
즐거운 일을 더 즐겁게

사랑이 인생을 달라지게 한다
부족한 것을 채우고
넘치는 것을 덜어내고

사랑이 인생을 노래하게 한다
사소한 일에 의미를
푸석한 일상에 사랑을

성숙한 사랑은 첫사랑만큼 뜨겁지는 않지만 더 많은 것을 선물한다. 사랑은 변해도 같은 사랑이다. 사랑하지 않는 것과 사랑에 익숙해지는 것은 분명한 차이가 있다. 오랜 세월 서로를 믿고 사랑해온 부부의 모습은 젊은 연인들의 사랑보다 더 원숙한 아름다움이 느껴진다. 하나님을 사랑하는 일에도 이런 모습이 필요하다. 하나님을 향한 사랑의 모습은 때로는 열정으로 때로는 성숙함으로 나타난다. 어떠한 모습이든지 주님을 사랑하는 일을 멈추지 말자.

귀를 기울이라

"하늘이여 들으라 땅이여 귀를 기울이라 여호와께서 말씀하시기를 내가 자식을 양육하였거늘 그들이 나를 거역하였도다 소는 그 임자를 알고 나귀는 그 주인의 구유를 알건마는 이스라엘은 알지 못하고 나의 백성은 깨닫지 못하는도다 하셨도다"(이사야 1:2-3)

사랑하는 자녀를 잃은
여호와의 깊은 탄식

생명의 말씀에
귀를 닫고 눈을 감았네

하늘과 땅이 대신 듣고
주님의 사자가 목소리를 대신하네

주님을 거역한 백성이여
속히 다시 돌아오라

나도 그렇지만 우리가 처음 주님을 만났을 때 얼마나 행복한 모습으로 주님을 찬양했는가? 오직 주 예수 그리스도만이 나의 전부 나의 요새라고 고백했는가? 그러나 세월이 지나 나무가 시들 듯이 그 사랑도 조금씩 희미하게 느껴질 때가 있다. 하나님은 우리에게 생명을 주시고 호흡을 주시고 자라게 하시고 열매를 맺게 하시었는데 쳇바퀴 속의 다람쥐처럼 우리는 매너리즘에 빠져 하나님이 주신 구원의 소중함을 잊고 예배라는 본분을 지키지 못한다. 세상에 묻혀 하나님을 기억하지 못하는 것은 성도의 가장 큰 죄임을 기억하자.

여호와의 날

"야곱 족속아 오라 우리가 여호와의 빛에 행하자 주께서 주의 백성 야곱 족속을 버리셨음은 그들에게 동방 풍속이 가득하며 그들이 블레셋 사람들 같이 점을 치며 이방인과 더불어 손을 잡아 언약하였음이라"(이사야 2:5-6)

금은이 가득한 땅을 원하느냐
마필이 가득한 땅을 원하느냐
강대한 병사를 원하느냐
화려한 신상을 원하느냐

너희가 잊은 여호와의 위엄
너희가 잊은 여호와의 능력
너희가 잊은 전능하신 하나님이
저희를 심판하시리라

죄악은 우리의 본성이기에 틈만 있으면 파고 들어온다. 하나님을 믿고 따르는 성도들에게도 예외는 없다. 마음속에 파고드는 죄를 모른 척할 수는 있겠지만 이 사실을 인정하지 않으면 작은 죄가 쌓여 결국은 무너지게 된다. 나의 교만과 오만을 솔직하게 인정하고 하나님 앞에 그때마다 내어놓을 때, 언약의 하나님은 나의 죄를 용서하시고 다시 바른 길로 인도하여 주신다. 세상의 문화와 즐거움에 물들지 말고 나의 모든 것을 귀속하신 하나님께 드리자.

깨닫지 못하느냐

"여호와께서 이르시되 가서 이 백성에게 이르기를 너희가 듣기는 들어도 깨닫지 못할 것이요 보기는 보아도 알지 못하리라 하여 이 백성의 마음을 둔하게 하며 그들의 귀가 막히고 그들의 눈이 감기게 하라 염려하건대 그들이 눈으로 보고 귀로 듣고 마음으로 깨닫고 다시 돌아와 고침을 받을까 하노라 하시기로"(이사야 6:9-10)

보이지 않느냐
주님의 영광이

들리지 않느냐
주님의 음성이

하나님께 다시 돌아오라
너희의 죄를 주 앞에 토하라

더 늦기 전에 돌아오라
전능자 여호와께 돌아오라

하나님을 믿고 난 뒤 과거의 삶을 돌이켜보면 그래도 몇 번이고 더 일찍 주님을 만날 수 있는 기회가 있었다. 그러나 이스라엘 백성들을 향한 이사야의 외침처럼 당시의 나는 복음을 보아도 알지 못하는 영적 장님이나 마찬가지였다. 그럼에도 포기하지 않고 계속 복음을 전하고 외친 사람들 덕분에 마침내 나는 하나님을 만날 수 있었다. 세상에서 교인들의 이미지가 점점 나빠지고 있지만 그럼에도 외치지 않으면 하나님께 돌아올 수도 있는 한 영혼을 놓치게 되고 말 것이다.

임마누엘의 징조

"그에게 이르기를 너는 삼가며 조용하라 르신과 아람과 르말리야의 아들이 심히 노할지라도 이들은 연기 나는 두 부지깽이 그루터기에 불과하니 두려워하지 말며 낙심하지 말라 아람과 에브라임과 르말리야의 아들이 악한 꾀로 너를 대적하여 이르기를 우리가 올라가 유다를 쳐서 그것을 쓰러뜨리고 우리를 위하여 그것을 무너뜨리고 다브엘의 아들을 그 중에 세워 왕으로 삼자 하였으나 주 여호와의 말씀이 그 일은 서지 못하며 이루어지지 못하리라"(이사야 7:4-7)

예수님을 통한
인류의 구원 계획은
태초부터 주님의 손길 아래 있었네

수천 년 전 이미
하나님은 모든 것을 계획해 놓으셨네
우리를 향한 하나님의 놀라운 사랑

보라 너희에게 징조가 있으리니
처녀가 잉태하여 아이를 낳을 것이라
그가 바로 너희를 구원할 자라

　　하나님을 알지 못하는 이스라엘의 왕들은 위기의 순간에 기도를 하지 않고 다른 강대국의 힘을 빌리고자 했다. 하나님만 신뢰하며 의지할 때 모든 문제가 해결됨에도 우리도 이같이 어리석은 행동을 할 때가 많다. 수천 년 전 이미 예수님의 탄생을 계획하시고 예언하신 하나님의 사랑과 능력을 한 치의 의심도 없이 믿고 따라가자.

감사의 노래

"그 날에 네가 말하기를 여호와여 주께서 전에는 내게 노하셨사오나 이제는 주의 진노가 돌아섰고 또 주께서 나를 안위하시오니 내가 주께 감사하겠나이다 할 것이니라 보라 하나님은 나의 구원이 시라 내가 신뢰하고 두려움이 없으리니 주 여호와는 나의 힘이시며 나의 노래시며 나의 구원이심 이라"(이사야 12:1-2)

주여 회개하오니
나의 마음을 돌아보소서
잊었던 찬양을
부족한 입술에 띄우니
진노를 거두시고 강한 손을 펴주소서

돌아온 백성을
주의 손으로 지켜주시고
예배를 잊은 백성을
다시 사랑으로 회복시키시고
진리의 율법을 일깨워주소서

구약의 시대에나, 신약의 시대에나, 지금의 시대에나 하나님을 향한 찬송은 구원에 대한 감사가 가장 큰 주제이다. 죽을 수밖에 없는 나에게 영생을 허락하시고 예수님을 대속하여주신 그 큰 은혜는 나의 모든 것으로, 평생토록 찬양해도 부족함이 없는 귀하고 놀라운 사실이다. 주님으로 인해 내가 살 수 있다! 주님으로 인해 하나님이 나의 아버지가 되었다! 이 놀라운 사실을 만방에 전하며 기쁨으로 주님의 이름을 높여드리자.

승리를 구하라

"그 날에 유다 땅에서 이 노래를 부르리라 우리에게 견고한 성읍이 있음이여 여호와께서 구원을
성벽과 외벽으로 삼으시리로다 너희는 문들을 열고 신의를 지키는 의로운 나라가 들어오게 할지
어다 주께서 심지가 견고한 자를 평강하고 평강하도록 지키시리니 이는 그가 주를 신뢰함이니이
다"(이사야 26:1-3)

여호와가 다시 우리에게 오셨다
베푸신 평강으로
허락하신 약속으로
우리가 다시 승리하였도다

여호와의 능력이 우리에게 임했다
약속하신 능력으로
공의의 집행으로
우리가 다시 승리하였도다

하나님의 약속의 말씀은 언제나 그대로 이루어진다. 하나님의 말씀을
지키는 사람에게는 축복이 임하지만 어기는 사람에게는 저주가 내려온
다. 하나님이 말씀하셨기에 예수님이 이 세상에 오셨고, 하나님이 말씀
하셨기에 모든 사람이 구원의 은혜를 받을 수 있었다. 하나님이 주신 말
씀을 나를 향한 약속으로 받아들이며 말씀으로 간구하자. 말씀을 어기지
말자.

말로 구하라

"만군의 여호와께서 우레와 지진과 큰 소리와 회오리바람과 폭풍과 맹렬한 불꽃으로 그들을 징벌하실 것인즉 아리엘을 치는 열방의 무리 곧 아리엘과 그 요새를 쳐서 그를 곤고하게 하는 모든 자는 꿈 같이, 밤의 환상 같이 되리니 주린 자가 꿈에 먹었을지라도 깨면 그 속은 여전히 비고 목마른 자가 꿈에 마셨을지라도 깨면 곤비하며 그 속에 갈증이 있는 것 같이 시온 산을 치는 열방의 무리가 그와 같으리라"(이사야 29:6-8)

하나님을 잊은 자를
하나님이 치시네

하나님을 망령되게 한 자를
하나님이 무너트리시네

교만한 자를 치시고
오만한 자를 치시는 주님

말씀을 가벼이 여기는 자
하나님의 진노를 받을 것이라

　　하나님을 경외하지 않고 교만한 이스라엘 백성들에게 하나님은 멸망을 선포하셨다. 하나님의 선택을 받았음에도 자기 힘으로 살려고 노력했던 이스라엘 백성들의 모습은 인본주의가 판치고 신본주의가 사라진 작금의 현실을 돌아보게 한다. 하나님을 찾지 않는 것보다 더 큰 교만은 없으며 이 교만은 멸망에 이르는 심각한 죄라는 사실을 잊어선 안 된다. 하나님을 잊은 백성의 끝은 파멸뿐이다. 세상 사람들에게 교만의 죄를 경고하는 역할을 하나님을 만난 우리가 감당해야 한다.

백성을 챙기시는 주님

"여호와께서 자기 백성의 상처를 싸매시며 그들의 맞은 자리를 고치시는 날에는
달빛은 햇빛 같겠고 햇빛은 일곱 배가 되어 일곱 날의 빛과 같으리라"(이사야 30:26)

먹을 것을 걱정하지 않아도
주님이 채워주시네
마음속에 여러 상처 받아도
주님이 만져주시네

내일 일을 알 수 없지만
염려 없이 하루를 시작할 수 있는 이유
자기 백성을 포기하지 않으시며
채워주시는 주님의 은혜 때문에

씨를 뿌리는 농부의 수고는 쉬운 것이 아니다. 시편 126편에도 농부가
씨를 뿌리며 눈물을 흘린다고 표현하는 것처럼 날씨와 토양, 이른 새벽
에 일어나 일을 준비해야 하는 수고처럼, 신경 쓸 일이 아주 많은 고된 일
이 농사다. 그럼에도 씨를 뿌리러 나가야 하는 농부의 삶은 풍성한 추수
를 향한 믿음이 있기 때문이 아닐까? 본문의 말씀도 그런 농부에 비유를
하며 백성을 회복시키실 주님의 은혜를 나타내고 있다. 눈물을 흘리지
않을 수 없는 오늘에 힘들일이지만 풍성한 추수로 채우실 주님을 향한
믿음으로 오늘도 찬양 가운데 나아갈 것이다.

구원을 사모하는 기도

"네 시대에 평안함이 있으며 구원과 지혜와 지식이 풍성할 것이니
여호와를 경외함이 네 보배니라"(이사야 33:6)

주님의 은혜가 아니고서는
한시도 살아갈 수가 없사오니
넓은 손을 펴사
충만한 은혜를 베푸소서

주님을 갈망합니다
주님을 앙망합니다
환난의 도움이 되시는 주님
주님을 경외하오니 구원하소서

　그리스도인의 삶은 어려움이 없는 삶이 아니라 어려움 중에서도 임하
시는 하나님을 체험하는 삶이라는 사실을 꽤나 오랜 시간이 지난 뒤에
알았다. 하나님을 믿는 사람에게도 많은 어려움이 있다. 그렇지만 변함
없이 주님만을 사모하는 믿음이 그런 위기에서 구원을 하고 고난을 물리
칠 힘을 준다. 하나님은 살아계신 구원의 하나님, 지금도 역사하시는 하
나님이시기 때문이다. 기도하며 간구하는 자에게 힘을 주시는 주님께 오
늘도 간절히 구하오니, 주여 응답하소서!

거룩한 길

"뜨거운 사막이 변하여 못이 될 것이며 메마른 땅이 변하여 원천이 될 것이며 승냥이의 눕던 곳에 풀과 갈대와 부들이 날 것이며 거기에 대로가 있어 그 길을 거룩한 길이라 일컫는 바 되리니 깨끗하지 못한 자는 지나가지 못하겠고 오직 구속함을 입은 자들을 위하여 있게 될 것이라 우매한 행인은 그 길로 다니지 못할 것이며 거기에는 사자가 없고 사나운 짐승이 그리로 올라가지 아니하므로 그것을 만나지 못하겠고 오직 구속함을 받은 자만 그리로 행할 것이며 여호와의 속량함을 받은 자들이 돌아오되 노래하며 시온에 이르러 그들의 머리 위에 영영한 희락을 띠고 기쁨과 즐거움을 얻으리니 슬픔과 탄식이 사라지리로다"(이사야 35:7-10)

눈 앞에 아무것도 보이지 않아도
날 향한 주님의 구원은 변함이 없네

심약한 자에게 용기를 주소서
부족한 자에게 풍성히 채우소서

약하고 어리석은 나에게
담대함과 지혜를 허락하소서

거룩한 하나님의 나라
그 나라를 위해 쓰임받게 하소서

세상에서의 삶은 죽음으로 끝이 난다. 하지만 이런 삶일지라도 하나님이 허락하신 은혜를 통해 거룩한 삶을 하루하루 살아가면 그 길은 영원의 기쁨이 있는 천국을 향한 거룩한 길이 된다. 하루를 주님을 따라 살아갈 때 죄를 멀리할 수 있고 메마른 땅에 촉촉한 소망의 비가 내린다. 나만 알고 나의 소원만 구하는 이기적이고 교만한 삶을 버리자.

204

위로하시는 하나님

"보라 주 여호와께서 장차 강한 자로 임할 것이요 친히 그의 팔로 다스리실 것이라
상급이 그에게 있고 보응이 그의 앞에 있으며"(이사야 40:10)

길가의 풀도 돌보시는 주님
자연의 새와 동물도
물과 바람도
모두 주님의 섭리 안에 운행됩니다

나의 삶도 그러하기 원합니다
영원한 말씀을 따라
인도하시는 성령을 따라
주님의 능력과 위로를 체험하게 하소서

그리스도인에게는 모든 삶이 소망의 순간이며 희망의 발견이다. 죽을 수밖에 없는 최악의 순간에서도 기도하며 찬양할 믿음이 있던 사람들은 하나님의 기적을 체험했다. 하지만 세상에서의 최대의 축복을 누리는 사람들의 삶은 반대로 대부분 허무하게 끝나고 만다. 세상의 물질도, 이 세상도, 최고의 권력도 언젠가는 끝이 나지만 하나님의 말씀만은 영원하기 때문이다. 썩어질 세상의 가치가 아닌 영원한 하나님의 말씀을 붙들며 오늘도 살아가자.

구원의 약속

"네가 물 가운데로 지날 때에 내가 너와 함께 할 것이라 강을 건널 때에 물이 너를 침몰하지 못할
것이며 네가 불 가운데로 지날 때에 타지도 아니할 것이요 불꽃이 너를 사르지도 못하리니 대저
나는 여호와 네 하나님이요 이스라엘의 거룩한 이요 네 구원자임이라 내가 애굽을 너의 속량물로,
구스와 스바를 너를 대신하여 주었노라"(이사야 43:2-3)

비천한 나를
악에서 건져 구원하신 주님
내가 어디에 있든 함께 하시네

사막을 건널지라도
바다를 건널지라도
주님이 나를 지켜주시네

주님의 말씀을 믿고
기도로 간구하는 자들을
주님은 구원하신다네

　　믿음이 희미해지며 눈앞의 삶에 치여 신앙이 희미해질 때는 그동안 인
도하신 주님의 은혜를 돌아보자. 죄악에서 나를 구원하신 은혜 필요할
때마다 베푸신 놀라운 축복들… 그런 은혜와 사랑을 잊지 않을 때 탕자
와 같이 아버지의 집을 떠나는 실수를 하지 않게 된다. 어리석은 나를 떠
나지 않고 어린아이처럼 사랑의 눈으로 늘 함께해주시는 하나님 아버지
께 영광과 찬양을 돌립니다.

고난받는 종

"여호와께서 우리 모든 죄악을 그에게 담당시켰도다"(이사야 53:6)

아무리 노력해봐도
아무리 공부해봐도
내 힘으로는 할 수 없네

이해할 수 없고
떠날 수도 없는
흉악한 죄인의 삶

오로지 주님만이
하나님의 은혜만이
나를 구원할 수 있나네
구원자 나의 주님

　예수님이 이 땅에 오신 것은 분명한 역사적 사실이다. 기독교를 믿지 않는 사람들도 많이 공부를 했다면 예수님의 존재를 부정하는 사람은 존재하지 않는다. 마찬가지로 이사야와 같이 분명한 역사서도 이미 예수님이 오실 것을 분명하게 예언하고 있다. 우리를 구원하기 위한 하나님의 계획은 얼마나 완벽한가! 또 얼마나 풍성한 사랑인가! 이미 오신 구원, 예수님을 믿는 일을, 또 전하는 일을 더 이상 미루지 말자. 영원한 구원의 약속이신 주님만을 믿고 따르자.

초대

"오라 너희 목마른 자들아 너희는 와서 사먹되 값없이 와서 포도주와 젖을 사라"(이사야 55:1)

세상의 모든 것을
경험하고 누려봤지만
어떤 것도 만족하지 못했네

사람의 방법을 따라
세상의 학문을 따라봤지만
마음은 그저 공허할 뿐이었네

그러나 주님의 사랑은 달랐네
주님의 사랑이 나를 배부르게 했고
나의 갈급함을 채웠네

모든 것에 완벽하신 하나님은 나의 필요를 완벽히 채워주실 수 있는 유일한 분이시다. 내가 느끼는 욕구를 세상의 누군가 채워준다고 생각해보자. 한 달도 되지 않아 다른 욕구가 생기고, 또 그 욕구를 채워도 결국은 지루해질 뿐이다. 그러나 하나님이 주시는 만족은 (비록 세상의 어떤 욕구로도 채워지지 않는다 해도) 기쁨과 감사가 넘치는 진정한 만족이다. 분명한 만족을 약속하신 주님을 믿고 세상이 아닌 하나님이 주시는 만족을 구해보자. 초대는 가야한다 그래야 초대하신 분에게 기쁨이 영광이 되기 때문이다.

새 하늘과 새 땅

"보라 내가 새 하늘과 새 땅을 창조하나니 이전 것은 기억되거나 마음에 생각나지 아니할 것이라 너희는 내가 창조하는 것으로 말미암아 영원히 기뻐하며 즐거워할지니라 보라 내가 예루살렘을 즐거운 성으로 창조하며 그 백성을 기쁨으로 삼고 내가 예루살렘을 즐거워하며 나의 백성을 기뻐 하리니 우는 소리와 부르짖는 소리가 그 가운데에서 다시는 들리지 아니할 것이며"

(이사야 65:17-19)

하나님이 창조하신
새 하늘과 새 땅
구원의 기쁨으로 누립니다

하나님이 약속하신
기쁨과 즐거움이 가득한 세상
구원의 은혜로 누립니다

하나님이 예비하신
찬양이 가득한 그 하늘나라
믿음으로, 말씀으로 기다립니다

하나님이 창조하신 이 세상은 우리의 죄로 더럽혀졌다. 끝까지 포기하지 않으시는 하나님은 이런 우리마저 사랑하시며 새로운 구원의 방법을 주셨고, 누구나 믿을 수 있는 은혜를 주셨다. 나를 위해서 천지를 창조하신 것처럼 새로운 구원의 방법과 영원한 하나님의 나라를 만들어주신 것이다. 예수님의 이름을 믿기만 하는 것으로 이런 축복을 누린다는 것은 생각만 해도 가슴 벅찬 일이다. 이보다 더 좋고 기쁜 일이 세상에 어디 있겠는가? 믿음으로 얻은 소중한 하늘나라를 놓치지 말자.

회개의 촉구

"소리가 힐벗은 산 위에서 들리니 곧 이스라엘 자손이 애곡하며 간구하는 것이라 그들이 그들의 길을 굽게 하며 자기 하나님 여호와를 잊어버렸음이로다 배역한 자식들아 돌아오라 내가 너희의 배역함을 고치리라 하시니라"(예레미야 3:21-22)

주님을 믿고도
주님의 사랑을 알고도
죄를 짓는 어리석은 소자의 회개를
주여, 받아주소서

고개를 들지 못하고
주님 앞에 나옵니다
더렵혀진 마음과 손의 진실한 회개를
주여, 받아주소서

죄가 가득한 세상에 살면서 우리 모두는 죄에 익숙해져 있다. 나 역시 말로는 죄를 미워한다고, 하나님만 바라본다고 고백하지만 어제 하루만 떠올려도 얼마나 많은 죄를 지었는지 셀 수가 없다. 그러나 이런 죄인이라도, 나 같은 죄인이라도 말씀을 믿고 예수님을 믿음으로 구원받을 수 있다. 하나님은 나의 연약함도, 나의 죄성도 모두 알고 계신다. 나의 나약함까지 하나님 앞에 드리기를 바라는 주님의 마음을 깨닫고 회개를 두려워 하지 않는 삶을 살아가자.

죄에 대한 형벌

"여호와의 말씀이니라 내가 그들을 진멸하리니 포도나무에 포도가 없을 것이며 무화과나무에 무화과가 없을 것이며 그 잎사귀가 마를 것이라 내가 그들에게 준 것이 없어지리라 하셨나니 우리가 어찌 가만히 앉았으랴 모일지어다 우리가 견고한 성읍들로 들어가서 거기에서 멸망하자 우리가 여호와께 범죄하였으므로 우리 하나님 여호와께서 우리를 멸하시며 우리에게 독한 물을 마시게 하심이니라 우리가 평강을 바라나 좋은 것이 없으며 고침을 입을 때를 바라나 놀라움뿐이로다"

(예레미야 8:13-15)

죄가 없으신 하나님
공의의 하나님은
작은 죄를 용납하지 않으시고
거짓을 용서하지 않으시니

내가 지은 모든 죄를
이제 주님께 고백합니다
주여, 언약의 말씀으로 용서하시고
탕자 같은 소인을 다시 받아주소서

　내가 살면서 누리는 당연한 것들이 모두 주님의 은혜라는 사실을 얼마나 잊지 않고 있는가? 죄를 지으면서도 죄라는 사실을 깨닫지 못했던 것처럼 하나님의 은혜를 누리면서 은혜라는 사실을 너무도 잊은 채로 살아가곤 한다. 우리의 모든 소출도 주님이 허락하신 것이며 구원의 특권도 주님으로부터 나온 것임을 기억하자. 오직 그리스도의 이름만이 구원의 이름이시며 모든 문제의 열쇠이시다.

돌아올 용기

"여호와께서 이와 같이 말씀하시되 네가 만일 돌아오면 내가 너를 다시 이끌어 내 앞에 세울 것이며 네가 만일 헛된 것을 버리고 귀한 것을 말한다면 너는 나의 입이 될 것이라 그들은 네게로 돌아오려니와 너는 그들에게로 돌아가지 말지니라 내가 너로 이 백성 앞에 견고한 놋 성벽이 되게 하리니 그들이 너를 칠지라도 이기지 못할 것은 내가 너와 함께 하여 너를 구하여 건짐이라 여호와의 말씀이니라 내가 너를 악한 자의 손에서 건지며 무서운 자의 손에서 구원하리라"

(예레미야 15:19-21)

넘을 수 없는 벽
올라갈 수 없는 구덩이
그 속에 내가 갇힐지라도
주님은 나를 떠나지 않으시고
주님을 간절히 찾기를 원하시네

주님의 사랑을 외면하고
주님의 음성에 귀를 막아도
죄악에 빠져 살아갈지라도
주님은 나를 떠나지 않으시고
주님께로 돌아오기를 간절히 기다리시네

하나님을 믿고, 그리스도인으로 살아가고자 고백한 나는, 과연 그런 모습이 드러나는 삶을 살고 있는가? 나의 삶에 채워진 말과 행동들을 볼 때 내가 정말로 그리스도인인지 의심이 들 때가 있다. 그러나 주님은 이런 생각까지도 기쁘게 받으신다. 다시 주님께로 돌아오기만 한다면, 어제보다 오늘의 삶이 조금이라도 주님께 더 가까워진다면 비록 지금은 모자라고 부족해도 하나님의 말씀을 따르며 순종하는 삶이 아닐까?

회복

"내가 기름으로 제사장들의 마음을 흡족하게 하며 내 복으로 내 백성을 만족하게 하리라
여호와의 말씀이니라"(예레미야 31:14)

죄 많은 나를
주님이 다시 살리셨나이다

기쁨에 찬 내 영혼
오직 주님만 바라나이다

주님 안에서 넘어질지라도
다시 일어날 용기를 주시니

두려워 않고 다시 한 번
주님의 전으로 나아가나이다

'인생지사 새옹지마'라는 말이 있듯이 삶에도, 신앙에도, 열정에도 많은 굴곡이 있다. 하나님을 위해 살아가겠다는 다짐을 할 때처럼 매일을 살아가면 좋겠지만 아쉽게도 인간의 연약한 모습을 가진 우리들은 대부분 작심삼일이 되고 만다. 인간의 한계를 분명히 알기에 우리는 하나님을 더욱 의지해야 한다. 나는 할 수 없지만 하나님은 하실 수 있고, 나는 이룰 수 없지만 하나님은 능히 하실 수 있기 때문이다. 말씀을 의심 없이 믿는 자들을 회복시키시는 주님만을 찬양하리라.

너는 내게 부르짖으라

"일을 행하시는 여호와 그것을 만들며 성취하시는 여호와 그는 여호와라"(예레미야 33:2)

나의 행사를
모두 여호와께 맡기니
간절히 부르짖을 뿐입니다

나의 생각
마음의 중심까지 아시는 주님
나의 삶을 성취하여 주소서

만왕의 왕
찬양받기에 합당하신 이름
여호와를 내가 만방에 전파하리이다

성경을 너무나 쉽게 믿고 구원의 사실을 쉽게 믿는다고 고백하는 우리 이지만 나를 위해 이 세상이 창조되셨다는 창세기 1장 1절 말씀조차도 인간의 인지와 한계를 아득히 뛰어넘는 말씀이다. 이런 장대하고 전능하신 주님을 위해 도대체 내가 할 수 있는 일이 무엇이 있을까? 내가 할 수 있는 일을 다해서 높으신 그 이름을 세상에 외치는 것 밖에는 도무지 답이 떠오르지 않는다. 부족하지만 거리에 나가서 전도하며, 부족하지만 펜을 들어 글을 쓰고, 부족하지만 삶으로 말씀을 살아내자.

나타난 믿음

"다니엘은 뜻을 정하여 왕의 음식과 그가 마시는 포도주로 자기를 더럽히지 아니하리라 하고 자기를 더럽히지 아니하도록 환관장에게 구하니 하나님이 다니엘로 하여금 환관장에게 은혜와 긍휼을 얻게 하신지라"(다니엘 1:8-9)

세상을 살아가며
하나님의 법을 따르네

그들의 삶을 통해
주의 살아계심을 온 세상이 알았네

믿음을 통해
하나님을 증명한 아름다운 청년들

믿음은 모든 것을 이기네
믿음은 모든 것을 지키네

예수님이 제자들에게 말씀하신 비둘기처럼 순결하고 뱀같이 지혜로운 삶은 바로 '다니엘과 친구들의 삶이 아닐까?'라는 생각이 든다. 실력으로도 제국 최고의 자리에 오를 정도였으나 그럼에도 누구보다 겸손하며 하나님의 말씀을 지키기 위해 노력했던 친구들. 실력과 믿음을 함께 지닌 사람이 세상에서 얼마나 크게 쓰임 받는지를 알 수 있는 장면이기도 하다. 믿음도 실력도 다니엘에 비하면 턱 없이 부족한 나이지만 그럼에도 하나님을 예배하는 삶이라는 값진 열매를 맺기를 소망한다.

거룩 거룩

"왕이 그들과 말하여 보매 무리 중에 다니엘과 하나냐와 미사엘과 아사랴와 같은 자가 없으므로 그들을 왕 앞에 서게 하고 왕이 그들에게 모든 일을 묻는 중에 그 지혜와 총명이 온 나라 박수와 술 객보다 십 배나 나은 줄을 아니라"(다니엘 1:19-20)

거룩한 삶으로
주님을 나타내기 원하네

세상과 다른 방법
세상과 다른 삶

세상과 다른 믿음
세상과 다른 실력

주님을 향한 믿음으로
세상을 변화시키길 원하네

사실상 포로 출신으로 왕의 명령을 거절하고, 고집스러울 정도로 말씀을 지키려는 삶을 묵상하며, 융통성이라는 이름으로 너무 많은 것을 타협하고 있는 것은 아닌지 돌아본다. 음식마저도 하나님의 뜻을 따라 고집부릴 수 있었던 것은 그만큼 하나님을 신뢰하고 순종하고자 하는 열망이 컸던 것이 아닐까? 내일의 희망보다도 오늘의 안위보다도 오직 하나님을 경외하고 섬기는 것이 더 중요했던 것이다. 어쩔 수 없는 현실이라는 핑계를 벗어던지고 오늘 최선을 다해 다니엘처럼, 친구들처럼 하나님을 섬기는 믿음을 주님께 구합니다.

하나님의 계시

"다니엘이 왕 앞에 대답하여 이르되 왕이 물으신 바 은밀한 것은 지혜자나 술객이나 박수나 점쟁이가 능히 왕께 보일 수 없으되 오직 은밀한 것을 나타내실 이는 하늘에 계신 하나님이시라 그가 느부갓네살 왕에게 후일에 될 일을 알게 하셨나이다 왕의 꿈 곧 왕이 침상에서 머리 속으로 받은 환상은 이러하니이다"(다니엘 2:27-28)

하나님의 비밀은
하나님의 뜻은
하나님의 꿈은
하나님의 은혜가 아니면
아무도 풀 수가 없네

하나님을 경외하는 자만이
하나님께 기도하는 자만이
하나님의 섭리를
하나님이 주신 뜻을
하나님이 주신 꿈을 깨달을 수 있네

느부갓네살 왕은 엄청난 제국을 통치하고 있는 무소불위의 권력을 지닌 사람이었다. 그러나 그런 사람조차도 하나님의 섭리 아래에서는 아무것도 아닌 연약한 인간이다. 한치 앞의 미래도 볼 수 없기에 꿈의 두려움에 사로잡힌 왕은 다니엘의 도움을 받고서야 그 꿈의 의미를 깨닫는다. 세상의 지혜를 자랑하는 그 어떤 술객, 박사들도 하나님의 뜻을 알 수는 없었다. 세상보다 하나님을 믿을 때, 세상의 지식보다 말씀을 신뢰할 때 세상의 능력과 지식으로 풀지 못하는 일들을 하나님이 깨닫게 하신다. 참된 용기와 지혜를 주님께 순종하므로 구하자.

왕의 사람

"왕이 대답하여 다니엘에게 이르되 너희 하나님은 참으로 모든 신들의 신이시요 모든 왕의 주재 시로다 네가 능히 이 은밀한 것을 나타내었으니 네 하나님은 또 은밀한 것을 나타내시는 이시로다 왕이 이에 다니엘을 높여 귀한 선물을 많이 주며 그를 세워 바벨론 온 지방을 다스리게 하며 또 바 벨론 모든 지혜자의 어른을 삼았으며"(다니엘 2:16-49)

세상의 왕
제국의 통치자
믿음의 사람을 통해
살아계신 하나님을 보았네

믿음의 사람을 통해
하나님을 만난 세상의 왕
꿈을 주신 주님을
신들의 신, 왕 중의 왕으로 찬양했네

　　우상숭배가 만연했던 바벨론 제국에 다니엘 한 사람의 능력으로 하나님의 이름이 널리 퍼졌다. 하나님께 철저히 순종했던 다니엘의 믿음으로 하나님의 이름은 높임을 받았고 다니엘도 더 높은 위치에 올라가게 됐다. 성공을 최고의 가치로 삼는 지금 시대를 살아가는 그리스도인들이 오히려 배워야 할 삶의 지혜가 아닐까? 하나님을 믿고 따르는 우리가 세상을 두려워할 필요는 없다. 하나님이 주신 용기로 담대히 세상에 나가 말씀의 능력을 펼치자.

목숨까지도 드리리

"느부갓네살이 맹렬히 타는 풀무불 아귀 가까이 가서 불러 이르되 지극히 높으신 하나님의 종
사드락, 메삭, 아벳느고야 나와서 이리로 오라 하매 사드락과 메삭과 아벳느고가 불 가운데에서
나온지라 총독과 지사와 행정관과 왕의 모사들이 모여 이 사람들을 본즉 불이 능히 그들의 몸을
해하지 못하였고 머리털도 그을리지 아니하였고 겉옷 빛도 변하지 아니하였고 불 탄 냄새도 없었
더라"(다니엘 3:26-27)

믿음을 지킨 세 친구
목숨을 위해
금신상에 절하지 않았네

하나님을 섬기는 세 친구
오직 하나님 외에는
두려워하지 않는 담대함을 가졌네

목숨까지 드린 세 친구
전능하신 하나님께서
풀무불에서 놀랍게 구원하셨네

　　다니엘의 세 친구의 믿음은 얼마나 멋진 믿음인가. 그들은 하나님께
구해달라는 기도를 드리지 않았다. 하나님이 구해주실 것을 믿기에 순종
하는 것이 아니라, 그러지 아니하실지라도 순종하는 순도 100%의 믿음
과 순종이 있었기 때문이다. 이 믿음과 순종을 풀무불에 들어갈 위기 없
이, 원하는 어느 때에 어디서든 가질 자유가 있다는 것이 얼마나 큰 축복
인가? 막연한 자유 안에서도 하나님을 위해 무엇이든 결단할 수 있는 믿
음의 신앙인이 되기를 하나님 앞에 간구한다.

살아계신 주를 믿으라

"느부갓네살이 말하여 이르되 사드락과 메삭과 아벳느고의 하나님을 찬송할지로다 그가 그의 천사를 보내사 자기를 의뢰하고 그들의 몸을 바쳐 왕의 명령을 거역하고 그 하나님 밖에는 다른 신을 섬기지 아니하며 그에게 절하지 아니한 종들을 구원하셨도다 그러므로 내가 이제 조서를 내리노니 각 백성과 각 나라와 각 언어를 말하는 자가 모두 사드락과 메삭과 아벳느고의 하나님께 경솔히 말하거든 그 몸을 쪼개고 그 집을 거름터로 삼을지니 이는 이같이 사람을 구원할 다른 신이 없음이니라 하더라 왕이 드디어 사드락과 메삭과 아벳느고를 바벨론 지방에서 더욱 높이니라"

(다니엘 3:28-30)

살아계신 하나님을 믿으라
사드락의 하나님
메삭의 하나님
아벳느고의 하나님을 찬양하라

죽음의 위기에서
뜨거운 풀무불에서
이방의 우상에서 구원하신
만왕의 왕 하나님을 찬양하라

확실한 믿음을 가진 사람만이 확실한 신앙을 보여줄 수 있다. 죽음조차 두려워하지 않는 온전한 믿음! 이 믿음은 세상의 어떤 권력 앞에서도 두려움 없이 하나님을 향한 믿음을 고백할 힘이 있는 믿음이다. 풀무불에서 구원하신 하나님의 역사하심보다 오히려 이런 담대한 믿음을 고백하는 세 친구의 신앙에서 더 큰 교훈을 배워야 하지 않을까? 확실한 믿음으로 예수님의 말씀대로 살아가자!

두 번째 꿈

"나 느부갓네살이 내 집에 편히 있으며 내 궁에서 평강할 때에 한 꿈을 꾸고 그로 말미암아 두려워 하였으니 곧 내 침상에서 생각하는 것과 머리 속으로 받은 환상으로 말미암아 번민하였었노라 이 러므로 내가 명령을 내려 바벨론의 모든 지혜자들을 내 앞으로 불러다가 그 꿈의 해석을 내게 알 게 하라 하였더라"(다니엘 4:4-6)

꿈으로 계시하신 하나님
지혜의 다니엘을 보내주신 하나님
평강의 하나님을 찬양할 지어다

지극히 높으신 주님을 찬양하며
경배하며 감사를 드리자
그가 온 세상을 통치하시리다

세상의 왕도 주님의 뜻을 막지 못하니
세상의 모든 것이 주님의 뜻을 따르네
만왕의 왕께 더 높은 경배를 드리라

　이미 하나님의 전능하심을 깨달은 느부갓네살 왕은 전에 임했던 하나님의 꿈이 다시 임하자 주저 없이 다니엘을 찾았다. 또한 하나님을 믿었을지는 모르지만 다니엘과 세 친구의 하나님을 진심으로 높이며 경배하는 말을 했다. 하나님을 믿지 않을 수는 있어도 그 존재와 능력을 인정하지 않을 수는 없었던 것이 아닐까? 부족하지만 하나님의 능력과 살아계심을 보일 수 있는 그런 사람으로 쓰임 받게 되기를 기도하자.

사자굴의 다니엘

"그 무리들이 또 모여 왕에게로 나아와서 왕께 말하되 왕이여 메대와 바사의 규례를 아시거니와 왕께서 세우신 금령과 법도는 고치지 못할 것이니이다 하니 이에 왕이 명령하매 다니엘을 끌어다가 사자 굴에 던져 넣는지라 왕이 다니엘에게 이르되 네가 항상 섬기는 너의 하나님이 너를 구원하시리라 하니라"(다니엘 6:15-16)

오직 하나님만 경외하고
오직 하나님께 순종했던
능력과 믿음의 다니엘
적들의 간교한 꾀로 사자굴에 던져졌네

세상의 법과
세상의 왕도
다니엘의 생명을 구할 순 없지만
전능하신 주님은 능히 그를 구하시리라

하나님을 믿는 것이 이 얼마나 어려운 일인가? 밖에 나가 식사 중에 기도를 할 때도 눈치를 볼 때가 있는데 목숨이 걸린 상황에서도 오히려 문을 열고 당당히 기도하는 믿음은 얼마나 놀라운 믿음인가? 믿음을 가지고 세상을 살다보면 때로는 죄로 인해, 때로는 믿음으로 인해, 때로는 법으로 인해 다양한 마찰을 일으킬 때가 많다. 주님께 영광이 되고 세상의 기쁨이 되는 지혜와 담대함을 허락해달라고 기도하며 매일 하루를 시작하자.

승리의 신앙

"나의 하나님이 이미 그의 천사를 보내어 사자들의 입을 봉하셨으므로 사자들이 나를 상해하지 못하였사오니 이는 나의 무죄함이 그 앞에 명백함이오며 또 왕이여 나는 왕에게도 해를 끼치지 아니하였나이다 하니라 왕이 심히 기뻐서 명하여 다니엘을 굴에서 올리라 하매 그들이 다니엘을 굴에서 올린즉 그의 몸이 조금도 상하지 아니하였으니 이는 그가 자기의 하나님을 믿음이었더라"

(다니엘 6:22-23)

다니엘이 섬기는 하나님
사랑하는 종의 목숨을
왕의 사자굴에서 구하셨네

다니엘을 아끼는 왕
지혜로운 신하의 목소리를
굶주린 사자굴에서 듣게 됐네

하나님을 믿었던 다니엘
하나님을 두려워한 왕
전능하신 하나님을 모두 다 찬양하라

하나님이 살아계시지 않는다면 일어날 수 없는 일들이 있다. 그런 일들은 성경뿐 아니라 지금 시대를 살아가는 우리 주변에도 분명히 일어난다. 그런 은혜를 경험할 때 본문의 느부갓네살 왕처럼 주변 사람들이 하나님의 살아계심을 목도하고 함께 찬양하는 역사가 일어난다. 내 삶에 임하신 하나님의 은혜가 있는가? 그렇다면 아무리 작은 일이라도 망설임 없이 만나는 모든 사람에게 기쁜 소식을 전할 의무가 그리스도인들에게는 있다. 우리의 삶으로, 간증으로 전하자. 하나님은 살아계신다!

천사의 환상

"그가 꾀를 베풀어 제 손으로 속임수를 행하고 마음에 스스로 큰 체하며 또 평화로운 때에 많은 무리를 멸하며 또 스스로 서서 만왕의 왕을 대적할 것이나 그가 사람의 손으로 말미암지 아니하고 깨지리라 이미 말한 바 주야에 대한 환상은 확실하니 너는 그 환상을 간직하라 이는 여러 날 후의 일임이라 하더라 이에 나 다니엘이 지쳐서 여러 날 앓다가 일어나서 왕의 일을 보았느니라 내가 그 환상으로 말미암아 놀랐고 그 뜻을 깨닫는 사람도 없었느니라"(다니엘 8:25-27)

하나님의 사람에게는
하나님이 주시는 꿈이 있네

하나님의 사람에게는
하나님이 들려주시는 음성이 있네

세상 사람들
하나님의 꿈을 모르고
하나님의 음성을 알지 못하나

하나님의 사람은
그 꿈을 알고, 음성에 귀를 기울이네

하나님은 지금도 다양한 방법으로 우리에게 하나님의 뜻을 보이신다. 말씀을 통해 이미 하나님의 뜻을 알려주셨지만 우리의 삶과, 상황, 때로는 꿈과 환상을 동원해서 더욱 더 세밀하게 하나님의 뜻을 전달하신다. 내 삶에 하나님과 관계가 있다고 느끼는 사람만이 삶에서 임하는 하나님의 음성을 잘 캐치할 수 있다. 내 삶의 모든 걸음이 하나님 안에 있음을, 나의 모든 것은 하나님이 인도하시길 원한다는 마음을 잊지 말자.

진심을 보소서

"주여 구하옵나니 주는 주의 공의를 따라 주의 분노를 주의 성 예루살렘, 주의 거룩한 산에서 떠나게 하옵소서 이는 우리의 죄와 우리 조상들의 죄악으로 말미암아 예루살렘과 주의 백성이 사면에 있는 자들에게 수치를 당함이니이다 그러하온즉 우리 하나님이여 지금 주의 종의 기도와 간구를 들으시고 주를 위하여 주의 얼굴 빛을 주의 황폐한 성소에 비추시옵소서"(다니엘 9:16-17)

지은 죄를 자복하오니
주여 용서하여 주소서
약하고 무지한 우리가
주님을 떠나는 죄를 지었나이다

크신 주를 다시 두려워하고
주님의 계명을 지키며
주님을 사랑하오니
언약을 지키시고 인자를 베푸소서

다니엘은 하나님을 위해 목숨도 아끼지 않고 사자굴에 들어간 신앙이지만 또한 나라와 민족을 위해 회개하며 기도할 줄 아는 진정한 그리스도인이었다. 예수님을 믿는 우리가 어떻게 살아야 하며 무엇을 위해 기도해야 하는지 가르쳐주는 일종의 표본과도 같은 삶이라고 생각한다. 나의 안위만을 위해 믿고 구하는 1차원적인 신앙을 벗어나 하나님이 원하시는 다니엘과 같은 고차원적인 삶을 위해 고민하고 노력하자.

그날이 오리라

"그 때에 네 민족을 호위하는 큰 군주 미가엘이 일어날 것이요 또 환난이 있으리니 이는 개국 이래로 그 때까지 없던 환난일 것이며 그 때에 네 백성 중 책에 기록된 모든 자가 구원을 받을 것이라 땅의 티끌 가운데에서 자는 자 중에서 많은 사람이 깨어나 영생을 받는 자도 있겠고 수치를 당하여서 영원히 부끄러움을 당할 자도 있을 것이며 지혜 있는 자는 궁창의 빛과 같이 빛날 것이요 많은 사람을 옳은 데로 돌아오게 한 자는 별과 같이 영원토록 빛나리라"(다니엘 12:1-3)

세상이 끝나고
하늘이 열리는 그날

대환난이 있고
생명책이 드러나는 그날

이름을 올린 자들만
구원을 받는 그날

영생을 받는 자와
수치를 받는 자가 갈라지는 그날

솔로몬 못지않은 지혜를 가지고 있으면서 믿음까지 잃지 않았던 다니엘을 통해 하나님은 많은 예언을 남겨주셨다. 세상의 시작을 있게 하신 하나님은 세상의 마지막이 분명히 존재하며 그날에 어떤 일이 일어날 것인지를 성경을 통해 분명히 말씀하셨다. 하나님이 세상에 남기신 이 비밀의 말씀을 통해 우리는 언제일지 모르지만 분명히 올 그날을 기다리며 복음을 전파하는 삶을 살아가야 한다.

다니엘

"그가 이르되 다니엘아 갈지어다 이 말은 마지막 때까지 간수하고 봉함할 것임이니라 많은 사람이
연단을 받아 스스로 정결하게 하며 희게 할 것이나 악한 사람은 악을 행하리니 악한 자는 아무것
도 깨닫지 못하되 오직 지혜 있는 자는 깨달으리라"(다니엘 12:9-10)

하나님을 떠나지 않은
충실한 종, 대 선지자

오직 하나님만을 경외한
믿음의 거장, 기도의 사람

포로로 끌려가도
하나님 자녀의 정체성을 지킨 성도

하나님의 지혜와 살아계심을
온 세상에 알린 놀라운 전도자

    다니엘과 같은 성도들이 이 시대에, 각 나라에 한 명씩만 있다해도 엄
청난 부흥의 불길이 일어날 것이다. 포로로 잡혀 간 다니엘이 누구도 생
각 못 한 사회적, 신앙적 성공을 이룬 것처럼 그리스도인으로 살아가기
가 점점 힘들어지는 이 시대에 우리가 바로 다니엘같은 신앙인이 되도록
꿈을 품어야 하고 그런 성도들로 자라나도록 다음 세대들을 위해 기도해
야 한다.

가장 큰 사랑

"여호와께서 이르시되 그 날에 네가 나를 내 남편이라 일컫고 다시는 내 5)바알이라 일컫지 아니하리라 내가 바알들의 이름을 그의 입에서 제거하여 다시는 그의 이름을 기억하여 부르는 일이 없게 하리라 그 날에는 내가 그들을 위하여 들짐승과 공중의 새와 땅의 곤충과 더불어 언약을 맺으며 또 이 땅에서 활과 칼을 꺾어 전쟁을 없이하고 그들로 평안히 눕게 하리라"(호세아 2:16-18)

내가 주를 떠나도
주님은 나를 기다리시네

내가 주를 잊어도
주님은 나를 기억하시네

사망의 골짜기에서도
구원의 손을 내밀어주시니

주님의 큰 사랑
내 어찌 거역할 수 있으리

이스라엘 백성들은 살아 역사하시는 하나님을 누구보다 많이 경험한 민족이면서도 하나님을 너무도 오래 잊고 살았다. 그때마다 하나님은 선지자들을 통해 이스라엘 백성들을 책망하시고 때로는 징계하셨지만 그 모든 행동의 근원은 사랑에서부터 시작됐다. 이스라엘 백성들을 향해 하나님이 언제나 뜨거운 사랑을 고백하셨던 것처럼 지금 우리들도 동일한 마음으로 사랑하신다. 아직 주님을 모르는 사람들이 회개하고 돌아오기를 주님은 간절히 원하고 계신다.

진실로 돌아오라

"오라 우리가 여호와께로 돌아가자 여호와께서 우리를 찢으셨으나 도로 낫게 하실 것이요 우리를 치셨으나 싸매어 주실 것임이라 여호와께서 이틀 후에 우리를 살리시며 셋째 날에 우리를 일으키시리니 우리가 그의 앞에서 살리라 그러므로 우리가 여호와를 알자 힘써 여호와를 알자 그의 나타나심은 새벽 빛 같이 어김없나니 비와 같이, 땅을 적시는 늦은 비와 같이 우리에게 임하시리라 하니라"(호세아 6:1-3)

입으로만 회개하고
삶으로 돌아오지 않는 삶을
주님은 이미 알고 계시네

변치 않는 주의 사랑을
주의 선하심을 시험하는 자는
피할 수 없는 진노를 당하게 되네

하늘의 별처럼 빛나는
사철 푸른 나무처럼 변하지 않는
사랑의 주님께 회개함으로 어서 돌아오라

회개를 죄에 대한 방패로 사용할 때 돌이킬 수 없는 죄를 짓게 된다. 회개는 거룩한 삶을 살기를 원하면서도 인간적인 약함으로 실수하는 우리를 위해 하나님이 받아주시는 제사이지 내가 마음껏 죄를 짓기 위한 임시방편이 아니기 때문이다. 같은 죄를 지으면서 "회개하면 되지 뭐"라고 말하는 사람은 진정한 회개가 무엇인지 모르는 사람이며 진정한 그리스도인인지도 다시 생각해봐야 한다. 많이 넘어지고, 많이 실수할지라도 하나님을 위해 부던히 노력하는 성도가 되자.

멸망

"이것은 이스라엘에서 나고 장인이 만든 것이라 참 신이 아니니 사마리아의 송아지가 산산조각이
나리라 그들이 바람을 심고 광풍을 거둘 것이라 심은 것이 줄기가 없으며 이삭은 열매를 맺지 못
할 것이요 혹시 맺을지라도 이방 사람이 삼키리라 이스라엘은 이미 삼켜졌은즉 이제 여러 나라 가
운데에 있는 것이 즐겨 쓰지 아니하는 그릇 같도다"(호세아 8:6-8)

세상의 왕에는
아무런 능력이 없네
사람이 세운 신상은
나무와 돌로 된 우상뿐이네

사람이 자기를 위해서
세운 모든 것들을
하나님은 폐하시리라

눈이 멀은 백성아
귀를 닫은 백성아
하나님의 사랑을 시험하지 말고
이제 속히 돌아오라

　하나님을 믿는 그리스도인들은 왜 여전히 죄를 짓고 살아갈까? 그것
은 겉으로 보이는 모습과는 달리 아직 내 안에는 죄를 즐거워하며 돌아
가고 싶은 솔직한 욕구가 있기 때문일지 모른다. 나 역시 누군가에게 말
할 수 없는 내면의 약점들을 발견할 때마다 깜짝 놀라곤한다. 그럼에도
분명한 것은 이전의 삶으로 다시 돌아간다 한들 그 속에는 잠깐의 즐거
움은 있을지 모르나 결국 끝없는 공허함만 남는다는 사실이다.

포기하지 않으리

"에브라임이여 내가 어찌 너를 놓겠느냐 이스라엘이여 내가 어찌 너를 버리겠느냐 내가 어찌 너를
아드마 같이 놓겠느냐 어찌 너를 스보임 같이 두겠느냐 내 마음이 내 속에서 돌이키어 나의 긍휼
이 온전히 불붙듯 하도다 내가 나의 맹렬한 진노를 나타내지 아니하며 내가 다시는 에브라임을 멸
하지 아니하리니 이는 내가 하나님이요 사람이 아님이라 네 가운데 있는 거룩한 이니 진노함으로
네게 임하지 아니하리라"(호세아 11:8-9)

너희를 구원한 나를
너희가 완전히 잊어도
내 너를 어찌 잊으랴

너희를 사랑한 나를
너희가 완전히 돌아서도
내 어찌 너를 포기하랴

너희가 나를 떠나도
내가 어찌 너희를 놓으리
다시 돌아와 안기라, 잃어버린 너희 영혼아

    예수님을 믿기 전 오랜 세월을 허투루 보냈던 나는 아직도 예수님을
처음 믿던 그 순간을 기억한다. 시골의 외딴 마을에서 헛간이나 지키며
먼지더미에서 아무런 꿈도 없이 세상을 살아갔던 나에게 예수님이 찾아
오자 인생이 완전히 변했다. 하나님을 경배하며 새로운 길이 열리고, 무
의미한 인생이 하나님의 역사를 위해 쓰임받는 빛나는 인생으로 변했다.
애굽에서 인도해 낸 사랑과 능력의 하나님을 잊어버린 이스라엘 백성처
럼 되지 말자.

회복의 약속

"너는 말씀을 가지고 여호와께로 돌아와서 아뢰기를 모든 불의를 제거하시고 선한 바를 받으소서 우리가 수송아지를 대신하여 입술의 열매를 주께 드리리이다 우리가 앗수르의 구원을 의지하지 아니하며 말을 타지 아니하며 다시는 우리의 손으로 만든 것을 향하여 너희는 우리의 신이라 하지 아니하오리니 이는 고아가 주로 말미암아 긍휼을 얻음이니이다 할지니라"(호세아 14:2-3)

여호와가 주신 말씀을 듣고
다시 주님께로 나아오라
주님이 너를 회복시키시리라

불의한 마음을 버리고
정결한 마음으로 나아오라
주님이 너를 회복시키시리라

스스로 쌓은 우상을 버리고
참된 왕이신 주님을 예배하라
주님이 너를 회복시키시리라

하나님보다 세상을 의지할 때 결국 실패하고, 세상보다 하나님을 의지할 때 결국 성공한다. 성경의 수많은 사람들이 역사로 이 사실을 증명한다. 광야에서도 만나와 메추리를 보내주시는 주님의 능력과 은혜를 믿고 험한 세상에서도 주님의 말씀을 품고 나아갈 때 죄의 유혹에 빠지지 않고 더욱더 하나님과 동행하는 삶의 기쁨을 느낄 수 있다. 다윗의 고백처럼 오직 여호와를 즐거워하며 기뻐하는 성도가 되자.

피할수 없는 심판

"너희는 금식일을 정하고 성회를 소집하여 장로들과 이 땅의 모든 주민들을 너희 하나님 여호와의 성전으로 모으고 여호와께 부르짖을지어다 슬프다 그 날이여 여호와의 날이 가까웠나니 곧 멸망 같이 전능자에게로부터 이르리로다"(요엘 1:14-15)

통곡하라 게으른 백성들아
슬퍼하라 말씀을 잊은 백성들아
예배를 잊고
찬양을 잊은 너희에게
하나님의 진노가 임하리니

너희가 노력해도 얻지 못하리
씨를 뿌려도 추수하지 못하리
너희의 대는 끊기고
예배당은 무너지리니
다가올 멸망을 준비하라

    모든 것이 풍족했던 이스라엘 백성들은 아마도 예배를 드리지 않아도, 하나님을 믿지 않아도 인생은 살만하다고 생각했을지 모른다. 그러나 그들이 즐기는 포도주도, 풍성한 곡식도 모두 하나님이 주신 은혜라는 사실을 기억해야 한다. 하나님을 알면서도 돌아오지 않는 사람들도 마지막 때에는 하나님의 심판을 피할 수 없다. 인생의 즐거움을 쫓느라 짧은 인생을 허비하지 말고 다가올 그날을 위해, 하나님의 심판을 피하기 위해 거룩한 삶을 살아가자.

애통의 회개

"여호와의 말씀에 너희는 이제라도 금식하고 울며 애통하고 마음을 다하여 내게로 돌아오라 하셨나니 너희는 옷을 찢지 말고 마음을 찢고 너희 하나님 여호와께로 돌아올지어다 그는 은혜로우시며 자비로우시며 노하기를 더디하시며 인애가 크시사 뜻을 돌이켜 재앙을 내리지 아니하시나니"

(요엘 2:12-13)

여호와의 마음은
사랑이며 심판이 아니니

여호와가 바라는 행실은
회개이며 포기가 아니니

마음을 다하여 주께 부르짖으라
전심으로 여호와를 찾으라

너희의 마음을 주님께 돌이키면
주님이 얼굴을 다시 돌리시리라

겉모습이 아닌 진심을 보신다는 하나님의 말씀은 성경의 여러 곳에서 강조되고 있다. 이 말씀은 또한 예배당에서 보여지는 우리의 겉모습에 하나님이 속지 않으신다는 뜻이기도 하다. 사람들이 있는 곳에서 예배라는 의식에 맞춰 보여지는 모습이 아니라 찬양을 하며 기도하는 내 안의 진심과 마음을 하나님께서는 감찰하신다. 나의 알량한 회개도 진심으로 돌아오고자 하는 간절한 부르짖음인지 죄를 피하기 위한 면피용 독백인지 주님은 모두 알고 계신다. 오직 진실한 마음으로 하나님께 나의 마음을 드리자.

응답하시는 주님

"너희는 먹되 풍족히 먹고 너희에게 놀라운 일을 행하신 너희 하나님 여호와의 이름을 찬송할 것이라 내 백성이 영원히 수치를 당하지 아니하리로다 그런즉 내가 이스라엘 가운데에 있어 너희 하나님 여호와가 되고 다른 이가 없는 줄을 너희가 알 것이라 내 백성이 영원히 수치를 당하지 아니하리로다"(요엘 3:26-27)

나의 모든 것을 아시는 주님,
나의 모든 필요를 채우시네

필요한 때와
필요한 것을 아시는 주님이시니
나의 모든 것을 주님께 맡기네

간절한 회개를 받아주신 주님
나의 모든 마음을 주님께 드리네

기뻐하고 즐거워할지어다
주님이 큰일을 땅 위에서 행하셨네

주님 앞에 지은 죄들을 회개할 때 그 회개는 단지 죄를 씻어내는 역할을 할 뿐 아니라 새로운 축복의 단초가 된다. 죄가 사라질 때 우리는 하나님이 주신 말씀을 담을 깨끗한 그릇이 되고 말씀을 통한 축복을 받을 통로가 된다. 이 모든 것은 하나님이 성경을 통해 약속하신 일들이다. 하나님이 보내주신 예수님을 믿고 의지할 때 이 모든 일이 가능해진다. 예수님을 보내주신 하나님의 은혜를 믿으며 예수님을 통해 새로운 삶을 살아가자.

성령을 받으라

"여호와의 크고 두려운 날이 이르기 전에 해가 어두워지고 달이 핏빛 같이 변하려니와 누구든지
여호와의 이름을 부르는 자는 구원을 얻으리니 이는 나 여호와의 말대로 시온 산과 예루살렘에서
피할 자가 있을 것임이요 남은 자 중에 나 여호와의 부름을 받을 자가 있을 것임이니라"

(요엘 3:31-32)

연약한 날 위해
하나님이 영을 보내주셨네
이제 나와 보내주신 성령을 받으라

있을 일을 예언하며
환상과 꿈을 보리니
하나님이 보내주신 성령을 받으라

주님의 이름을 부르는 자,
주님을 간절히 찾는 자 구원을 얻으리니
하나님이 보내주신 성령을 구하라

성령은 하나님을 의지하며 살아가는 사람들에게 보내주시는 선물이
다. 은사는 나의 능력이 아니라 하나님이 보내주시는 선물인 것이다. 성
령을 의지하며 간구할 때 성경에 나오는 놀라운 은사들이 우리의 삶에도
일어날 수 있다. 오늘 보는 말씀대로 하나님은 성령을 특별한 사람이 아
닌 모든 사람에게 부어주신다고 말씀하셨기 때문이다. 성경에 나오는 그
한 사람이 바로 나며, 하나님이 찾으시는 그 한 사람이 바로 나다. 말씀에
합당한 삶을 살아가기 위해 말씀을 붙들고 노력하자.

찾으면 찾으리라

"여호와께서 이와 같이 말씀하시되 유다의 서너 가지 죄로 말미암아 내가 그 벌을 돌이키지 아니하리니 이는 그들이 여호와의 율법을 멸시하며 그 율례를 지키지 아니하고 그의 조상들이 따라가던 거짓 것에 미혹되었음이라 내가 유다에 불을 보내리니 예루살렘의 궁궐들을 사르리라"

(아모스 2:4-5)

죄악된 세상에서도
하나님의 말씀은 살아있네

악이 가득한 세상이지만
하나님의 성도들이 살아있네

세상을 살아가며
하나님을 바라볼 때
하나님이 나를 건져주시네

하나님에게서 너무 멀리 떨어져 있다는 생각이 들 때, 그동안 인생을 잘못 살아왔다는 생각이 들 때, 이미 너무 늦었다는 생각이 들 때도 회개하고 돌아오면 하나님은 받아주신다. 하나님 품으로 돌아가고자 하는 생각이 든다면 언제든 늦은 때가 아니다. 뻔히 보이는 죽음을 가만히 앉아서 당하는 어리석은 사람이 되지 말고 탕자를 위해 잔치를 베푸시고 따스히 안아주시는 인애의 하나님을 믿음으로 속히 돌아가자.

재앙을 부르는 죄

"주 여호와께서 내게 보이신 것이 이러하니라 왕이 풀을 벤 후 풀이 다시 움돋기 시작할 때에 주께서 메뚜기를 지으시매 메뚜기가 땅의 풀을 다 먹은지라 내가 이르되 주 여호와여 청하건대 사하소서 야곱이 미약하오니 어떻게 서리이까 하매 여호와께서 이에 대하여 뜻을 돌이키셨으므로 이것이 이루어지지 아니하리라 여호와께서 말씀하셨느니라"(아모스 7:1-3)

너희가 죄에서 돌이키지 않으면
여호와의 진노가 임하리라

땅을 흘려 밭을 일구어도
소출을 얻지 못할 것이며
메뚜기가 덮쳐오고
큰 불이 일어날 것이라

여호와의 진노를 피하라
전심으로 주님께 회개하라

　　구약의 여러 선지자들이 전하는 메시지는 일관성이 있다. 하나님을 떠날 때 진노를 받게 되며 다시 회개하고 돌아오면 하나님의 축복이 임한다. 하나님은 모든 것을 창조하시고 모든 것을 주관하시기 때문에 하나님의 뜻을 떠나서는 누구도 진정한 인생을 살아갈 수 없다. 주님을 믿지 않고 심지어 배척하는 사람일지라도 하나님이 은혜를 베풀어주시기에 살아갈 수 있는 것이다. 이스라엘의 하나님은 지금도 살아계시고 똑같은 원리로 우리를 다스리신다. 죄를 통해 하나님의 진노를 당하지 말고 믿음으로 다가올 심판을 피해야 한다.

도망

"여호와의 말씀이 아밋대의 아들 요나에게 임하니라 이르시되 너는 일어나 저 큰 성읍 니느웨로 가서 그것을 향하여 외치라 그 악독이 내 앞에 상달되었음이니라 하시니라 그러나 요나가 여호와의 얼굴을 피하려고 일어나 다시스로 도망하려 하여 욥바로 내려갔더니 마침 다시스로 가는 배를 만난지라 여호와의 얼굴을 피하여 그들과 함께 다시스로 가려고 배삯을 주고 배에 올랐더라"

(요나 1:1-3)

하나님의 귀한 말씀이
너의 삶 속에 임했을 때
도망가지 말라
즉시 순종하라

생명을 살리기 위해
하나님이 사명을 주셨네
염려하지 말라
모든 것을 주께 맡기라

큰 성읍 니느웨를 구원하기 위해 하나님은 요나를 선택하셨다. 그러나 요나는 선지자인 자신의 사명을 감당하지 않고 도망쳤다. 나 역시 요나였어도 같은 선택을 하지 않았을까? 소돔과 고모라에서 바른 말을 했던 사람들이 당한 최후를 생각해보면 요나 역시 큰 위협을 당할 수 있었고, 어쩌면 목숨을 잃을지도 몰랐다. 그래서 요나는 배를 타고 저 멀리 도망쳤다. 배에서도 하나님을 피해 달아날 수 있다고 생각했지만 하나님의 역사는 어떻게 해서든 하나님의 의도를 따라 흘러간다. 하나님의 분명한 뜻이라는 확신이 있다면 앞에 어떤 장애물이 있든 즉각 순종하는 믿음을 위해 기도하자. 그 순종이 결국 나를 살리고 한 민족을 살린다.

요나의 불순종

"사공들이 두려워하여 각각 자기의 신을 부르고 또 배를 가볍게 하려고 그 가운데 물건들을 바다에 던지니라 그러나 요나는 배 밑층에 내려가서 누워 깊이 잠이 든지라 선장이 그에게 가서 이르되 자는 자여 어찌함이냐 일어나서 네 하나님께 구하라 혹시 하나님이 우리를 생각하사 망하지 아니하게 하시리라 하니라 그들이 서로 이르되, 자 우리가 제비를 뽑아 이 재앙이 누구로 말미암아 우리에게 임하였나 알아 보자 하고 곧 제비를 뽑으니 제비가 요나에게 뽑힌지라"(요나 1:5-7)

부르심을 외면한 한 사람 때문에
배의 모든 사람들이 위기에 처했네

한 사람의 순종이
한 나라를 살리듯
한 사람의 불순종이
한 배의 생명을 잃게 하네

하나님의 계획은
실수와 흠이 없으니
부르심이 임할 때에는
언제나 순종하리라

하나님의 음성을 듣고도 외면했던 요나 때문에 배에 있던 모든 사람들의 생명이 위태롭게 됐다. 한 사람의 불순종으로 많은 사람이 목숨을 잃을 위기에 처한 것이다. 살다보면 다른 사람들을 향해 손가락질을 하고 목소리를 높이게 될 때가 많다. 다른 사람의 흠을 찾고 지적하는 것보다 하나님이 나에게 맡기신 일들을 내가 충직하게 해내고 있는가?

들으라, 구원을 얻으리라

"요나가 여호와의 말씀대로 일어나서 니느웨로 가니라 니느웨는 사흘 동안 걸을 만큼 하나님 앞에 큰 성읍이더라 요나가 그 성읍에 들어가서 하루 동안 다니며 외쳐 이르되 사십 일이 지나면 니느 웨가 무너지리라 하였더니 니느웨 사람들이 하나님을 믿고 금식을 선포하고 높고 낮은 자를 막론 하고 굵은 베 옷을 입은지라"(요나 3:3-5)

하나님의 뜻에 따라
하나님의 말씀을 전할 때
백성들이 회개하네
다시 하나님께 돌아오네

눈물을 흘리며 통회하는 백성
굵은 베옷을 입고 주님을 찾으니
말씀의 선포가, 눈물의 회개가
무너질 성읍을 지켰네

니느웨 백성에게 선포한 하나님의 말씀을 생각할 때 그들이 얼마나 타락했는지 짐작이 가능하다. 하지만 그런 백성들조차 베옷을 입고 금식하며 하나님께 돌아왔을 때 하나님은 심판을 멈추시고 마음을 돌이키셨다. 하나님의 사랑은 모든 죄와 실수를 덮을 만큼의 놀라운 은혜이기 때문이다. 하지만 짐승까지 회개하고자 하는 간절한 마음이 이런 은혜를 가능케 한다. 심령 깊은 곳에서의 참회하는 마음으로 주님께 구할 때 죄를 용서해주시는 주님이심을 기억하자.

하나님의 도구

"하나님이 요나에게 이르시되 네가 이 박넝쿨로 말미암아 성내는 것이 어찌 옳으냐 하시니 그가 대답하되 내가 성내어 죽기까지 할지라도 옳으니이다 하니라 여호와께서 이르시되 네가 수고도 아니하였고 재배도 아니하였고 하룻밤에 났다가 하룻밤에 말라 버린 이 박넝쿨을 아꼈거든 하물며 이 큰 성읍 니느웨에는 좌우를 분변하지 못하는 자가 십이만여 명이요 가축도 많이 있나니 내가 어찌 아끼지 아니하겠느냐 하시니라"(요나 4:9-11)

하나님의 사랑은
죽어가는 백성을 살리고
무너질 성읍을 지키네

하나님의 사람은
하나님의 사랑을 전하며
백성들의 마음을 돌이키게 하는 것

하나님의 마음을 알 때
하나님의 도구로 쓰임 받네
귀한 은혜를 주신 주님께 감사하세

　벌을 받아야 할 사람이 도리어 상을 받을 때 불쾌한 감정을 느끼게 된다. 죄를 졌으니 벌을 받아야 한다는 것이 당연한 인간적인 생각이며 세상의 이치이다. 아마 요나도 그래서 하나님의 은혜를 보고 도리어 화를 낸 것 같다. 망해야 할 니느웨 성읍이 회개함으로 살아났기 때문이다. 하나님의 사랑이 얼마나 광대한지 그 은혜가 얼마나 깊은지 요나를 통해 우리는 깨달을 수 없다. 한 생명도 포기하지 않으시는 하나님의 놀라운 은혜를 의심하지 말고 때를 얻든지 못 얻든지 말씀을 전하자.

선지자 요나

"요나가 성읍에서 나가서 그 성읍 동쪽에 앉아 거기서 자기를 위하여 초막을 짓고 그 성읍에 무슨 일이 일어나는가를 보려고 그 그늘 아래에 앉았더라 하나님 여호와께서 박넝쿨을 예비하사 요나를 가리게 하셨으니 이는 그의 머리를 위하여 그늘이 지게 하며 그의 괴로움을 면하게 하려 하심이었더라 요나가 박넝쿨로 말미암아 크게 기뻐하였더니"(요나 4:5-6)

아밋대의 아들 요나는
하나님의 얼굴을 피해 도망쳤네
말씀에 순종하지 않는
하나님의 선지자를
하나님은 고래를 통해 돌이키셨네

불평과 불순종으로
하나님과 다투었던 선지자 요나
그러나 그런 요나의 작은 순종으로
큰 성읍 니느웨는 구원을 받았네
순종으로 하나님의 사랑을 깨달은 요나

성경의 많은 위인들보다 요나의 모습이 어쩌면 우리의 모습과 가장 비슷하지 않을까? 하나님을 위해 살면서도 분명한 부르심을 받았어도 때로는 도망하고, 때로는 불평하고, 하나님의 은혜에 불만을 가지는 모습 말이다. 그렇지만 요나를 통해 니느웨라는 큰 성읍이 멸망하지 않았고 백성들이 구원을 받았다. 마음속에 불평이 있을지라도, 잠깐 도망을 칠지라도 결국 순종하면 하나님은 그 순종을 아름답게 사용하신다.

구원의 하나님

"오직 나는 여호와를 우러러보며 나를 구원하시는 하나님을 바라보나니 나의 하나님이 나에게 귀를 기울이시리로다 나의 대적이여 나로 말미암아 기뻐하지 말지어다 나는 엎드러질지라도 일어날 것이요 어두운 데에 앉을지라도 여호와께서 나의 빛이 되실 것임이로다"(미가 7:7-8)

악을 미워하시고
심판하시는 주님
그러나 회개하고 돌아오면
구원을 베푸시는 주님

죄를 범한 너희는
속히 마음을 돌리라
황폐한 땅에서 벗어나
빛되신 주님을 믿음으로 섬기라

　더 이상 돌이킬 수 없을 정도로 타락한 이스라엘 백성들을 보고 선지자 미가는 오직 하나님의 은혜를 구한다. 한줄기 빛도 소망도 없는 황폐한 땅이지만 하나님을 바라볼 때 빛이 생기고 소망의 싹이 자라날 수 있다. 죄로 가득한 세상에서 희망을 품을 수 있는 것은 예수 그리스도가 우리 삶의 구원이 되시기 때문이다. 아무리 절망 가운데 빠져 살아도, 도저히 해결할 수 없는 문제들이 덮쳐도, 구원의 예수님을 믿으며 기다리자. 천지를 창조하신 하나님의 도움을 기다리자.

하박국의 찬양

"비록 무화과나무가 무성하지 못하며 포도나무에 열매가 없으며 감람나무에 소출이 없으며 밭에 먹을 것이 없으며 우리에 양이 없으며 외양간에 소가 없을지라도 나는 여호와로 말미암아 즐거워하며 나의 구원의 하나님으로 말미암아 기뻐하리로다 주 여호와는 나의 힘이시라 나의 발을 사슴과 같게 하사 나를 나의 높은 곳으로 다니게 하시리로다 이 노래는 지휘하는 사람을 위하여 내 수금에 맞춘 것이니라"(하박국 3:17-19)

하나님을 찬양하라
자기 백성을 지키시며
놀라운 은혜를 베푸신
영광의 주님을 찬양하라

너희의 필요를 아시고
너희의 대적에서 지키시는
구원의 은혜를 베푸신
광명의 주님을 찬양하라

하는 일마다 되지가 않고 노력이 배신당할 때에도 하나님을 찬양하고 경배할 수 있을까? 선지자 하박국은 그럼에도 찬양하고 하나님을 경배해야 된다고 분명히 말하고 있다. 풍성한 열매와 가득찬 곳간이 나의 힘이 아니라 하늘에 계신 하나님 아버지가 나의 힘이시기 때문이다. 돈은 있을 때도 있고, 없을 때도 있다. 사랑하는 가족과 있을 때는 너무도 행복하지만 결국 세상에서 언젠가는 이별을 하게 된다. 모든 순간 가운데 동행하시는 주님만이 변하지 않는 기쁨과 힘이 되신다. 하나님을 믿는 것이 참된 기쁨인 성도로 살아가자.

구원이 오리라

"가운데에 계시는 여호와는 의로우사 불의를 행하지 아니하시고 아침마다 빠짐없이 자기의 공의를 비추시거늘 불의한 자는 수치를 알지 못하는도다 내가 여러 나라를 끊어 버렸으므로 그들의 망대가 파괴되었고 내가 그들의 거리를 비게 하여 지나는 자가 없게 하였으므로 그들의 모든 성읍이 황폐하며 사람이 없으며 거주할 자가 없게 되었느니라 내가 이르기를 너는 오직 나를 경외하고 교훈을 받으라 그리하면 내가 형벌을 내리기로 정하기는 하였지만 너의 거처가 끊어지지 아니하리라 하였으나 그들이 부지런히 그들의 모든 행위를 더럽게 하였느니라"(스바냐 3:5-7)

악하고 패역한 세대여
심판의 날이 곧 다가오리라
악을 미워하고
공의를 행하시는 주님이
너희를 심판하러 곧 오시리라

주님을 경외하고
말씀을 믿고 따르는 자
간절히 은혜를 구하는 자는
그날에 임할 심판을 피하리라
주를 섬기는 자는 그날에 구원을 얻으리라

　심판이 없다면 구원도 필요가 없다. 세상을 어떻게 살아가든 똑같은 결과가 기다리고 있다면 혹은 아무런 일도 일어나지 않는다면 왜 구원을 받아야 한단 말인가? 우리가 살아온 삶으로 보응되는 심판이 있기에 구원이 필요하며 스스로의 힘으로 구원을 받을 수 없기에 예수님의 보혈이 필요하다. 심판은 분명히 존재하며 그 심판을 피할 방법이 존재한다는 구원의 기본 원리를 통해 신앙생활의 기초를 다지자.

성전의 영광

만군의 여호와가 이같이 말하노라 조금 있으면 내가 하늘과 땅과 바다와 육지를 진동시킬 것이요
또한 모든 나라를 진동시킬 것이며 모든 나라의 보배가 이르리니 내가 이 성전에 영광이 충만하게
하리라 만군의 여호와의 말이니라 은도 내 것이요 금도 내 것이니라 만군의 여호와의 말이니라 이
성전의 나중 영광이 이전 영광보다 크리라 만군의 여호와의 말이니라 내가 이 곳에 평강을 주리라
만군의 여호와의 말이니라"(학개 2:6-9)

하나님이 거하시는
하나님의 성전
그곳에서 만군의 여호와가
우리에게 말씀하시네

하나님의 성전에
영광이 충만하리라
평강이 충만하리라
새로운 영으로 다시 회복시키리라

하나님이 계시는 성전은 성도들에게 큰 존재와 위안이 된다. 또한 하
나님이 계시는 성전은 하나님께 기도하는 장소다. 하나님 앞에서 우리의
마음을 내어놓고 간절한 기도를 드릴 때 하나님은 모든 기도에 응답하시
고 상한 마음을 위로하신다. 그렇기에 예배를 드림이 우리의 힘이 되며
위로가 되며 기쁨이 되는 것이다. 나의 사정과 아픔을 들어줄 사람이 세
상엔 없지만 주님은 언제든 들어주시며 또 원하고 계신다. 하나님이 계
시는 성전을 더욱 사랑하고 믿음으로 섬기자.

회복될 예루살렘

"만군의 여호와의 말씀이 임하여 이르시되 만군의 여호와가 이같이 말하노라 내가 시온을 위하여 크게 질투하며 그를 위하여 크게 분노함으로 질투하노라 여호와가 이같이 말하노라 내가 시온에 돌아와 예루살렘 가운데에 거하리니 예루살렘은 진리의 성읍이라 일컫겠고 만군의 여호와의 산은 성산이라 일컫게 되리라"(스가랴 8:1-3)

사람들이 생각지 못할 그때
모두가 희망을 포기할 그때
내가 회복시키리라
예루살렘을 회복시키리라

보고도 이해하지 못하리
듣고도 생각하지 못하리
그러나 회복의 때가 찾아올 때
여호와가 다시 일하시리라

하나님이 약속하신 예루살렘의 회복은 예수님의 탄생이었다. 에덴동산 이래로 수없이 실패했던 사람들을 위한 완전한 하나님의 구원의 계획은 예수님 밖에는 다른 대안이 없었다. 예수님을 보내주신 하나님의 사랑은 완전한 사랑의 표현이자 완전한 구원의 증거다. 구약이 말한 예수님이 이 땅에 오셨던 것처럼 성경에 나온 모든 일들을 믿으며 기도와 전도로 그날을 준비하며 살아가자.

온전한 축복

"만군의 여호와가 이르노라 너희 조상들의 날로부터 너희가 나의 규례를 떠나 지키지 아니하였도
다 그런즉 내게로 돌아오라 그리하면 나도 너희에게로 돌아가리라 하였더니 너희가 이르기를
우리가 어떻게 하여야 돌아가리이까 하는도다 사람이 어찌 하나님의 것을 도둑질하겠느냐
그러나 너희는 나의 것을 도둑질하고도 말하기를 우리가 어떻게 주의 것을 도둑질하였나이까
하는도다 이는 곧 십일조와 봉헌물이라 너희 곧 온 나라가 나의 것을 도둑질하였으므로
너희가 저주를 받았느니라"(말라기 3:7-9)

하나님의 규례를 지키라
하나님이 명하신 계명들
그 모든 것들을 힘써 지키라

하나님의 것을 도둑질 말며
말씀을 따라 베풀기를 아끼지 말며
하나님의 날을 거룩히 지키라

하나님의 규례를 지킬 때
그 법도를 떠나지 않을 때
온전한 축복이 너희에게 임하리라

　하나님께 십일조를 드리는 것, 하나님의 날을 온전히 지키는 것, 말씀
을 따라 정직하게 사는 일… 이 모든 것들은 하나님을 위해 내가 희생하
는 것이 아니라 나를 축복하기 위해 하나님이 주신 분명한 방법들이다.
가까운 곳에 분명한 방법을 허락하셨음에도 그 길을 거부하고 먼 길을
돌아가고자 하는 것은 믿음이 부족하기 때문이다. 하나님의 방법을 따를
때 하나님이 주시는 축복을 누린다는 사실을 반드시 기억하자.

하나님의 날

"만군의 여호와가 이르노라 보라 용광로 불 같은 날이 이르리니 교만한 자와 악을 행하는 자는 다 지푸라기 같을 것이라 그 이르는 날에 그들을 살라 그 뿌리와 가지를 남기지 아니할 것이로되 내 이름을 경외하는 너희에게는 공의로운 해가 떠올라서 치료하는 광선을 비추리니 너희가 나가서 외양간에서 나온 송아지 같이 뛰리라 또 너희가 악인을 밟을 것이니 그들이 내가 정한 날에 너희 발바닥 밑에 재와 같으리라 만군의 여호와의 말이니라"(말라기 4:1-3)

모든 아픈 것을 치료하실
하나님의 그날
그날이 곧 오리라

하나님의 백성이
진정으로 하나님께 속할
하나님의 날
그날이 곧 오리라

하나님의 공의의 심판이
악인과 의인을 걸러낼 그날
심판의 날
그날이 곧 오리라

　하나님의 때가 도무지 오지 않을 것 같을 때 하나님은 다시 오신다. 정하신 심판은 피할 수 없기에 생의 마지막 때에, 혹은 세상의 마지막 때에 하나님이 예고하신 심판은 분명히 일어난다. 하나님이 주신 구원의 방법을 믿는 사람들은 지옥 형벌을 두려워할 필요가 없지만 그렇지 않은 사람들에게는 멸망의 날이다. 심판을 피하고 영생의 구원을 믿자.

구원자 예수

"이 일을 생각할 때에 주의 사자가 현몽하여 이르되 다윗의 자손 요셉아 네 아내 마리아 데려오기를 무서워하지 말라 그에게 잉태된 자는 성령으로 된 것이라 아들을 낳으리니 이름을 예수라 하라 이는 그가 자기 백성을 그들의 죄에서 구원할 자이심이라 하니라 이 모든 일이 된 것은 주께서 선지자로 하신 말씀을 이루려 하심이니 이르시되 보라 처녀가 잉태하여 아들을 낳을 것이요 그의 이름은 임마누엘이라 하리라 하셨으니 이를 번역한즉 하나님이 우리와 함께 계시다 함이라"

(마태복음 2:20-23)

세상을 구원할 이름
하나님의 독생자
예수님이 이 땅에 오셨네

온 땅에 찬양하라
하늘도 경배하라
구원자 예수가 나셨도다

인류를 살리기 위해
하나님이 주신 귀한 이름
구원자 예수

　구약 시대가 끝나고 예수님의 탄생, 즉 구약에서 하나님이 약속하신 진정한 구원자의 탄생과 함께 새로운 약속의 시대가 태어났다. 이 예수님이 오셨기에 지금의 우리도 구원이란 기쁨과 감격을 누릴 수 있다. 다윗의 자손으로 처녀의 몸에서 태어나신 예수님의 모든 행적은 성경이 수천 년 동안 예언했던 그대로 이루어졌다. 하나님의 말씀대로 이루어진 모든 구원의 계획을 믿을 때 하나님의 말씀대로 구원의 역사가 일어난다.

경배하라, 만왕의 왕

"왕이 모든 대제사장과 백성의 서기관들을 모아 그리스도가 어디서 나겠느냐 물으니 이르되 유대 베들레헴이오니 이는 선지자로 이렇게 기록된 바 또 유대 땅 베들레헴아 너는 유대 고을 중에서 가장 작지 아니하도다 네게서 한 다스리는 자가 나와서 내 백성 이스라엘의 목자가 되리라 하였음 이니이다"(마태복음 2:4-6)

저 먼 동방에 나타난
왕의 탄생을 알리는 별
모든 사람을 구원할
모든 사람의 경배를 받을
만왕의 왕이 나셨다

온 세상을 구원할
구세주 예수 그리스도
마침내 이 땅에 오셨으니
온 땅아 경배하라
온 하늘아 찬양하라

이스라엘에서 구세주가 나신다는 사실은 오래 전부터 예언되었음에도 예수님이 나신 소식을 가장 먼저 알았던 것은 동방의 박사들이다. 구약의 예언들을 진짜 일어날 하나님의 말씀이 아니라 그저 적힌 글로 봤기에 진정한 구세주가 오셨음에도 준비하지 못했던 것이다. 이제 오신 예수님을 믿는 우리들도 다시 오실 예수님을 믿어야 한다. 다시 성경에 예언된 예수님의 재림을 기다리지 않는다면 구세주의 탄생을 기다리지도 않은 당시 사람들과 다를 바가 없다.

광야의 외침

"그 때에 세례 요한이 이르러 유대 광야에서 전파하여 말하되 회개하라 천국이 가까이 왔느니라
하였으니 그는 선지자 이사야를 통하여 말씀하신 자라 일렀으되 광야에 외치는 자의 소리가 있어
이르되 너희는 주의 길을 준비하라 그가 오실 길을 곧게 하라 하였느니라"(마태복음 3:1-3)

회개하라 천국이 가까웠느니라
광야에서 외치고
사람이 있는 거리에서 외치라

회개하라 천국이 가까웠느니라
다가오실 주님을 기다리라
이미 오신 주님을 믿으라

회개하라 천국이 가까웠느니라
심판을 피할 수 있는 자가 없으니
예수를 믿음으로 구원을 얻으라

"회개하라 천국이 가까웠느니라" 사도 요한의 이 짧지만 강한 외침은
깊은 신앙의 울림을 준다. 선민으로 당연히 구원받을 것이라 생각했던
당시의 종교인들, 어쩌면 지금 구원받았다고 안심하며 살아가고 있는 이
시대의 그리스도인의 모습이기도 하지 않을까? 구원은 회개함으로 나의
모든 것을 포기하고 예수님의 말씀을 마음으로 받을 때 얻게 되는 기적
과도 같은 은혜다. 선 줄로 생각하고 넘어지는 자가 되지 말고 구원의 말
씀을 단단히 붙잡자.

성령의 비둘기

"예수께서 세례를 받으시고 곧 물에서 올라오실새 하늘이 열리고 하나님의 성령이 비둘기 같이 내려 자기 위에 임하심을 보시더니 하늘로부터 소리가 있어 말씀하시되 이는 내 사랑하는 아들이요 내 기뻐하는 자라 하시니라 이 때에 예수께서 갈릴리로부터 요단강에 이르러"(마태복음 3:16-17)

하늘에서 내려온
하나님의 성령
거룩한 비둘기가
주님께로 내려왔네

세상의 구원자
모든 죄를 짊어질 어린양
예수님의 머리 위로
성령이 임했네

　　스스로를 낮추심으로 요한에게 세례를 받으신 예수님의 머리 위에 성령이 비둘기같이 임하며 하나님의 음성이 들렸다. 예수님이 단순한 선지자가 아닌 구원자이며 하나님의 사랑하는 독생자라는 사실을 하나님은 일련의 사건으로 분명히 알려주셨다. 흠이 없고 선한 분이시지만 나를 위해 이 땅에 오신 예수님, 사람의 모습으로 낮추신 흠 없는 어린양 주님의 이름을 영원히 찬양하리라.

광야의 시험

"그 때에 예수께서 성령에게 이끌리어 마귀에게 시험을 받으러 광야로 가사 사십 일을 밤낮으로 금식하신 후에 주리신지라 시험하는 자가 예수께 나아와서 이르되 네가 만일 하나님의 아들이어든 명하여 이 돌들로 떡덩이가 되게 하라 예수께서 대답하여 이르시되 기록되었으되 사람이 떡으로만 살 것이 아니요 하나님의 입으로부터 나오는 모든 말씀으로 살 것이라 하였느니라 하시니

(마태복음 4:1-4)

떡이 아닌 말씀으로
권력이 아닌 겸손으로
힘이 아닌 바른 섬김으로
주님은 시험을 이기셨네

주님처럼 말씀으로
주님처럼 겸손으로
주님처럼 바른 섬김으로
세상의 시험에서 승리하리

하나님이 주신 사명이 무엇인지 알고 계셨던 예수님은 사탄의 시험을 모두 물리치셨다. 수많은 이적과 기적을 베푸신 예수님에겐 권력과 힘에 대한 유혹이 끊임없이 다가왔지만 모든 시험을 말씀과 기도로 물리치셨다. 하나님의 사명을 받은 사람이 어떻게 살아야 하며 다가오는 시험을 어떻게 물리쳐야 하는지 예수님의 말씀과 삶을 통해 배울 수 있는 것이다. 떡보다 말씀으로, 겸손과 하나님을 향한 찬양으로 우리를 찾아오는 사탄의 시험을 물리치자.

나를 따르라

"갈릴리 해변에 다니시다가 두 형제 곧 베드로라 하는 시몬과 그의 형제 안드레가 바다에 그물 던지는 것을 보시니 그들은 어부라 말씀하시되 나를 따라오라 내가 너희를 사람을 낚는 어부가 되게 하리라 하시니 그들이 곧 그물을 버려 두고 예수를 따르니라"(마태복음 4:18-20)

광야에 외치는 소리
주님이 외치시는 소리
회개하라 천국이 가까웠느니라

베드로야, 시몬아
주님을 따르는 모든 제자들아
세상에 나가 함께 외치라
회개하라 천국이 가까웠느니라

성령을 받고서 광야의 시험까지 물리치신 예수님은 드디어 복음을 전파하기 시작하셨다. 그러나 먼저 홀로 움직이지 않으시고 복음을 세상에 전파할 제자들을 구하셨다. 예수님이 뽑은 제자들은 모두 일이 있는 사람들이었으나 "따르라"는 말씀에 망설이지 않고 따랐다. 그리스도인들에게는 복음을 전파하는 일이 나의 일보다 더 우선이라는 뜻이 아닐까? 현실의 벽에 부딪혀 이와 같은 삶을 살기에는 쉽지 않겠지만 그래도 지금보다 더욱 뜨겁게 하나님의 말씀을, 그 말씀을 전하는 일을 사모하며 살아가자.

진정한 복

"의를 위하여 박해를 받은 자는 복이 있나니 천국이 그들의 것임이라 나로 말미암아 너희를 욕하
고 박해하고 거짓으로 너희를 거슬러 모든 악한 말을 할 때에는 너희에게 복이 있나니 기뻐하고
즐거워하라 하늘에서 너희의 상이 큼이라"(마태복음 5:10-12)

하나님이 주시는 복은
세상과 같지 않네

심령이 가난한 자가 복을 받으며
애통하는 자가 복을 받네

능력이 아닌 성품
재물이 아닌 믿음

하나님의 자녀가 되며
천국을 허락받는 진정한 복

　예수님의 가르침은 당시 사람들에게도 파격 그 자체였다. 사회의 윤리
를 넘어서는 참된 사랑의 가르침, 세상이 가르치는 방향과는 전혀 다른
진정한 복… 그 예수님의 말씀을 따라 살기를 원하며 삶을 본받기를 바
라는 우리, 2,000여 년 전 산에서 진정한 복을 가르치신 예수님의 말씀을
따르는 우리는 어떤 삶을 살아가고 있을까? 재물보다 긍휼을, 평안보다
주님을 위한 핍박을 바라며 진정한 복을 구하는 그리스도인으로 살아가
자.

소금과 빛

"너희는 세상의 소금이니 소금이 만일 그 맛을 잃으면 무엇으로 짜게 하리요 후에는 아무 쓸 데 없어 다만 밖에 버려져 사람에게 밟힐 뿐이니라 너희는 세상의 빛이라 산 위에 있는 동네가 숨겨지지 못할 것이요 사람이 등불을 켜서 말 아래에 두지 아니하고 등경 위에 두나니 이러므로 집 안 모든 사람에게 비치느니라"(마태복음 3:13-15)

너희는 소금
세상에 뿌려져
복음의 맛을 내라

너희는 빛
세상을 비추어
말씀을 나타내라

거룩한 빛으로
신령한 소금으로
세상을 살아가는 주의 제자가 되리라

성도의 신앙생활은 교회 안에서만 이루어지는 것이 아니라 세상과도 긴밀하게 연결되어 있다. 복음을 모르는 세상, 말씀을 모르는 시대에 진리를 보이고 전파할 사람은 이미 그것을 알고 있는 그리스도인밖에 없기 때문이다. 빛 되신 주님을 따름으로 세상의 빛이 되고 삶의 기쁨의 맛을 더하신 말씀을 세상에 전파하는 중요한 사명이 바로 나에게, 우리에게 있음을 한순간도 잊지 말아야 한다.

이렇게 기도하라

"너는 기도할 때에 네 골방에 들어가 문을 닫고 은밀한 중에 계신 네 아버지께 기도하라 은밀한 중에 보시는 네 아버지께서 갚으시리라 또 기도할 때에 이방인과 같이 중언부언하지 말라 그들은 말을 많이 하여야 들으실 줄 생각하느니라 그러므로 그들을 본받지 말라 구하기 전에 너희에게 있어야 할 것을 하나님 너희 아버지께서 아시느니라"(마태복음 6:6-8)

사람의 눈이 아닌
하나님을 향한 기도
그런 기도를 하게 하소서

사람이 듣기 좋은 말이 아닌
맘 속의 죄들을 꺼내 놓는 말
그런 기도를 하게 하소서

하나님을 높이며
이웃을 중보하는 기도
그런 기도를 드리게 하소서

그리스도인에게 기도는 기본이자 특권이다. 하나님과 언제든 대화를 할 수 있는 특권이 바로 기도라는 사실을 우리는 너무나 잊고 또 소홀히 여기며 살아가고 있다. 진정한 기도를 드리기 위해서는 사람이 있든 없든 주님께 나의 진실한 마음을 간절한 심령으로 꾸준히 드려야 한다. 기도 역시 예배이며 하나님만을 위한 것임을 기억하자. 기도를 통해 하나님께 나의 마음을 올려드리고 또한 주시는 뜻을 놓치지 말자.

염려를 버리라

"그러므로 내가 너희에게 이르노니 목숨을 위하여 무엇을 먹을까 무엇을 마실까 몸을 위하여 무엇을 입을까 염려하지 말라 목숨이 음식보다 중하지 아니하며 몸이 의복보다 중하지 아니하냐 공중의 새를 보라 심지도 않고 거두지도 않고 창고에 모아들이지도 아니하되 너희 하늘 아버지께서 기르시나니 너희는 이것들보다 귀하지 아니하냐"(마태복음 6:25-26)

하늘의 하나님
나의 아버지 되신 주
나의 모든 것을 알고 계시나

내가 입어야 할 것
내가 먹어야 할 것
내가 행해야 할 것

모든 것을 주님이 채우시니
다만 감사하라
무엇이든 염려하지 말라

하나님은 만물을 지으셨다. 길가의 작은 풀 한 포기도, 길가에 작은 참새 한 마리도 하나님이 보살피시고, 하나님의 섭리를 따라 살아가고 있다. 대자연에 만연한 하나님의 손길을 통해 우리 삶에도 더욱 넘치는 은혜가 임할 것을 우리는 깨달아야 한다. 나를 사랑하시고 나에게 복을 주며 사용하기를 원하시는 주님의 마음을 깨닫고 염려보다 감사로 하나님을 믿고 따르자.

믿음으로 구하라

"너희가 악한 자라도 좋은 것으로 자식에게 줄 줄 알거든 하물며 하늘에 계신 너희 아버지께서 구하는 자에게 좋은 것으로 주시지 않겠느냐 그러므로 무엇이든지 남에게 대접을 받고자 하는 대로 너희도 남을 대접하라 이것이 율법이요 선지자니라"(마태복음 7:11-12)

하늘의 아버지
나에게 항상 좋은 것을 주시네

구하는 것을 아시고
바라는 것을 아시니

나의 간구를
온전히 응답하시네

무엇이든 바라는 대로 들어주는 소원함이 있다고 생각해보자. 하루에도 몇 번씩 소원을 적어 응답을 받을 것이다. 마찬가지로 하나님께서 나의 기도를 응답해주신다는 믿음이 있다면 지금처럼 소홀히 기도하지 않을 것이다. 하나님과의 기도는 하나님을 신뢰한다는 증표이며 하나님이 나의 모든 것을 채워주실 능력있는 주님이시라는 신앙의 고백이기도 하다. 좋은 것으로 채워주시는 하나님을 믿으며 그런 믿음으로 기도하는 신앙인이 되자.

좁은 문

"좁은 문으로 들어가라 멸망으로 인도하는 문은 크고 그 길이 넓어 그리로 들어가는 자가 많고 생명으로 인도하는 문은 좁고 길이 협착하여 찾는 자가 적음이라"(마태복음 7:13-14)

편한 길, 넓은 길
세상은 그 길을 따르라 하네
굽은 길, 좁은 길
주님은 이 길을 따르라 하시네

좁은 길은 생명의 문
넓은 길은 멸망의 문
눈 앞의 편의를 쫓지 말고
참된 생명을 따라 좁은 문으로 가세

신앙생활은 결코 쉬운 일이 아니다. 하나님의 말씀을 따라 살다 보면 하고 싶은 것도 참아야 할 때가 많으며, 결코 욕망대로 살 수 없기 때문이다. 하지만 욕망을 따라 사는 삶도 결코 자유로운 삶은 아니다. 즐거움을 쫓아 도박과 마약에 중독된 사람에게 자유가 있는가? 죄를 쫓고 탐하는 삶도 마찬가지다. 비록 좁아 보이지만 분명한 생명을 약속하신 하나님을 쫓아 좁은문으로 들어가자.

백부장의 믿음

"백부장이 대답하여 이르되 주여 내 집에 들어오심을 나는 감당하지 못하겠사오니 다만 말씀으로
만 하옵소서 그러면 내 하인이 낫겠사옵나이다 나도 남의 수하에 있는 사람이요 내 아래에도 군사
가 있으니 이더러 가라 하면 가고 저더러 오라 하면 오고 내 종더러 이것을 하라 하면 하나이다 예
수께서 들으시고 놀랍게 여겨 따르는 자들에게 이르시되 내가 진실로 너희에게 이르노니 이스라
엘 중 아무에게서도 이만한 믿음을 보지 못하였노라"(마태복음 8:8-10)

주님이 말씀하시면
그대로 이루어지리라
백부장의 믿음
주님이 살피셨네

다만 말씀으로만 하옵소서
말씀으로만 이루어지리라 믿습니다
예수님을 놀라게 했던
백부장의 놀라운 믿음

확실한 약속도 믿지 못해 공증을 하고 각서를 쓰는 세상이다. 하물며
아끼는 하인의 병을 고칠 능력이 있다는 믿기 힘든 소문을 들었을 때 백
부장처럼 말할 수 있는 사람은 몇 명이나 될까? 말로 사람을 부리는 권
위의 힘이 뭔지 알았던 백부장은 예수님이 만왕의 왕이라는 사실을 알았
던 것 아닐까? 예수님에게는 그 어떤 불가능도 없으시다. 예수님이 주신
약속과 말씀을 철석같이 믿고 살아가는 백부장의 믿음을 지닌 사람이 되
자.

예수님의 제자들

"예수께서 그의 열두 제자를 부르사 더러운 귀신을 쫓아내며 모든 병과 모든 약한 것을 고치는 권능을 주시니라 열두 사도의 이름은 이러하니 베드로라 하는 시몬을 비롯하여 그의 형제 안드레와 세베대의 아들 야고보와 그의 형제 요한"(마태복음 10:1-2)

그물을 버리고
좋은 직업을 버리고
주님을 위해 모인 제자들

하나님 말씀을 전하고
악한 것을 쫓아내고
병을 낫게 하는 은사를 받았네

하나님의 제자가 되어
세상에 하나님의 나라를 세우는
예수님의 제자가 되게 하소서

갈릴리에서 시작된 예수님의 사역은 베드로를 시작으로 요한, 가룟 유다까지 이르러 12명의 제자를 삼기에 이르렀다. 예수님은 하나님의 능력을 직접 목격하며 십자가의 구원을 체험한 제자들을 키우시는 것이 세상에 복음을 전하는 가장 빠른 길이라고 생각하신 것 같다. 하나님의 제자는 어떻게 살아야 하는가, 하나님의 제자에게는 어떤 능력이 있는가? 우리는 성경을 통해 배우고 또 제자로 살아가야 한다.

영접의 원리

"너희를 영접하는 자는 나를 영접하는 것이요 나를 영접하는 자는 나를 보내신 이를 영접하는 것
이니라 선지자의 이름으로 선지자를 영접하는 자는 선지자의 상을 받을 것이요 의인의 이름으로
의인을 영접하는 자는 의인의 상을 받을 것이요 또 누구든지 제자의 이름으로 이 작은 자 중 하나
에게 냉수 한 그릇이라도 주는 자는 내가 진실로 너희에게 이르노니 그 사람이 결단코 상을 잃지
아니하리라 하시니라"(마태복음 10:40-42)

작은 사람에게 베푸는 것을
주님은 잊지 않으시네

사람에게 거절당하는 호의도
주님은 잊지 않으시네

하나님의 사랑으로
사람에게 베풀며

거절당할지라도
선을 행하며 베푸는 자를

주님은 기억하시네
반드시 기억하시네

영접은 섬김으로 표현된다. 하나님을 영접한 사람들은 하나님을 섬기
며 헌신하는 삶을 사는 것처럼 이웃을 위해 노력하는 사람들은 이웃을
섬기게 된다. 예수님이 세상에 와서 본을 보이신 것도 사람들을 영접하
고 섬기는 일이셨다. 만왕의 왕이신 예수님의 본을 받아 살리라.

아버지께 맡기라

"수고하고 무거운 짐 진 자들아 다 내게로 오라 내가 너희를 쉬게 하리라 나는 마음이 온유하고 겸
손하니 나의 멍에를 메고 내게 배우라 그리하면 너희 마음이 쉼을 얻으리니 이는 내 멍에는 쉽고
내 짐은 가벼움이라 하시니라"(마태복음 11:28-30)

마음의 모든 짐
하루의 모든 근심
아버지께 맡겨라
주님이 들어주시리

모든 걱정을 맡아주시는
놀라운 자녀의 특권
주님의 멍에를 맬 때
주님이 나의 짐을 해결해주시네

삶이 즐겁고 재밌을 때보다 힘들고 어려울 때 하나님께로 돌아오는 사
람이 많다는 것은 참으로 아이러니한 일이다. 세상에서 진정한 안식을
찾을 수 있다고 생각하는 우리의 고집 때문일지 모르지만 그런 우리의
마음을 아시는지 예수님은 수고하고 무거운 짐을 진 우리의 모든 문제를
해결해주신다고 말씀하셨다. 세상의 즐거움 속에서 진정한 기쁨을 찾지
못한 사람들, 죄의 문제를 해결하지 못하는 사람들, 어떤 인생의 문제를
가진 사람들도 주님 앞에 나아오면 주님이 모두 해결해주신다.

말씀을 맺으라

"제자들이 예수께 나아와 이르되 어찌하여 그들에게 비유로 말씀하시나이까 대답하여 이르시되
천국의 비밀을 아는 것이 너희에게는 허락되었으나 그들에게는 아니되었나니 무릇 있는 자는 받
아 넉넉하게 되되 없는 자는 그 있는 것도 빼앗기리라"(마태복음 13:10-12)

하나님의 말씀을
마음에 받으라
말씀의 씨앗을
마귀에게 빼앗기지 말고

삶으로 심어
삼십 배,
육십 배,
백 배의 결실을 맺게 하소서

　하늘나라의 놀라운 비밀을 예수님은 쉽게 비유로 말씀하셨다. 하늘나라에 속하는 사람은 말씀이 어떤 상황에서도 삶으로 피어나는 사람이 아닐까? 물론 현실은 우리의 생각만큼 호락호락하지 않지만 하나님의 말씀을 마음에 지키며 노력할 때 부족한 나의 삶을 통해서도 주님은 여러 배의 결실을 맺게 하신다. 그런 믿음이 있기에 예배를 한 번이라도 더 드리고, 기도를 1분이라도 더 하며, 말씀을 한 절이라도 더 묵상하며 살아가고 있다. 주님, 이 부족한 삶을 통해 작은 열매라도 맺게 하소서.

오병이어

"예수께서 이르시되 갈 것 없다 너희가 먹을 것을 주라 제자들이 이르되 여기 우리에게 있는 것은 떡 다섯 개와 물고기 두 마리뿐이니이다 이르시되 그것을 내게 가져오라 하시고 무리를 명하여 잔디 위에 앉히시고 떡 다섯 개와 물고기 두 마리를 가지사 하늘을 우러러 축사하시고 떡을 떼어 제자들에게 주시매 제자들이 무리에게 주니 다 배불리 먹고 남은 조각을 열두 바구니에 차게 거두었으며 먹은 사람은 여자와 어린이 외에 오천 명이나 되었더라"(마태복음 14:16-21)

한 아이의 작은 믿음
다섯 개의 떡
두 마리의 물고기
작은 손으로 주님께 드렸네

길 잃은 무리들을 보시고
아이의 믿음을 보신 예수님
기도로 오천 명을 먹이셨네
따르는 양을 돌보시는 사랑의 주님

물고기 다섯 마리와 보리떡 두 개는 예수님과 열두 제자가 먹기에도 적은 양이었다. 그러나 이 적은 음식을 보고도 예수님은 제자들에게 "너희가 먹을 것을 주라"고 말씀하신다. 하나님의 능력에는 제한이 없기 때문이다. 세상에서 그리스도인이 해야 할 일들을 바라볼 때 주님은 똑같이 말씀하고 계시지 않을까? "너희가 필요한 것을 주라." 나의 상황을 따지기보다 믿음을 따라 살아가는 삶이 되었으면 좋겠다.

살리는 믿음

"여자가 와서 예수께 절하며 이르되 주여 저를 도우소서 대답하여 이르시되 자녀의 떡을 취하여 개들에게 던짐이 마땅하지 아니하니라 여자가 이르되 주여 옳소이다마는 개들도 제 주인의 상에서 떨어지는 부스러기를 먹나이다 하니 이에 예수께서 대답하여 이르시되 여자여 네 믿음이 크도다 네 소원대로 되리라 하시니 그 때로부터 그의 딸이 나으니라"(마태복음 15:25-28)

예수님의 능력을
틀림없이 믿었던 여인
다윗의 후손 예수여
나를 불쌍히 여기소서
목소리 높여 외쳤네

사람들 앞의 수치보다
켜켜이 숨긴 자존심보다
딸의 안위가 더욱 중했네
누구보다 큰 믿음을 가진 여인
예수님의 칭찬을 들었네

　　예수님의 능력을 분명히 체험한 사람은 다람쥐 쳇바퀴 같은 신앙생활을 하지 않는다. 구하는 것을 주시고 모든 악한 권세에서 나를 지키고 새로운 생명을 주신 분에게 말로만 신앙생활을 할 수 있겠는가? 서원한 것을 지키지 않고 모른척할 수 있겠는가? 딸이 귀신 들린 여인의 간절하고 간절한 외침을 통해 주님은 우리가 어떻게 구하는 것이 진정한 믿음인지를 보여주시는 것은 아닐까? 세상의 잃은 양을 향한 간절함, 주신 소망을 구하는 기도의 간절함, 여인과 같은 간절함을 품는 신앙생활을 하자.

천국 열쇠를 받은 자

"시몬 베드로가 대답하여 이르되 주는 그리스도시요 살아 계신 하나님의 아들이시니이다 예수께서 대답하여 이르시되 바요나 시몬아 네가 복이 있도다 이를 네게 알게 한 이는 혈육이 아니요 하늘에 계신 내 아버지시니라 또 내가 네게 이르노니 너는 베드로라 내가 이 반석 위에 내 교회를 세우리니 음부의 권세가 이기지 못하리라"(마태복음 16:16-18)

주님을 주라고 고백하는 자
살아계신 하나님의 아들
그 놀라운 은혜를 받은 자
천국의 열쇠를 받으리라

살아계신 하나님
독생자 예수님을 믿고 섬기는 자
세상에 복음을 빛처럼 전하는 자
반석 위에 믿음을 세우리라

예수님이 누구인지 아는 사람, 예수님이 무엇을 하러 오셨는지 아는 사람, 그 사실을 당당하게 고백할 수 있는 사람. 베드로 같은 고백을 삶 가운데 당당히 할 수 있는 모습이 우리에겐 필요하다. 예수님의 공생애 기간을 함께 한 제자들조차 예수님이 무엇을 하러 오셨는지, 예수님이 어떤 분이지 단박에 대답하지 못했다. 예수님이 누구인지 알고, 그 사실을 당당히 전하는 사람에게 베드로와 같은 축복이 임할 것이다.

수난

"이 때로부터 예수 그리스도께서 자기가 예루살렘에 올라가 장로들과 대제사장들과 서기관들에게 많은 고난을 받고 죽임을 당하고 제삼일에 살아나야 할 것을 제자들에게 비로소 나타내시니 베드로가 예수를 붙들고 항변하여 이르되 주여 그리 마옵소서 이 일이 결코 7)주께 미치지 아니하리이다 예수께서 돌이키시며 베드로에게 이르시되 사탄아 내 뒤로 물러 가라 너는 나를 넘어지게 하는 자로다 네가 하나님의 일을 생각하지 아니하고 도리어 사람의 일을 생각하는도다 하시고"

(마태복음 16:21-23)

하나님의 아들이
십자가를 지려하네
피할 수 없는
십자가의 수난

하나님의 아들은
십자가를 져야만 하네
죄를 피할 수 없는
연약한 우리를 위해

예수님을 향한 최고의 고백을 한 베드로에게는 엄청난 축복이 임했다. 그러나 정작 독생자이신 예수님은 세상에서 누구보다 처참한 수난을 감당하셔야 했다. 세상에서 당하는 가장 큰 고난이라도 하나님의 나라와 영광을 위한 것이라면 축복이 아닐까? 사람의 생각과 능력으로는 당연히 이해하기 쉽지 않다. 혹은 이해하더라도 감당하기보다는 피하고 싶다. 그럼에도 그 일들을 감당하는 사람들이 나타날 때 이 세상에서 하나님의 복음이 점점 널리 전파되어 간다.

변화산의 기적

"엿새 후에 예수께서 베드로와 야고보와 그 형제 요한을 데리시고 따로 높은 산에 올라가셨더니 그들 앞에서 변형되사 그 얼굴이 해 같이 빛나며 옷이 빛과 같이 희어졌더라 그 때에 모세와 엘리 야가 예수와 더불어 말하는 것이 그들에게 보이거늘 베드로가 예수께 여쭈어 이르되 주여 우리가 여기 있는 것이 좋사오니 만일 주께서 원하시면 내가 여기서 초막 셋을 짓되 하나는 주님을 위하 여, 하나는 모세를 위하여, 하나는 엘리야를 위하여 하리이다"(마태복음 17:1-4)

언젠가 찾아올 그날의 영광
얼굴에 임하는 영광의 빛
성경에서 보던 능력의 선지자들

빛나는 천성에서
사랑하는 주님과
믿음의 거장들과

영원히 찬양할
놀라운 기적의 삶
거룩한 구원으로 내 삶에 이루소서

　　변화산에서의 영광을 체험한 제자들은 세상에 다시 돌아가고 싶어하지 않았다. 아마 그곳에서 맛본 즐거움은 천국에서의 삶과 비견되는 것이었다고 생각한다. 예수님 역시 세상에서의 수난을 피하고 싶어하셨지만 그럼에도 영광의 자리를 떠나 다시 세상으로 돌아가셨다. 그 일이 예수님이 감당하셔야 하는 일이었기 때문이다. 하나님의 은혜에 흠뻑 빠져 살다 보면 성전을 떠나고 싶지 않을 때가 있다. 그러나 받은 은혜를 동력으로 세상에 나가 사명을 위해 달려야 한다.

용서의 교훈

"그 때에 베드로가 나아와 이르되 주여 형제가 내게 죄를 범하면 몇 번이나 용서하여 주리이까 일곱 번까지 하오리이까 예수께서 이르시되 네게 이르노니 일곱 번뿐 아니라 일곱 번을 일흔 번까지라도 할지니라"(마태복음 18:21-22)

흉악한 죄인의
모든 죄를
주님이 용서하셨네

나를 살리신
주님의 큰 은혜
어찌 잊으랴

그 은혜 기억하며
나도 용서하며
더욱 용서하며 살리

　누군가의 죄를 몇 번이나 용서할 수 있을까? 아무리 생각을 해도 많아야 2,3번 정도가 한계인 것 같다. 그렇다면 예수님은 나의 죄를 얼마나 용서해주셨을까? 아마 셀 수도 없을 것이다. 그럼에도 예수님은 나를 사랑하시고 나를 향한 구원의 손을 거두지 않으신다. 이 사실을 알 때에 우리도 다른 사람을 동일한 모습으로 용서하게 될 수밖에 없지 않을까? 말씀을 따라 나의 한계에 다다를 때까지, 말씀을 따라 용서하고 또 용서하자.

하나님의 원리

"주인이 그 중의 한 사람에게 대답하여 이르되 친구여 내가 네게 잘못한 것이 없노라 네가 나와 한 데나리온의 약속을 하지 아니하였느냐 네 것이나 가지고 가라 나중 온 이 사람에게 너와 같이 주는 것이 내 뜻이니라 내 것을 가지고 내 뜻대로 할 것이 아니냐 내가 선하므로 네가 악하게 보느냐 이와 같이 나중 된 자로서 먼저 되고 먼저 된 자로서 나중 되리라"(마태복음 20:13-16)

늦게 온 일꾼도
끝에 온 일꾼도
주님이 주관하시네

하나님이 필요하신 일에
하나님이 필요한 사람을 부르고
은혜에 따라 값을 쳐주시네

실수가 없으신 하나님,
은혜가 넘치는 하나님,
하나님 부르심에 기뻐 순종하리

예수님의 말씀을 들을 때마다 정말로 세상의 방법과는 너무나도 다른 것이 하늘의 원리라는 것을 알게 된다. 만유의 주재이신 하나님만이 이런 말씀을 전할 수 있고, 이런 은혜를 베푸실 수 있다. 창조주이신 하나님과 독생자이신 예수님을 인정할 때 성경의 모든 이야기는 진리이자 해결책이 된다. 하나님의 주권을 모든 상황에서 인정하며 하나님이 바라시는 세상을 위해 기도하는 그리스도인이 되자.

슬기로운 삶

"미련한 자들이 슬기 있는 자들에게 이르되 우리 등불이 꺼져가니 너희 기름을 좀 나눠 달라 하거늘 슬기 있는 자들이 대답하여 이르되 우리와 너희가 쓰기에 다 부족할까 하노니 차라리 파는 자들에게 가서 너희 쓸 것을 사라 하니 그들이 사러 간 사이에 신랑이 오므로 준비하였던 자들은 함께 혼인 잔치에 들어가고 문은 닫힌지라"(마태복음 25:8-10)

그대는 기름을 가졌는가
세상의 마지막을 환히 비출
마음 속의 죄를 하얗게 태울
등에 붙일 기름을 가졌는가
주님이 오실 그날 찾아갈
구원의 길을 환하게 비출
성령의 기름을 그대는 가졌는가

구원은 준비된 자에게 주시는 하나님의 선물이다. 구원은 우리의 노력으로 받는 것이 아니기도 하지만 받을 준비조차 필요없는 것은 아니다. 내 삶의 문제를 해결하기 위한 하나님의 존재를 인정하며 유일한 방법인 예수 그리스도를 영접하고자 하는 고백이 필요한 것이다. 신앙생활을 하면서도 성령충만을 추구하지 않으면 등은 있으되 기름을 준비하지 못한 처녀와 같은 삶을 사는 것이다. 예수님이 다시 오시는 그날까지 등의 기름을 부지런히 관리하는 지혜로운 처녀가 되자.

향유

"한 여자가 매우 귀한 향유 한 옥합을 가지고 나아와서 식사하시는 예수의 머리에 부으니 제자들이 보고 분개하여 이르되 무슨 의도로 이것을 허비하느냐 이것을 비싼 값에 팔아 가난한 자들에게 줄 수 있었겠도다 하거늘 예수께서 아시고 그들에게 이르시되 너희가 어찌하여 이 여자를 괴롭게 하느냐 그가 내게 좋은 일을 하였느니라 가난한 자들은 항상 너희와 함께 있거니와 나는 항상 함께 있지 아니하리라 이 여자가 내 몸에 이 향유를 부은 것은 내 장례를 위하여 함이니라 내가 진실로 너희에게 이르노니 온 천하에 어디서든지 이 복음이 전파되는 곳에서는 이 여자가 행한 일도 말하여 그를 기억하리라 하시니라"(마태복음 26:7-13)

제자들도 몰랐던 주님의 큰 뜻
한 여인은 마음에 담았네

많은 것을 희생하며 준비한
귀한 향유 한 옥합
주님의 발 앞에 두었네

날 위해 오신 주님,
날 위해 죽으신 주님,
나의 가장 귀한 것을 드리리

하나님의 아들로 놀라운 기적을 이루시던 예수님이 십자가에 달려 죄인으로 돌아가실 것이라고는 그 누구도 생각지 못했을 것이다. 그러나 한 여인은 귀한 향유를 가지고 예수님의 장사하심을 준비했다. 옥합을 낭비한다고 화를 낸 제자들처럼 어쩌면 우리도 교회 안에서의 일들 가운데 지나치게 효율만을 따지고 있는 것은 아닐까? 무엇보다 중요한 것은 하나님의 말씀을 따라, 하나님을 기쁘시게 하는 삶을 살아가는 것이다.

베드로의 부인

"그 때에 예수께서 제자들에게 이르시되 오늘 밤에 너희가 다 나를 버리리라 기록된 바 내가 목자를 치리니 양의 떼가 흩어지리라 하였느니라 그러나 내가 살아난 후에 너희보다 먼저 갈릴리로 가리라 베드로가 대답하여 이르되 모두 주를 버릴지라도 나는 결코 버리지 않겠나이다 예수께서 이르시되 내가 진실로 네게 이르노니 오늘 밤 닭 울기 전에 네가 세 번 나를 부인하리라 베드로가 이르되 내가 주와 함께 죽을지언정 주를 부인하지 않겠나이다 하고 모든 제자도 그와 같이 말하니라"(마태복음 26:31-35)

주님을 주로 고백하며
그리스도로 믿었던 베드로도
주님을 부인했네
주님의 말씀이 그대로 이루어졌네

그럼에도 연약한 베드로에게
연약한 우리에게도
주님은 세상의 영혼들을 맡기셨네
주님의 말씀대로 이루어져야하리

　예수님의 공생애를 함께 했던 제자들은 엄청난 기적들, 진리의 말씀들을 목도했다. 오병이어의 기적을 보이시고, 죽은 자를 살리시고, 귀신을 쫓아내는 예수님을 보고 메시아로 인정하지 않을 수 없었을 것이다. 그런 모습을 통해 예수님을 절대로 부인하지 않겠다는 베드로의 자신감이 나왔을 테지만 그럼에도 부인할 제자들의 모습을 주님은 알고 계셨고 그럼에도 복음의 귀한 사역을 맡기셨다. 나는 너무나도 작고 연약하다. 하지만 주님은 그 사실을 아시며 그럼에도 하나님의 일을 감당하길 원하신다.

하나님의 뜻

"조금 나아가사 얼굴을 땅에 대시고 엎드려 기도하여 이르시되 내 아버지여 만일 할 만하시거든 이 잔을 내게서 지나가게 하옵소서 그러나 나의 원대로 마시옵고 아버지의 원대로 하옵소서 하시고 제자들에게 오사 그 자는 것을 보시고 베드로에게 말씀하시되 너희가 나와 함께 한 시간도 이렇게 깨어 있을 수 없더냐 시험에 들지 않게 깨어 기도하라 마음에는 원이로되 육신이 약하도다 하시고 다시 두 번째 나아가 기도하여 이르시되 내 아버지여 만일 내가 마시지 않고는 이 잔이 내게서 지나갈 수 없거든 아버지의 원대로 되기를 원하나이다 하시고"(마태복음 26:39-42)

다가온 십자가의 고난
하나님의 아들이 감내할 수 없는
인간이 만들어낸 최악의 형벌

죄가 없는 주님,
받을 이유도, 필요도 없는 주님
피하기를 간구했던 주님은
결국 십자가 고난의 길을 걸으셨네

오직 하나님의 거룩한 뜻
구원의 길을 이루기 위해

인간으로 세상에 오신 예수님은 우리와 같은 감정과 어려움을 겪기도 하셨던 것 같다. 예수님의 십자가 고난은 예수님이 세상에 오신 목적이셨지만 죄도 없고 흠도 없는 하나님의 아들이시기 때문에 감내해야 할 수치와 고통은 온 인류의 죄를 해결할 수 있을 정도로 컸을 것이다. 이 구절을 읽을 때마다 넘치는 하나님의 은혜로 마음이 채워진다. 더불어 나도 늘 깨어있어야겠다.

그리스도의 수난

"그 때에 예수께서 무리에게 말씀하시되 너희가 강도를 잡는 것 같이 칼과 몽치를 가지고 나를 잡으러 나왔느냐 내가 날마다 성전에 앉아 가르쳤으되 너희가 나를 잡지 아니하였도다 그러나 이렇게 된 것은 다 선지자들의 글을 이루려 함이니라 하시더라 이에 제자들이 다 예수를 버리고 도망하니라"(마태복음 26:55-56)

큰 뜻을 알지 못한
한 명의 배신자
그로 인해 시작된
그리스도의 수난

말씀을 이루기 위해
나를 구원하기 위해
당할 필요가 없는 고난을 당하신
나의 왕 예수

　가룟 유다의 배신으로 예수님의 수난이 시작된다. 많은 영광과 기적의 순간이 있었지만 모든 것은 예수님의 말씀대로, 결국은 하나님의 예언대로 이루어지고 있었다. 예수님을 사랑한다던 제자들도 모두 도망가고, 예수님의 이적들을 목격했던 백성들은 다 어디갔는가? 홀로 남은 외롭고 공허한 길이었지만 예수님은 한 마디의 불평도 없이 묵묵히 그 길을 걸어가셨다. 오로지 하나님의 영광을 위해! 사람을 보며, 자랑을 생각하며 하나님의 일을 하지 말고 오로지 주님의 영광만을 바라보며 맡겨주신 사명을 감당하자.

세 번의 부인

"베드로가 맹세하고 또 부인하여 이르되 나는 그 사람을 알지 못하노라 하더라 조금 후에 곁에 섰던 사람들이 나아와 베드로에게 이르되 너도 진실로 그 도당이라 네 말소리가 너를 표명한다 하거늘 그가 저주하며 맹세하여 이르되 나는 그 사람을 알지 못하노라 하니 곧 닭이 울더라 이에 베드로가 예수의 말씀에 닭 울기 전에 네가 세 번 나를 부인하리라 하심이 생각나서 밖에 나가서 심히 통곡하니라"(마태복음 26:72-75)

나는 그를 알지 못한다
절대 그를 알지 못한다
저주하노니
나는 절대로 그를 알지 못한다

주를 주라고 고백했던 베드로
주를 그리스도라고 고백했던 베드로
수제자였던 베드로의 안타까운 고백
그리고 어쩌면 우리의 고백

예수님을 믿고 말씀대로 살아가는 사람들이 그리스도인이다. 교회에서만 믿음을 고백하며 찬양하는 삶을 살아가는 것이 아니라 내 삶의 모든 영역이 예수님을 향한 믿음 가운데 있어야 한다. 예수님을 따라 다닐 때는 누구보다도 뜨겁게 믿음을 고백했던 베드로가 예수님을 떠나자 자기 목숨을 위해 바로 예수님을 부인한 것처럼 우리도 사회나 가정, 혹은 다른 영역에서는 신앙을 숨기고 복음을 전하지 못하는 반쪽짜리 그리스도인으로 살아가는 것은 아닌지 숙고해야 한다.

십자가

"그들이 예수를 십자가에 못 박은 후에 그 옷을 제비 뽑아 나누고 거기 앉아 지키더라 그 머리 위에 이는 유대인의 왕 예수라 쓴 죄패를 붙였더라 이 때에 예수와 함께 강도 둘이 십자가에 못 박히니 하나는 우편에, 하나는 좌편에 있더라"(마태복음 27:35-38)

온갖 조롱을 당하며
강도와 같이 십자가에 달리셨네

사랑하는 제자들은 모두 떠나고
영광을 목격한 이들은 아무도 없었네

서서히 끊어져가는 예수님의 숨
그 숨을 따라 구원이 이루어져가네

나를 위해 하나님의 아들이
십자가의 고난을 감내하셨네

　창세기 1장 1절을 통해 세상이 시작된 것처럼 십자가에서 예수님의 절규를 통해 인류의 구원이 완성됐다. 인류를 구원할 유일한 계획, 하나님의 마지막 방법이 예수님의 십자가 죽음을 통해 다 이루어졌다. 다 이루어졌다는 말은 단 하나의 부족함도 없다는 말이다. 나의 죄를 해결하기 위해, 구원을 주시기 위해 주님은 이미 모든 것을 다 이루셨다. 완전하신 하나님의 계획을 신뢰하며 모든 것을 주님께 더욱 넘치는 감사와 사랑으로 찬양과 경배를 드리자.

부활의 소망

"그 여자들이 무서움과 큰 기쁨으로 빨리 무덤을 떠나 제자들에게 알리려고 달음질할새 예수께서 그들을 만나 이르시되 평안하냐 하시거늘 여자들이 나아가 그 발을 붙잡고 경배하니 이에 예수께서 이르시되 무서워하지 말라 가서 내 형제들에게 갈릴리로 가라 하라 거기서 나를 보리라 하시니라"(마태복음 28:8-10)

모든 것을 이루신 주님
주님의 무덤을 여인들이 찾았네
그러나 마주한 것은
텅 비어있는 무덤뿐
주님 다시 사셨네

말씀대로 우리를 구원하시고
말씀대로 살아나신 예수님
말씀따라 전해야 하리
부활의 기쁜 소식을!

예수님의 부활은 도저히 믿을 수 없지만 분명히 일어난 사실이다. 예수님의 죽음과 부활이 거짓이라면 세상의 모든 것이 의미없는 헛된 일이다. 구원을 향한 분명한 믿음을 가지려면 나를 위한 예수님의 죽음과 부활하심을 완전히 믿어야 한다. 나는 그 사실을 분명히 믿음으로 신앙생활을 하고 있는가? 지금도 그 믿음이 흔들리지 않는가? 믿기지 않을 정도로 놀라운 나를 향한 주님의 계획을 굳건히 붙들자.

전하라, 전도하라

"예수께서 나아와 말씀하여 이르시되 하늘과 땅의 모든 권세를 내게 주셨으니 그러므로 너희는 가서 모든 민족을 제자로 삼아 아버지와 아들과 성령의 이름으로 세례를 베풀고 내가 너희에게 분부한 모든 것을 가르쳐 지키게 하라 볼지어다 내가 세상 끝날까지 너희와 항상 함께 있으리라 하시니라"(마태복음 28:18-20)

날 위해 죽으신
그리고 죽음에서 부활하신
구원자 그리스도
주님의 마지막 명령

전하라
전도하라
가서 제자를 삼으라
너희와 항상 함께 하리라

　　예수님은 하나님의 모든 말씀을 이루셨다. 예수님이 이루신 모든 일들은 바로 하나님의 영광을 위한 일들이었다. 하나님을 위한 영광의 삶이 어떤 것인지 몸소 보여주신 예수님을 따라 우리들도 말씀을 지키기 위해 최선을 다하는 삶을 살아가야 한다. 예수님이 자신의 제자들에게 하신 본문의 말씀을 우리의 마음에 새기고 단 하루라도 이 사명에서 떨어져 살아서는 안 된다. 예수님의 죽음과 부활이라는 기쁜 소식을 전하는 것이 제자들의 최고의 사명임을 잊지 말자.

주님이 오신 이유

"그의 집에 앉아 잡수실 때에 많은 세리와 죄인들이 예수와 그의 제자들과 함께 앉았으니 이는 그러한 사람들이 많이 있어서 예수를 따름이러라 바리새인의 서기관들이 예수께서 죄인 및 세리들과 함께 잡수시는 것을 보고 그의 제자들에게 이르되 어찌하여 세리 및 죄인들과 함께 먹는가"

(마가복음 2:15-16)

예수님이 세상에 오신 이유
죄인을 구원하기 위해
죄인인 우리, 죄인인 바로 나
사람을 구원하기 위해 세상에 오셨네

사람에게 배척받고
세상에서 인정받지 못하는
약하고 작은 사람들,
바로 나같은 사람들을 위해
주님은 이 땅에 오셨네

　　예수님이 세상에 오셔야 하는 분명한 이유는 죄인들을 구원하기 위해서였다. 예수님은 우리가 죄인이라고 생각하는 세상 사람들과 나도 똑같은 죄인이라는 사실을 보여주셨지만 많은 사람들이 깨닫지 못했다. 내가 죄가 없다면 예수님이 필요하지 않았고, 예수님이 오시지 않았다면 지금도 우상을 섬기며 살았을 것이다. 죄인을 위해, 바로 나를 위해 이 땅에 오신 예수님을 믿고, 다른 사람을 비난하는 바리새인과 서기관 같은 사람이 되지 않도록 조심하자.

구원의 믿음

"예수의 소문을 듣고 무리 가운데 끼어 뒤로 와서 그의 옷에 손을 대니 이는 내가 그의 옷에만 손을 대어도 구원을 받으리라 생각함일러라 이에 그의 혈루 근원이 곧 마르매 병이 나은 줄을 몸에 깨달으니라"(마가복음 5:27-29)

사람이 고칠 수 없는 병
해결할 수 없는 세상의 고난
그러나 주님은 고치실 수 있다
생각한 여인의 믿음

그 믿음으로 만진
예수님의 옷자락
여인의 큰 믿음을 보고
주님은 병을 고쳐주셨네

기적의 유일한 재료는 믿음뿐이다. 그러나 믿음은 대상에 따라 다른 결과를 가져온다. 작은 병이면 의사와 약에 대한 믿음으로 병을 고칠 수 있지만 불치병이라면 어떤 믿음도 소용없다. 내가 하늘을 날 수 있다고 아무리 믿어도 그 믿음은 하늘을 날게 할 수 없다. 그러나 베드로는 물 위를 걸었다. 그럴 능력이 있는 예수님을 믿었기 때문이다. 하나님의 영광을 위해 살아가는 제자들에게 믿음을 따라 이루실 예수님의 능력을 기대하자.

달리다굼

"들어가서 그들에게 이르시되 너희가 어찌하여 떠들며 우느냐 이 아이가 죽은 것이 아니라 잔다 하시니 그들이 비웃더라 예수께서 그들을 다 내보내신 후에 아이의 부모와 또 자기와 함께 한 자들을 데리시고 아이 있는 곳에 들어가사 그 아이의 손을 잡고 이르시되 달리다굼 하시니 번역하면 곧 내가 네게 말하노니 소녀야 일어나라 하심이라 소녀가 곧 일어나서 걸으니 나이가 열두 살이라 사람들이 곧 크게 놀라고 놀라거늘"(마가복음 5:39-48)

두려워하지 말고 믿으라
주님은 모든 것을 가능케 하시네
고통에 빠진 사람도
마르지 않는 슬픔도
주님은 기쁨으로 변화시키시네

소녀는 죽은 것이 아니라 자니라
주님이 말씀하셨네
너희는 두려워말고 믿으라
주님이 모든 것을 이루시리라

인간의 삶과 죽음은 우리의 한계를 초월하는 불가항력이지만 만물의 창조주에게는 그저 잠시 잠을 자는 것과 같은 가벼운 일이다. 회당장은 세상을 떠난 사랑하는 딸이 다시 돌아올 수 없기에 슬퍼했지만 예수님은 생과 사를 초월하는 능력을 보여주셨다. 죽음이 정해진 세상에서 살아가는 일은 얼마나 슬프고 괴로울까? 그러나 두려워않고 믿을 때 주님은 새로운 생명을 주신다. 주님을 믿음으로 새로운 생명을 얻자. 주님을 전함으로 새로운 생명을 나누자.

에바다

"예수께서 그 사람을 따로 데리고 무리를 떠나사 손가락을 그의 양 귀에 넣고 침을 뱉어 그의 혀에 손을 대시며 하늘을 우러러 탄식하시며 그에게 이르시되 에바다 하시니 이는 열리라는 뜻이라 그의 귀가 열리고 혀가 맺힌 것이 곧 풀려 말이 분명하여졌더라"(마가복음 7:33-35)

귀가 닫힌 자
들리게 해주시리
입이 막힌 자
말하게 해주시리

주님께 간구할 때
능력의 손을 대주시리
에바다!
막힌 모든 것이 열릴지어다

예수님이 세상에서 만나주신 사람들은 누구보다 약하디 약하고 작고 작은 사람들이었다. 세상에서 아무런 희망을 찾지 못한 사람들을 고쳐주시고, 회복시켜주심으로 진정한 구원이 어디에 있는지 보여주신 것은 아닐까? 예수님을 만난 사람들은 예수님의 기적이 아닌 예수님의 말씀에 더 큰 감동을 받았고 구원을 받았다. 예수님의 능력을 통해 더 높은 차원의 하나님의 나라를 목격한 것이다. 수많은 그리스도인들이 오늘도 하나님의 능력을 구하고 저마다의 소원을 놓고 기도를 드린다. 나의 소원을 하나님이 모두 들어주신다 해도 더 높은 차원의 하나님 나라에 우리의 초점이 맞춰져 있어야 한다는 사실을 한시도 잊지 말자.

가장 큰 계명

"네가 계명을 아나니 살인하지 말라, 간음하지 말라, 도둑질하지 말라, 거짓 증언 하지 말라, 속여 빼앗지 말라, 네 부모를 공경하라 하였느니라 그가 여짜오되 선생님이여 이것은 내가 어려서부터 다 지켰나이다 예수께서 그를 보시고 사랑하사 이르시되 네게 아직도 한 가지 부족한 것이 있으니 가서 네게 있는 것을 다 팔아 가난한 자들에게 주라 그리하면 하늘에서 보화가 네게 있으리라 그리고 와서 나를 따르라 하시니 그 사람은 재물이 많은 고로 이 말씀으로 인하여 슬픈 기색을 띠고 근심하며 가니라"(마가복음 10:19-22)

하나님이 주신 십계명을
소중히 지켜야 하네
계명을 지키는 자를
주님은 사랑하시네

그러나 더 중요한 계명을
주님이 우리에게 주셨네
하나님이 주신 것을 나누며
이웃을 내 몸과 같이 사랑하라

사람은 물질이 없으면 살아갈 수 없다. 그래서인지 사람들은 소유에 너무나도 많은 욕심을 낸다. 불법을 저지르고 남에게 상처를 주면서까지 손에 더 움켜쥐려고 살아가는 사람들… 그런 사람들이 말로만 믿음을 고백한다고 구원받을 수 있을까? 예수님이 우리에게 주시는 마지막 시험은 어쩌면 물질에 대한 시험일지도 모른다는 생각이 든다. 하나님께 즐거이 드리는 마음, 이웃을 위해 베푸는 사랑의 손길이 하나님을 사랑한다고 고백할 수 있는 우리의 최고의 표현이다.

광명의 외침

"나사렛 예수시란 말을 듣고 소리 질러 이르되 다윗의 자손 예수여 나를 불쌍히 여기소서 하거늘 많은 사람이 꾸짖어 잠잠하라 하되 그가 더욱 크게 소리 질러 이르되 다윗의 자손이여 나를 불쌍히 여기소서 하는지라 예수께서 머물러 서서 그를 부르라 하시니 그들이 그 맹인을 부르며 이르되 안심하고 일어나라 그가 너를 부르신다 하매 맹인이 겉옷을 내버리고 뛰어 일어나 예수께 나아오거늘 예수께서 말씀하여 이르시되 네게 무엇을 하여 주기를 원하느냐 맹인이 이르되 선생님이여 보기를 원하나이다 예수께서 이르시되 가라 네 믿음이 너를 구원하였느니라 하시니 그가 곧 보게 되어 예수를 길에서 따르니라"(마가복음 10:47-52)

나를 불쌍히 여기소서
다윗의 자손 예수여
태어난 빛을 본 적이 없는
나를 불쌍히 여기소서

보이지 않는 흐린 눈도
사람들의 꾸지람도
빛을 향한 열망을 막을 수 없었네

간절히 보기를 원했던
한 맹인의 외침
주님은 그에게 빛이 되어 주셨네

　예수님의 소문을 들은 사람은 어떤 사람이든 희망을 가졌다. 눈이 보이지 않는 사람도, 큰 병을 앓고 있는 사람도 심지어 죽은 사람을 살릴 수도 있다는 희망을 사람들은 가졌다. 삶의 끝에서 유일한 희망을 발견한 사람들은 앞에 어떤 장애물이 있다 하더라도 괘의치 않는다.

호산나

"나귀 새끼를 예수께로 끌고 와서 자기들의 겉옷을 그 위에 얹어 놓으매 예수께서 타시니 많은 사람들은 자기들의 겉옷을, 또 다른 이들은 들에서 벤 나뭇가지를 길에 펴며 앞에서 가고 뒤에서 따르는 자들이 소리 지르되 호산나 찬송하리로다 주의 이름으로 오시는 이여 찬송하리로다 오는 우리 조상 다윗의 나라여 가장 높은 곳에서 호산나 하더라"(마가복음 11: 7-10)

이스라엘을 구원하실 이
온 인류를 구원하실 이

메시아로 주가 오셨다
다 함께 목소리를 높여라

종려나무를 흔들고
만방의 백성들아 거리로 나아오라

호산나 호산나
주의 높으신 이름을 찬송하라

　왕의 모습으로 예루살렘에 입성하신 예수님은 십자가에 돌아가실 운명이셨다. 가장 놀라운 능력과 이적을 행하신 예수님, 왕으로 오신 예수님이 바로 나의 삶을 구원하시기에 십자가에 죽으셨다는 것을 말씀을 통해 우리는 절절히 느껴야 한다. 모든 사람들의 칭송을 받아야 했으나 나를 위해 죽음을 당하셨던 어린양 예수님을 이제 우리가 목소리 높여 찬양을 드려야 한다.

하나님 나라의 비밀

"예수께서 이르시되 너희가 성경도 하나님의 능력도 알지 못하므로 오해함이 아니냐 사람이 죽은 자 가운데서 살아날 때에는 장가도 아니 가고 시집도 아니 가고 하늘에 있는 천사들과 같으니라 죽은 자가 살아난다는 것을 말할진대 너희가 모세의 책 중 가시나무 떨기에 관한 글에 하나님께서 모세에게 이르시되 나는 아브라함의 하나님이요 이삭의 하나님이요 야곱의 하나님이로라 하신 말씀을 읽어보지 못하였느냐 하나님은 죽은 자의 하나님이 아니요 산 자의 하나님이시라 너희가 크게 오해하였도다 하시니라"(마가복음 12:24-27)

세상이 알 수 없는 비밀
천국의 비밀

세상과는 확실히 다른
구원받은 사람만 들어갈 수 있는 곳

슬픔도 고난도 없으며
빛나는 영광 가운데 거하는 곳

주님만을 찬양하며
영원한 기쁨 가운데 살아가는 그곳

주님을 통하지 않으면 갈 수 없는
찬란한 천국의 비밀

천국은 아무리 생각해봐도 인간의 지각과 생각으로는 온전히 이해할 수가 없다. 우리의 한계와 생각을 뛰어넘는 곳으로 우리를 인도해주실 예수님을 믿으며 구원의 말씀을 그날까지 꼭 붙들고 살아야겠다.

마리아의 노래

"능하신 이가 큰 일을 내게 행하셨으니 그 이름이 거룩하시며 긍휼하심이 두려워하는 자에게 대대로 이르는도다 그의 팔로 힘을 보이사 마음의 생각이 교만한 자들을 흩으셨고 권세 있는 자를 그 위에서 내리치셨으며 비천한 자를 높이셨고 주리는 자를 좋은 것으로 배불리셨으며 부자는 빈 손으로 보내셨도다"(누가복음 1:49-53)

비천한 자를 돌보시고
신음섞인 기도를 잊지 않으셨네

내 영혼아 주님을 찬양하라
내 영혼아 주님을 기뻐하라

주님을 믿고 따르는 자에게
놀랍고 큰 일을 행하셨네

내 영혼아 주님을 찬양하라
내 영혼아 주님을 기뻐하라

　　마리아와 요셉은 처녀 수태라는 기이한 일로 마음의 어려움을 겪었을 것이다. 이해할 수 없고, 믿기 힘들 일이었지만 그 일들이 일어나는 이유를 조금이라도 알았을 때 세상의 눈을 두려워 않고 전심으로 예수님의 태어나심을 찬양할 수 있었다. 세상의 눈치를 보지 않고 즐겁게 주님을 찬양했던 마리아처럼 하나님을 향한 사랑의 마음을 기쁘게 찬양으로 주님께 올려드리자.

사갸랴의 축복

"찬송하리로다 주 이스라엘의 하나님이여 그 백성을 돌보사 속량하시며 우리를 위하여 구원의 뿔을 그 종 다윗의 집에 일으키셨으니 이것은 주께서 예로부터 거룩한 선지자의 입으로 말씀하신 바와 같이 우리 원수에게서와 우리를 미워하는 모든 자의 손에서 구원하시는 일이라"

(누가복음 1:68-71)

하나님이 주신
놀라운 예언
구원자가 오실 것이다

아브라함에게 하신 약속
다윗의 후손을 통해
마침내 메시아가 오실 것이다

죄를 사하러 오시는 주
평강의 길로 인도할 목자
죽음에서 건지실 그리스도가 속히 오시리라

흑암 속에 고통받던 이스라엘 사람들에게 구세주의 탄생은 얼마나 기쁜 소식이었을까? 이 사실을 미리 알았던 사가랴의 예언은 그 어떤 찬양과 비교해도 손색이 없을만큼 은혜가 넘친다. 나같이 무력하고 미약한 사람에게도 이 놀라운 비밀을 허락하신 예수님의 사랑, 이보다 더 살아가며 기쁜 일을 누릴 수 있을까? 구원의 비밀을 알게 허락하신 은혜가 그 무엇보다 더 큰 축복임을 기억하며 살아가자.

원수를 향한 사랑

"그러나 너희 듣는 자에게 내가 이르노니 너희 원수를 사랑하며 너희를 미워하는 자를 선대하며
너희를 저주하는 자를 위하여 축복하며 너희를 모욕하는 자를 위하여 기도하라 너의 이 뺨을 치는
자에게 저 뺨도 돌려대며 네 겉옷을 빼앗는 자에게 속옷도 거절하지 말라"(누가복음 6:27-29)

주님을 따르며
주 음성에 귀를 기울이는 자들에게
주님은 말씀하셨네

원수를 사랑하라
미워하는 이를 선대하라
저주하는 이에게 축복을
모욕하는 자를 위해 기도하라

원수도 사랑하고
악에도 선으로 갚으라
이것이 주님이 주신 명령
진정한 축복을 받는 비결이라네

　원수를 사랑하는 일은 말처럼 쉬운 일이 아니다. 원수란 미워서 죽이
고 싶을 정도로 나에게 실수를 저지른 사람인데 그 사람을 용서하고 이
해하는 것도 모자라 사랑까지 할 수 있겠는가? 하지만 예수님은 우리에
게 그런 일들을 분명히 명령하셨다. 나의 모든 추악한 죄를 이미 용서하
신 그 은혜를 깨닫고 체험했기 때문이다. 사람이 미워지고, 사람이 싫어
질 때는 나에게 베푸신 하나님의 은혜를 생각하리라.

주님을 따르라

"예수께서 이르시되 여우도 굴이 있고 공중의 새도 집이 있으되 인자는 머리 둘 곳이 없도다 하시고 또 다른 사람에게 나를 따르라 하시니 그가 이르되 나로 먼저 가서 내 아버지를 장사하게 허락하옵소서 이르시되 죽은 자들로 자기의 죽은 자들을 장사하게 하고 너는 가서 하나님의 나라를 전파하라 하시고 또 다른 사람이 이르되 주여 내가 주를 따르겠나이다마는 나로 먼저 내 가족을 작별하게 허락하소서 예수께서 이르시되 손에 쟁기를 잡고 뒤를 돌아보는 자는 하나님의 나라에 합당하지 아니하니라 하시니라"(누가복음 9:58-62)

주님을 따르겠다
말하는 자는 많으나
모든 것을 두고도
주님을 따르는 자는 많지 않네

세상의 복락도
편안한 가정도
수많은 할 일도 버려두고
주님을 따르는 자가 진정한 제자네

예수님을 따르겠다고 말하면서도 세상의 일들을 걱정하는 사람, 그런 사람이 어떤 사람인지 예수님은 본문을 통해 말씀하셨다. 모든 것을 버려두고 주님을 따르겠다는 멋진 고백을 누구나 드릴 수는 있지만 예수님은 말이 아닌 행동을 바라고 계신다. 세상을 돌아보지 않고 모든 염려를 버리며 눈앞의 주님만을 따라 한 걸음씩 걸어가며 먼저 가신 예수님을 따르자. 먼저 가신 주님이 주시는 평안과 기쁨이 우리 삶에 충만히 임할 것이다.

이웃을 사랑하라

"어떤 율법교사가 일어나 예수를 시험하여 이르되 선생님 내가 무엇을 하여야 영생을 얻으리이까 예수께서 이르시되 율법에 무엇이라 기록되었으며 네가 어떻게 읽느냐 대답하여 이르되 네 마음을 다하며 목숨을 다하며 힘을 다하며 뜻을 다하여 주 너의 하나님을 사랑하고 또한 네 이웃을 네 자신 같이 사랑하라 하였나이다"(누가복음 10:25-27)

하나님을 따르고
예수님을 섬기는 사람에게
주시는 명령
이웃을 사랑하라

하나님을 사랑하면
이웃을 섬겨야 하네
수고를 사사로이 여기지 않고
가진 것을 아끼지 않으며
주님의 말씀을 따라 사랑하리

　하나님의 말씀대로 우리는 살아가고 있을까? 하나님의 말씀대로 우리는 사랑하고 있을까? 믿는 사람끼리도 반목을 하며, 믿지 않는 사람들과는 더더욱 감정의 골이 깊어지고 있는 시대가 바로 지금의 시대다. 지역에 따라 갈라져 싸우고, 계층에 따라 갈라져 싸우고, 화목하고 사랑하기보다는 서로가 서로에게 상처를 주며 사람들은 살아가고 있다. 이런 시대일수록 그리스도인들이 정신을 차리고 하나님의 말씀을 따라야 한다. 누가 진정한 이웃이며, 이웃을 어떻게 섬겨야 하는지 말씀이 가르치는 대로 세상 속에서 보여주는 성도가 되자.

잃어버린 한 영혼

"너희 중에 어떤 사람이 양 백 마리가 있는데 그 중의 하나를 잃으면 아흔아홉 마리를 들에 두고 그 잃은 것을 찾아내기까지 찾아다니지 아니하겠느냐 또 찾아낸즉 즐거워 어깨에 메고 집에 와서 그 벗과 이웃을 불러 모으고 말하되 나와 함께 즐기자 나의 잃은 양을 찾아내었노라 하리라 내가 너희에게 이르노니 이와 같이 죄인 한 사람이 회개하면 하늘에서는 회개할 것 없는 의인 아흔아홉으로 말미암아 기뻐하는 것보다 더하리라"(누가복음 15:4-7)

선한 목자이신 예수님은
잃어버린 한 영혼을 찾으시네
잃어버린 한 영혼이
주님이 세상에 오신 목적

잃어버린 한 영혼을 찾을 때
주님은 기뻐 잔치를 여시네
세상 무엇과도 비교할 수 없는
존귀한 한 영혼

　잃어버린 한 영혼을 주님이 얼마나 안타깝게 찾으시는지 이 비유를 통해 알 수 있다. 우리 생각에는 눈 앞의 99마리 양이 더 귀해보일 수 있다. 은연 중에 나도 그 99마리의 양이라고 생각하기 때문이다. 그러나 나 역시 잃어버린 한 마리의 양이었으며 주님이 그토록 간절히 찾으셨기 때문에 99마리의 양 가운데 속하게 됐다는 사실을 기억하자. 잃어버린 한 영혼을 통한 주님의 간절한 사랑이 바로 나를 살리고 우리를 살리셨다.

돌아온 아들

"아들이 이르되 아버지 내가 하늘과 아버지께 죄를 지었사오니 지금부터는 아버지의 아들이라 일컬음을 감당하지 못하겠나이다 하나 아버지는 종들에게 이르되 제일 좋은 옷을 내어다가 입히고 손에 가락지를 끼우고 발에 신을 신기라 그리고 살진 송아지를 끌어다가 잡으라 우리가 먹고 즐기자 이 내 아들은 죽었다가 다시 살아났으며 내가 잃었다가 다시 얻었노라 하니 그들이 즐거워하더라"(누가복음 15:21-24)

돌아오기만 하면
주님께 돌아오기만 하면
주님은 결코 내치지 않으시네
따스한 품으로 안아주시네

아들을 기다리며
아들을 포기하지 않으며
아들을 위해 잔치를 베푸시는
인자한 아버지가 주님이시네

　　죄를 인정하고 회개하며 돌아오는 사람을 주님은 결코 내치지 않으신다. 어떤 죄를 지은 사람이라도 주님을 믿을 때 구원받고 하나님의 자녀로 살아갈 수 있다. 그 이유는 무엇일까? 아버지는 집을 나갔다가 돌아온 아들을 죽었다가 살아 돌아온 아들이라고 말한다. 예수님을 믿지 않는 것은 집을 떠나는 것이 아니라 생명을 잃는 것이기 때문이다. 예수님을 믿지 않고 떠나는 모든 사람에게 심판은 피할 수 없는 형벌을 가져다준다. 죄의 결과인 죽음을 피할 방법은 사랑하는 아버지에게로 돌아오는 방법 밖에 없다.

부자와 나사로

"아브라함이 이르되 얘 너는 살았을 때에 좋은 것을 받았고 나사로는 고난을 받았으니 이것을 기억하라 이제 그는 여기서 위로를 받고 너는 괴로움을 받느니라 그뿐 아니라 너희와 우리 사이에 큰 구렁텅이가 놓여 있어 여기서 너희에게 건너가고자 하되 갈 수 없고 거기서 우리에게 건너올 수도 없게 하였느니라"(누가복음 16:25-26)

세상의 즐거움을 누린 자
세상에서 대접을 받은 자
세상의 권력을 누린 자라도
하나님의 심판은 피할 수 없네

세상에서 고통 속에 거한 자
세상에서 소외를 받은 자
그럼에도 하나님을 믿은 자
천국에서 영원한 기쁨을 누리리

　부자와 나사로의 비유는 부가 죄이고 가난이 선이라는 단순한 비유가 아니라 부유할지라도 하나님을 경외하지 않으면 심판을 받고, 가난할지라도 하나님을 경외하면 구원을 받는다는 기본적인 구원의 원리를 가르쳐주는 비유다. 하나님을 경외하는 사람은 부자라도 가난한 사람을 돌보고, 너무 가난해 불쌍한 사람이라 할지라도 하나님을 경외하지 않으면 심판을 받는다. 구원의 분명한 사실을 뒤늦게 깨달아 뜨거운 지옥에서 후회하지 말고 지금 주시는 하나님의 기회를 단단히 붙잡으며 감사하며 살아가자.

한 사람의 감사

"예수께서 대답하여 이르시되 열 사람이 다 깨끗함을 받지 아니하였느냐 그 아홉은 어디 있느냐 이 이방인 외에는 하나님께 영광을 돌리러 돌아온 자가 없느냐 하시고 그에게 이르시되 일어나 가라 네 믿음이 너를 구원하였느니라 하시더라"(누가복음 17:17-19)

구원을 베푸신 하나님
은혜를 베푸신 하나님
만왕의 구주께 감사할지어다

베푸신 감사를 잊지 않을 때
베푸신 은혜를 잊지 않을 때
감사함으로 주님께 영광을 드리네

나를 기억하시는 주님
나를 잊지 않으시는 주님
존귀한 주님께 언제나 감사드리리

　　예수님의 능력을 경험한 사람들은 대부분 주님을 따르는 제자가 됐다. 그러나 본문의 나병 환자들은 병이 낫자마자 9명이나 제 살길을 찾아 떠났고 감사를 드리러 돌아온 사람은 단 한 명뿐이었다. 그리고 이 한 명에게 예수님은 구원을 받았다고 말씀하셨다. 진정한 구원은 병의 고침이 아닌 구세주를 영접하고 믿는 것이기 때문이다. 하나님께 간절히 구하는 기도를 드릴 때도 나의 소유욕을 채우기 위한 것이 아니라 하나님의 영광을 위해서라는 가장 중요한 사실을 언제나 잊지 말아야 한다.

만나면 변하리라

"삭개오가 서서 주께 여짜오되 주여 보시옵소서 내 소유의 절반을 가난한 자들에게 주겠사오며 만일 누구의 것을 속여 빼앗은 일이 있으면 네 갑절이나 갚겠나이다 예수께서 이르시되 오늘 구원이 이 집에 이르렀으니 이 사람도 아브라함의 자손임이로다 인자가 온 것은 잃어버린 자를 찾아 구원하려 함이니라"(누가복음 19:8-10)

영혼을 살리는 구원자
마음의 연약함을 아시는 주
주님을 만나면 그대도 변하리라

남의 재물을 탐했던 자
그러기 위해 성공했던 자
주님을 만나자 그들도 변했다네

어둠 가운데 거하던 영을
밝은 곳으로 이끄시는 분
그분을 만나면 모두가 변해가리

　삭개오는 마음의 공허함을 채우기 위해 악착같이 돈을 모았을 것이다. 그러나 돈으로도 그 공허함을 채울 수가 없었다. 그렇기에 돈이 생길 일도 없는데 굳이 예수님을 만나러 찾아왔고 뽕나무에 올라가면서까지 보려고 했던 것이다. 돈이 많은 사람도, 외모가 못난 사람도, 능력이 출중한 사람도 결국은 모두 예수님이 필요하다. 그 사실을 인정할 때 예비하신 풍성한 은혜를 누구나 누리게 된다.

과부의 헌금

"예수께서 눈을 들어 부자들이 헌금함에 헌금 넣는 것을 보시고 또 어떤 가난한 과부가 두 렙돈 넣는 것을 보시고 이르시되 내가 참으로 너희에게 말하노니 이 가난한 과부가 다른 모든 사람보다 많이 넣었도다 저들은 그 풍족한 중에서 헌금을 넣었거니와 이 과부는 그 가난한 중에서 자기가 가지고 있는 생활비 전부를 넣었느니라 하시니라"(누가복음 21:1-4)

거룩하신 그리스도
만왕의 왕 예수께
나의 작은 손을 드립니다

작은 정성이지만
나의 전부를 드리오니
주여, 기쁘게 받아주소서

빈곤 중에도 풍요 중에도
주님께 나의 모든 것을
드리길 원합니다

하나님께 돈을 드리는 것은 신앙고백의 표현이자 나를 위한 것이지 하나님을 위한 것이 아니다. 하나님이 무엇이 부족해 우리의 돈을 필요로 하시겠는가? 그러므로 헌금은 세상의 물질보다 주님을 더욱 사랑한다는 마음의 표현인 것이지 액수로 자랑삼을 목적이 돼서는 결코 안된다. 빽빽한 헌금봉투를 헌금함에 넣으며 나 역시 그럴싸한 착각에 빠질 때가 많았지만 헌금의 본질이 무엇인지를 깨닫는다면 많은 액수보다 정결한 마음으로 드리기 위해 더욱 신경 써야 한다.

새로운 언약

"내가 너희에게 이르노니 내가 이제부터 하나님의 나라가 임할 때까지 포도나무에서 난 것을 다시 마시지 아니하리라 하시고 또 떡을 가져 감사 기도 하시고 떼어 그들에게 주시며 이르시되 이것은 너희를 위하여 주는 내 몸이라 너희가 이를 행하여 나를 기념하라 하시고 저녁 먹은 후에 잔도 그와 같이 하여 이르시되 이 잔은 내 피로 세우는 새 언약이니 곧 너희를 위하여 붓는 것이라"

(누가복음 22:18-20)

새로운 나라를 세우며
구원을 이루기 위해
새로운 언약을 세우나니

나의 살을 먹고
나의 피를 먹으며
나를 기억하고
나를 기념하라

주님의 희생으로 세우신
새로운 언약을 믿으라

예수님은 죽음을 목전에 두시고 제자들과 최후의 만찬을 하셨다. 만찬을 통해 예수님은 이 땅에 오신 이유가 무엇인지를 성찬 의식으로 제자들에게 알리셨다. 예수님으로 인해 임하게 된 하나님 나라, 구원의 은혜를 성찬을 통해 기억하며 제자들이 복음을 전하는 일에 전념하기를 바라셨던 것이 아닐까? 교회에서 드리는 성찬을 단순한 의식으로 생각하기보다는 예수님의 숭고한 희생과 새로운 언약을 기억하는 마음가짐으로 거룩히 드리도록 노력해야겠다.

구원받은 강도

"하나는 그 사람을 꾸짖어 이르되 네가 동일한 정죄를 받고서도 하나님을 두려워하지 아니하느냐 우리는 우리가 행한 일에 상당한 보응을 받는 것이니 이에 당연하거니와 이 사람이 행한 것은 옳지 않은 것이 없느니라 하고 이르되 예수여 당신의 나라에 임하실 때에 나를 기억하소서 하니 예수께서 이르시되 내가 진실로 네게 이르노니 오늘 네가 나와 함께 낙원에 있으리라 하시니라"

(누가복음 23:40-43)

흠 없는 어린양
구원자 그리스도
나를 위해 십자가에 달리셨네

구원자를 외면한 사람들
십자가의 강도까지 조롱하네
그러나 믿는 자는 구원을 얻으리

하나님을 두려워하며
십자가에 달리신 예수님을 믿는 자
그 누구든 구원을 얻으리라

　사람은 누구나 죄인이다. 십자가에 달린 강도도 주변에서 구경하는 사람들도 거룩한 척 하는 종교인들도 결국은 죄로 인해 죽고 심판을 받게 된다. 그런 사람들, 그런 나를 위해 바로 하나님이 예수님을 보내주셨고, 예수님이 십자가에서 돌아가셨다. 그 예수님을 진정으로 믿을 때 한 편의 강도처럼 구원을 얻게 된다. 다른 사람보다 선하고 착한 사람이 아니라 죄를 인정하고 예수님을 찾는 사람에게 구원이 찾아옴을 기억하리라.

믿으라 부활의 주

"그들이 서로 말하되 길에서 우리에게 말씀하시고 우리에게 성경을 풀어 주실 때에 우리 속에서
마음이 뜨겁지 아니하더냐 하고 곧 그 때로 일어나 예루살렘에 돌아가 보니 열한 제자 및 그들과
함께 한 자들이 모여 있어 말하기를 주께서 과연 살아나시고 시몬에게 보이셨다 하는지라 두 사람
도 길에서 된 일과 예수께서 떡을 떼심으로 자기들에게 알려지신 것을 말하더라"

(누가복음 24:32-35)

부활하신 주님을 만날 때
내 마음은 뜨거워졌네

날 위해 돌아가신 주님
날 위해 부활하셨네

부활하신 주님을 믿을 때
마음의 참된 평강이 있네

모든 의심을 던져버리고
부활의 주님을 믿고 따르리

　　놀라운 이적을 행하신 예수님이 돌아가시자 신기한 일들이 일어났다.
모든 것을 버리고 예수님을 따르던 제자들이 다시 일상으로 돌아간 것이
다. 오병이어의 기적, 죽은 자를 살리신 예수님을 따르던 제자들은 예수
님이 돌아가시자 다시 세상으로 돌아갔다. 제자들이 진정한 예수님의 제
자가 된 것은 부활하신 예수님을 목격하고 나서다. 그렇다. 예수님의 구
원은 십자가 죽음이 아닌 부활에서 진정으로 완성된 것이다. 나를 위해
죽으신 예수님, 그리고 나를 위해 다시 부활하신 예수님을 믿자.

말씀이 이루었다

"태초에 말씀이 계시니라 이 말씀이 하나님과 함께 계셨으니 이 말씀은 곧 하나님이시니라 그가
태초에 하나님과 함께 계셨고 만물이 그로 말미암아 지은 바 되었으니 지은 것이 하나도 그가 없
이는 된 것이 없느니라"(요한복음 1:1-3)

태초에 있었던
하나님의 말씀
그 말씀이 모든 것을 이루었네

말씀으로 지어진
세상의 모든 만물
모든 만물은 결국
하나님의 말씀으로 지어졌네

말씀으로 세상을 지으신 주님
생명의 빛을 나를 위해 보내주신 주님
그 빛을 통해 어둠을 쫓아내리

　태초에 하나님이 천지를 창조하셨다는 창세기 1장 1절과 요한복음은
맞닿아 있다. 하나님이 세상을 창조하셨기에 하나님이 세상을 구원하실
수 있다. 창조주의 도움을 받지 않고서 피조물이 스스로 해결할 수 있는
문제는 아무것도 없다. 피조물인 우리를 하나님의 자녀로 삼아주시고 구
원의 길을 열어주시는 하나님의 사랑을 무엇으로 표현할 수 있을까? 소
중한 권세를 주신 하나님께 부족한 나의 모든 삶을 드린다.

하나님의 때

"예수께서 그들에게 이르시되 항아리에 물을 채우라 하신즉 아귀까지 채우니 이제는 떠서 연회장에게 갖다 주라 하시매 갖다 주었더니 연회장은 물로 된 포도주를 맛보고도 어디서 났는지 알지 못하되 물 떠온 하인들은 알더라 연회장이 신랑을 불러 말하되 사람마다 먼저 좋은 포도주를 내고 취한 후에 낮은 것을 내거늘 그대는 지금까지 좋은 포도주를 두었도다 하니라 예수께서 이 첫 표적을 갈릴리 가나에서 행하여 그의 영광을 나타내시매 제자들이 그를 믿으니라"(요한복음 2:7-11)

하나님의 때에
예수님이 이루시리라
물이 포도주로 변하는 이적을

하나님의 때에
예수님이 이루시리라
모든 민족이 구원받는 은혜를

하나님의 때에
예수님이 이루시리니
무엇이든 말씀대로 따르라

　박사들의 경배를 받으며 극적인 탄생을 한 예수님이시지만 당시 시대상으로도 무슨 일을 하기엔 어찌보면 살짝 늦었다고 볼 수 있는 30살이 되실 때까지는 별다른 모습을 드러내지 않으셨다. 하나님의 때가 아직 임하지 않았기 때문이다. 예수님의 모든 삶, 모든 기적, 모든 말씀은 오로지 하나님의 때에 하나님의 영광을 드러내기 위한 것들이었다. 예수님의 말씀대로 행할 때 혼인 잔치가 더욱 풍성한 사실을 기억하며 살리라.

주님을 보내신 이유

"하나님이 세상을 이처럼 사랑하사 독생자를 주셨으니 이는 그를 믿는 자마다 멸망하지 않고 영생을 얻게 하려 하심이라 하나님이 그 아들을 세상에 보내신 것은 세상을 심판하려 하심이 아니요 그로 말미암아 세상이 구원을 받게 하려 하심이라 그를 믿는 자는 심판을 받지 아니하는 것이요 믿지 아니하는 자는 하나님의 독생자의 이름을 믿지 아니하므로 벌써 심판을 받은 것이니라"

(요한복음 3:16-18)

하나님이 우리를 창조하신 이유
그것은 사랑 때문에

하나님이 세상을 창조하신 이유
우리를 사랑하기 때문에

하나님이 주님을 보내신 이유
우리를 사랑하기 때문에

죄를 짓고 불순종해도
우리를 너무나 사랑하기 때문에

　하나님은 무엇 때문에 자기를 잊고, 배척하는 피조물들을 위해 아끼는 독생자를 보내주셨을까? 이 질문에 본문은 너무나 명확하게 대답하고 있다. 바로 사랑! 때문이다. 부족한 인간의 사랑도 때로는 이해할 수 없을 정도로 숭고하다. 조금의 사리사욕도 없이 오로지 사랑 때문에 다른 사람을 위해 평생을 바치고, 때로는 목숨을 버리기도 한다. 바로 그런 사랑 때문에 하나님은 우리를, 나를, 잃어버린 한 영혼을 결코 포기하실 수 없었던 것이다. 나를 위해 모든 것을 희생하신 하나님의 사랑을 믿자.

생명의 물

"예수께서 대답하여 이르시되 이 물을 마시는 자마다 다시 목마르려니와 내가 주는 물을 마시는 자는 영원히 목마르지 아니하리니 내가 주는 물은 그 속에서 영생하도록 솟아나는 샘물이 되리라 여자가 이르되 주여 그런 물을 내게 주사 목마르지도 않고 또 여기 물 길으러 오지도 않게 하옵소서"(요한복음 4:13-15)

갈급한 내 심령을
무엇으로도 채울 수 없네
세상이 주는 즐거움
세상의 기쁨들도
결코 해결할 수 없네

주님이 주시는
생명수 말씀만이
내 심령을 싱그러이 채우시네
무엇으로도 채울 수 없었던 마음을
주님께서 채워주셨네

　예수님을 믿는다는 것은 단순한 죽음 뒤의 영생을 보장하는 것이 아니다. 예수님을 믿을 때 내 삶의 문제, 고민, 모든 것이 변화하기 시작한다. 나의 모든 것을 아시는 주님이 나를 돌보시고 지켜주시고, 마르지 않는 샘물과 같은 은혜를 부어주시기 때문이다. 사마리아 여인의 모든 문제를 아시고 마르지 않는 생수를 주겠다고 말씀하신 주님은 삶의 문제로 고민하고 힘들어하는 우리에게도 같은 말씀을 전하고 계신다. 모든 것을 아시는 주님을 온전히 신뢰하는 신앙인이 되자.

베데스다의 기적

"예수께서 그 누운 것을 보시고 병이 벌써 오래된 줄 아시고 이르시되 네가 낫고자 하느냐 병자가 대답하되 주여 물이 움직일 때에 나를 못에 넣어 주는 사람이 없어 내가 가는 동안에 다른 사람이 먼저 내려가나이다 예수께서 이르시되 일어나 네 자리를 들고 걸어가라 하시니 그 사람이 곧 나아서 자리를 들고 걸어가니라"(요한복음 5:6-9)

예수님의 말씀을 따를 때
베데스다의 기적이 일어나네
움직이지 않는 몸이 풀리고
얼었던 마음이 녹아내리네

예수님이 구주이심을 믿을 때
베데스다의 기적이 일어나네
나의 모든 것을 아시는 주님
주님의 뜻대로 소원을 이루소서

　어떤 방법으로도 고칠 수 없는 병을 38년 동안 앓던 병자는 베데스다의 기적 밖에는 삶에 희망이 없었다. 그러나 그 희망은 38년이나 이루어지지 않았다. 어쩌면 베데스다의 기적은 이루어지지 않는 헛된 희망이라고 볼 수도 있었다. 38년 된 병자의 희망이 이루어진 것은 직접 찾아오신 예수님 때문이었다. 우리의 문제를 해결해주실 분이 누구인가? 그분이 예수님임을 믿고 예수님의 말씀을 따라 믿음으로 응답할 때 모든 문제가 즉각 해결될 것이라는 믿음을 갖자.

여인의 죄

"모세는 율법에 이러한 여자를 돌로 치라 명하였거니와 선생은 어떻게 말하겠나이까 그들이 이렇게 말함은 고발할 조건을 얻고자 하여 예수를 시험함이러라 예수께서 몸을 굽히사 손가락으로 땅에 쓰시니 그들이 묻기를 마지 아니하는지라 이에 일어나 이르시되 너희 중에 죄 없는 자가 먼저 돌로 치라 하시고"(요한복음 8:5-7)

사람들이 정죄한 여인
돌로 치려한 완악한 죄
그러나 나도 같은 죄인이네

율법을 어긴 여인
쏟아지는 사람들의 질타
그러나 나 또한 같은 죄인이네

그러나 나같은 죄인을
주님은 찾고 계시네
내 죄를 사하신 주님을
평생토록 따르리라

　수업에 같이 지각을 한 학생이 다른 지각생에게 뭐라고 할 수가 없듯이 같은 죄인인 우리들은 서로를 정죄할 수 없다. 죄에 대한 심판과 구원은 모두 하나님의 손에 달려있다. 다른 사람의 죄를 정죄하기 전에 스스로를 돌아보면 회개하는 삶, 죄로 고민하는 영혼들에게 구원이라는 기쁜 소식을 전하는 삶만이 그리스도인들이 추구해야 할 진정한 바른 자세가 아닐까? 나의 수많은 죄를 그저 믿음으로 사해주신 예수님의 사랑을 기억하므로 다른 사람을 정죄하는 실수를 저지르지 말자.

실로암

"때가 아직 낮이매 나를 보내신 이의 일을 우리가 하여야 하리라 밤이 오리니 그 때는 아무도 일할 수 없느니라 내가 세상에 있는 동안에는 세상의 빛이로라 이 말씀을 하시고 땅에 침을 뱉어 진흙을 이겨 그의 눈에 바르시고 이르시되 실로암 못에 가서 씻으라 하시니 (실로암은 번역하면 보냄을 받았다는 뜻이라) 이에 가서 씻고 밝은 눈으로 왔더라"(요한복음 9:4-7)

보내신 이의 뜻을 따를 때
내 눈이 밝게 되었네

하나님의 영광을 드러내야 할 때
내 눈을 밝혀주셨네

하나님의 일을 하라고
나를 보내주셨네

주님이 밝혀주신 눈으로
참된 진리와 복음을 알게 되었네

세상의 모든 것은 인과관계가 있다. 그래서 제자들은 눈이 보이지 않는 사람이 죄 때문이라고 생각했다. 그러나 예수님의 생각은 달랐다. 세상의 모든 것은 죄와 선행의 결과가 아니라 하나님의 영광을 위해서였기 때문이다. 예수님이 가르쳐주신 이 프레임으로 세상을 바라볼 때 그리스도인의 할 일도 달라진다. 정죄를 하며 불평과 불만이 가득한 삶이아니라 사명을 찾아 내가 해야 할 일을 위해 세상에 나아가는 삶이 돼야 한다. 주님을 만나 먼저 눈을 뜬 우리가 세상의 눈먼 사람들을 찾아가 눈을 뜨게 해야 한다.

부활과 생명의 주

"예수께서 이르시되 네 오라비가 다시 살아나리라 마르다가 이르되 마지막 날 부활 때에는 다시 살아날 줄을 내가 아나이다 예수께서 이르시되 나는 부활이요 생명이니 나를 믿는 자는 죽어도 살 겠고 무릇 살아서 나를 믿는 자는 영원히 죽지 아니하리니 이것을 네가 믿느냐 이르되 주여 그러 하외다 주는 그리스도시요 세상에 오시는 하나님의 아들이신 줄 내가 믿나이다"(요한복음 11:23-27)

죽은 자를 살리시는 예수
나를 위해 돌아가실
주 예수를 믿으라

죽음에서 부활하실 예수
나를 위해 부활하실
주 예수를 믿으라

영원히 살게 하실 예수
구원으로 영생을 주실
주 예수를 믿으라

예수님은 이미 자신의 사명이 무엇인지 알고 계셨기에 부활에 대해 미리 말씀하실 수 있었다. 죽음의 권세를 이길 수 있는 사람은 아무도 없기에 예수님의 이 말씀이 사실이라면 우리는 무조건 예수님을 창조주이자 하나님의 아들로 인정할 수밖에 없다. 부활이자 생명이신 예수님을 믿는가? 죽은 자를 살리신 능력의 예수님을 믿는다면 부활의 소망을 세상에 나가 전파해야 한다.

이와 같이 하라

"너희가 나를 선생이라 또는 주라 하니 너희 말이 옳도다 내가 그러하다 내가 주와 또는 선생이 되어 너희 발을 씻었으니 너희도 서로 발을 씻어 주는 것이 옳으니라 내가 너희에게 행한 것 같이 너희도 행하게 하려 하여 본을 보였노라"(요한복음 13:13-15)

귀하신 주님이
내 발을 씻겨주셨네
나도 이와 같이 하리

왕이신 주님이
나를 위해 희생하셨네
나도 이와 같이 하리

주님을 만난 제자들
주님을 위해 살았네
나도 이와 같이 하리

누구보다 높은 곳에 계셔야 할 예수님은 누구보다 낮은 자리에 오셔서 직접 본을 보임으로 가르치셨다. 아버지 학교에서 사랑하는 아내와 자녀들의 발을 씻겨주며 사랑을 고백하던 때가 있었는데 그때 예수님의 마음과 사랑이 조금이나마 이해가 되면서 멈출 수 없을 정도로 눈물이 흘렀던 기억이 있다. 세상 누구보다 낮은 자리에서 사람들을 섬기며 본을 보이셨던 예수님, 우리들이 그와 동일한 삶을 살아갈 때 세상 사람들은 우리를 통해 예수님의 모습을 보게 될 것이다.

길과 진리 그리고 생명

"도마가 이르되 주여 주께서 어디로 가시는지 우리가 알지 못하거늘 그 길을 어찌 알겠사옵나이까 예수께서 이르시되 내가 곧 길이요 진리요 생명이니 나로 말미암지 않고는 아버지께로 올 자가 없느니라 너희가 나를 알았더라면 내 아버지도 알았으리로다 이제부터는 너희가 그를 알았고 또 보았느니라"(요한복음 14:5-7)

길이 어디냐고 나는 묻지 않네
주님이 나의 길 되시네

진리가 무엇인지 나는 생각지 않네
주님이 나의 진리이시니

죽음의 뒤가 무엇이냐고
나는 궁금해하지 않네
주님이 나의 생명되시니

오직 예수 그리스도로 말미암아 구원을 얻는다. 이것은 결코 바뀔 수 없는 참이자 진리인 명제이다. 세상의 그 어떤 종교나 성인도 예수님같은 말과 삶을 살지 못했기 때문에 이 말씀은 예수님이 아니고서는 감히 할 수 없는 진리의 말씀이다. 하나님이 예수님을 세상에 보내주시지 않았다면 우리에게는 멸망뿐이다. 그런 우리에게 길을 보여주시고 진리를 알려주시고 생명을 구해주시기 위해 예수님을 보내주신 하나님의 큰 사랑에 감사를 드리자.

참 포도나무

"나는 참포도나무요 내 아버지는 농부라 무릇 내게 붙어 있어 열매를 맺지 아니하는 가지는 아버지께서 그것을 제거해 버리시고 무릇 열매를 맺는 가지는 더 열매를 맺게 하려 하여 그것을 깨끗하게 하시느니라 너희는 내가 일러준 말로 이미 깨끗하여졌으니 내 안에 거하라 나도 너희 안에 거하리라 가지가 포도나무에 붙어 있지 아니하면 스스로 열매를 맺을 수 없음 같이 너희도 내 안에 있지 아니하면 그러하리라"(요한복음 15:1-4)

선한 농부
풍성한 열매를 주시는
하나님 안에 거하라

세상에 많은 나무가 있지만
참 포도나무는 오직 주님 뿐이네

참된 열매를 맺게 하는
진정한 포도나무이신 주님
귀하신 주님 안에 거하라

　　예수님은 포도나무와 가지의 관계를 말씀하셨다. 나무에서 떨어진 가지는 그저 쓰레기일 뿐이다. 그러나 좋은 나무에서 뻗어나온 가지는 풍성한 열매를 맺는다. 농부이신 하나님이 바라는 열매를 맺기 위해선 포도나무이신 예수님에게 잘 붙어있어야 한다. 삶에서 풍성한 열매를 맺는 방법은 오직 그것뿐이다. 우리가 예수님을 떠나지 않고 거할 때 세상에서도 천국을 맛보지만 그렇지 않을 때는 말라 비틀어진 초라한 가지 같은 삶을 살게 된다. 생명과 풍성한 삶의 원천이신 예수님 안에 거하기를 간절히 소망한다.

주님을 확증하라

"도마에게 이르시되 네 손가락을 이리 내밀어 내 손을 보고 네 손을 내밀어 내 옆구리에 넣어 보라 그리하여 믿음 없는 자가 되지 말고 믿는 자가 되라 도마가 대답하여 이르되 나의 주님이시요 나의 하나님이시니이다 예수께서 이르시되 너는 나를 본 고로 믿느냐 보지 못하고 믿는 자들은 복되도다 하시니라"(요한복음 20:27-29)

나를 위해 돌아가신
나를 위해 부활하신
생명의 주님을 만져보라

그의 손에 난 못 자국과
비어있는 옆구리에
그대의 손을 넣어보라

부활하신 주님을 만나보라
믿음이 있는 자에게 믿음을
소망이 없는 자에게 소망을
부족함 없이 넘치도록 주시리라

　　하나님을 하나님으로 믿고, 예수님이 예수님이심을 아는 사람은 얼마나 복된 사람인가. 성령님의 인도하심을 따라 주님을 믿고 구원 받는 것보다 더 중요한 일은 없다. 세상 사람들은 돈, 우상, 사람 등 보이는 것을 믿지만 보이는 것이 세상의 전부는 아니다. 보이지 않는 것을 믿을 때 보이는 것보다 더 큰 세상을 볼 수 있다. 말씀으로 믿음을 확증할 분명한 증거를 주신 주님을 통해 다가올 하늘나라를 바라보자.

그물을 던지라

"이르시되 그물을 배 오른편에 던지라 그리하면 잡으리라 하시니 이에 던졌더니 물고기가 많아 그물을 들 수 없더라 예수께서 사랑하시는 그 제자가 베드로에게 이르되 주님이시라 하니 시몬 베드로가 벗고 있다가 주님이라 하는 말을 듣고 겉옷을 두른 후에 바다로 뛰어 내리더라 다른 제자들은 육지에서 거리가 불과 한 오십 칸쯤 되므로 작은 배를 타고 물고기 든 그물을 끌고 와서 육지에 올라보니 숯불이 있는데 그 위에 생선이 놓였고 떡도 있더라"(요한복음 21:6-9)

그대의 힘으로
바다에 나가보라
그대의 힘으로
그물을 던져보라

사람의 힘으로
아무리 노력해도
그물은 채울 수 없네

주님의 말씀으로
그물을 던질 때만
풍성히 채워지리라

　예수님을 그렇게 믿고 따르던 제자들도 예수님의 부활은 감히 가늠하지 못했다. 예수님은 그런 제자들을 찾아다니면서 말씀이 가진 힘을 일깨워주셨다. 말씀대로 부활하신 주님, 말씀대로 그물을 가득 채우신 주님, 그렇다면 주님의 말씀을 따라 삶을 살아가야 하지 않겠는가? 그래서인지 부활한 주님을 만난 제자들은 다시는 변절하지 않고 말씀대로 살다가 천국으로 향했다. 나도 부활하신 주님과 동행하리라.

성령을 구하라

"그들이 모였을 때에 예수께 여쭈어 이르되 주께서 이스라엘 나라를 회복하심이 이 때니이까 하니 이르시되 때와 시기는 아버지께서 자기의 권한에 두셨으니 너희가 알 바 아니요 오직 성령이 너희에게 임하시면 너희가 권능을 받고 예루살렘과 온 유대와 사마리아와 땅 끝까지 이르러 내 증인이 되리라 하시니라"(사도행전 1:6-8)

하나님의 나라를 위해
하나님의 일을 해야 할 때
오직 성령을 구해야 하네

생명의 복음을 전하기 위해
나 자신을 주님께 드리리
주여, 성령을 보내주소서

땅끝까지 이르러
주님의 복음을 전하리니
성령의 은혜를 허락하소서

부활하신 예수님은 하늘로 승천하시며 자신이 하나님의 아들이심을 분명히 보여주셨다. 예언대로 오시고 말씀대로 살다가 승천하신 주님, 그런 주님을 직접 경험한 제자들의 삶은 얼마나 놀라운 기쁨으로 가득했을까? 예수님이 세상에 오시지 않았다면 그저 그런 어부로, 의사로, 세리로 살아야 했던 사람들이 하나님의 일을 하는 사명자로 변화되었다. 예수님을 만나지 못했다면 나도 길가의 잡초처럼 세상의 한 자리를 지키다 떠나가는 하릴없는 인생이었을 것이다. 누구보다 놀라운 은혜를 허락하신 주님께 감사하며 오직 성령의 충만함을 구하며 살아가고 싶다.

구원을 받으리라

"이스라엘 사람들아 이 말을 들으라 너희도 아는 바와 같이 하나님께서 나사렛 예수로 큰 권능과 기사와 표적을 너희 가운데서 베푸사 너희 앞에서 그를 증언하셨느니라 그가 하나님께서 정하신 뜻과 미리 아신 대로 내준 바 되었거늘 너희가 법 없는 자들의 손을 빌려 못 박아 죽였으나 하나님 께서 그를 사망의 고통에서 풀어 살리셨으니 이는 그가 사망에 매여 있을 수 없었음이라"

(사도행전 2:22-24)

예수 그리스도를 믿으라
전심으로 회개하라
그리하면 구원을 얻으리라

패역한 세대를 떠나라
보내주신 빛을 믿으라
그리하면 성령이 임하리라

진리의 말씀을 따르라
기도하며 모이기를 힘쓰라
하나님의 표적이 임하리라

　　예수님의 부활하심을 목격한 제자들은 저마다 열심히 전도를 시작했고 예수님을 믿는 사람들이 늘어나면서 예수님이 원하시는 교회들이 생겨났다. 서로 교제하며 기도하기를 힘쓰고 가진 것을 통용하며 오로지 전도에 힘쓰는 진짜 교회 말이다. 시대는 달라도 교회의 본질은 변하지 않아야 한다. 사회를 위해 봉사하는 것도 좋고 다양한 프로그램도 필요하지만 가장 중요한 본질인 기도와 교제, 그리고 전도에 목숨을 거는 성도들이 교회에 있어야 한다.

주님께 돌아오라

"그들이 이 말을 듣고 마음에 찔려 베드로와 다른 사도들에게 물어 이르되 형제들아 우리가 어찌할꼬 하거늘 베드로가 이르되 너희가 회개하여 각각 예수 그리스도의 이름으로 세례를 받고 죄 사함을 받으라 그리하면 성령의 선물을 받으리니 이 약속은 너희와 너희 자녀와 모든 먼 데 사람 곧 주 우리 하나님이 얼마든지 부르시는 자들에게 하신 것이라 하고"(사도행전 2:37-79)

하나님의 사랑을
의심하지 말라
한량없이 큰 사랑을
너희는 의심하지 말라

주님을 못 박은 자도
수없이 부인한 자도
받아주는 큰 사랑을
의심하지 말고 돌아오라

예수님이 살아계셨을 때는 정작 박해를 했던 사람들이 베드로의 설교로 양심의 가책을 느꼈다. 자신들이 한 짓이 어떤 일인지 알았기에 그들은 안절부절했다. 가만히 있다니 죽게 생겼고, 그렇다고 박해한 예수님을 믿자니 염치가 없었기 때문이다. 이런 사람들에게 베드로는 자신있게 회개하라고 예수님을 믿으라고 선포했다. 하나님의 은혜와 사랑이 얼마나 큰지 어째서 예수님이 우리를 위해 희생하셨는지 알 수 있는 놀라운 말씀이다. 사람이 생각할 수 있는 사랑을 넘어선 놀라운 하나님의 사랑, 그 사랑이 바로 십자가의 사랑이다.

돌아올 수 없는 길

"스데반이 성령 충만하여 하늘을 우러러 주목하여 하나님의 영광과 및 예수께서 하나님 우편에 서
신 것을 보고 말하되 보라 하늘이 열리고 인자가 하나님 우편에 서신 것을 보노라 한 대 그들이 큰
소리를 지르며 귀를 막고 일제히 그에게 달려들어 성 밖으로 내치고 돌로 칠새 증인들이 옷을 벗
어 사울이라 하는 청년의 발 앞에 두니라 그들이 돌로 스데반을 치니 스데반이 부르짖어 이르되
주 예수여 내 영혼을 받으시옵소서 하고 무릎을 꿇고 크게 불러 이르되 주여 이 죄를 그들에게 돌
리지 마옵소서 이 말을 하고 자니라"(사도행전 7:55-60)

돌아올 기회가 있었네
우리 모두에게는

보내주신 하나님의 사람
귀를 막고 그의 말을 듣지 않았네

어찌하여 마음이 이리 완악한가
돌아올 수 없는 길을 가는 사람들아

끝까지 한 영혼을 기다리시는 주님
평강의 아버지께 속히 돌아오라

　　스데반은 성령의 충만함으로 공회에 있는 사람들에게 하나님의 나라
와 진리를 설파한다. 그러나 베드로의 때와는 정반대의 반응이 나왔다.
스데반의 말에 양심이 찔린 사람들은 귀를 막고 스데반을 죽이려 달려
들었다. 양심에 찔리고 죄가 느껴진다면 바로 회개하고 돌아와야 하거늘
다시는 돌아올 수 없는 길을 선택한 것이다. 이 말씀을 묵상할 때마다 순
교를 당하면서까지 용서하며 기도했던 스데반 집사님이 생각난다.

다메섹의 주님

"사울이 길을 가다가 다메섹에 가까이 이르더니 홀연히 하늘로부터 빛이 그를 둘러 비추는지라 땅에 엎드러져 들으매 소리가 있어 이르시되 사울아 사울아 네가 어찌하여 나를 박해하느냐 하시거늘 대답하되 주여 누구시니이까 이르시되 나는 네가 박해하는 예수라 너는 일어나 시내로 들어가라 네가 행할 것을 네게 이를 자가 있느니라 하시니"(사도행전 9:3-6)

다메섹의 그 길
박해의 그 길 가운데서
주님은 사울을 만나주셨네

인생의 언덕
고난의 그 길에 있을 때
주님은 나를 만나주신다네

잘못된 길을
바르게 인도해주시는
다메섹에 나타나신 영광의 주님

사도행전에는 계속해서 예수님을 만난 사람들과 반응에 대해서 나오고 있다. 예수님을 박해한 사람들도 회개하고 주님을 영접했을 때는 구원을 받고 위대한 사도로 쓰임을 받았다. 과거에 지은 잘못은 분명한 대가를 치루는 것이 많다. 하지만 과거에 사로잡혀서 미래를 포기하는 어리석은 사람이 돼서는 안 된다. 지금 내 인생의 가장 빛나는 순간에 하나님을 위해 더욱 헌신하고 노력하는 것이 잘못된 과거에서 돌아서는 가장 현명한 선택이다. 예수님을 만날 때 어두운 눈이 떠진다. 나 역시 소경처럼 아무것도 모르고 간 교회에서 하나님을 만나고 영적인 체험했다.

복음을 전하라

"사울이 다메섹에 있는 제자들과 함께 며칠 있을새 즉시로 각 회당에서 예수가 하나님의 아들이심을 전파하니 듣는 사람이 다 놀라 말하되 이 사람이 예루살렘에서 이 이름을 부르는 사람을 멸하려던 자가 아니냐 여기 온 것도 그들을 결박하여 대제사장들에게 끌어 가고자 함이 아니냐 하더라 사울은 힘을 더 얻어 예수를 그리스도라 증언하여 다메섹에 사는 유대인들을 당혹하게 하니라"

(사도행전 9:19-22)

암흑 속에서
빛이신 주님을 만났네
빛 가운데 거하니
이제 주님을 전하리

영광의 주님이
죽을 나를 살려주셨네
진리를 보이셨으니
나도 진리를 전하리

그리스도인을 박해했던 바울은 하나님을 만나자마자 180도 다른 사람이 됐다. 주님을 전하는 바울을 보고 모든 사람들이 의심했을 정도였다. 내가 바울처럼 그리스도인을 박해했던 사람이라면 아무리 기적처럼 주님을 만났다 해도 바로 복음을 전하는데 망설임이 있었을 것이다. 실제로 사람들은 바울이 소위 말하는 위장전도를 하는 것이 아니냐고 의심했다. 그러나 잘못 살아온 그동안의 인생을 참회하기 위해 바울은 전도하지 않고는 견딜 수가 없었던 것이다. 나에게는 이런 회심의 마음이 있는가? 전하지 않고 견딜 수 없는 뜨거운 열정이 있는가?

하나님이 바울에게 능력을 주시다

"홀연히 주의 사자가 나타나매 옥중에 광채가 빛나며 또 베드로의 옆구리를 쳐 깨워 이르되
급히 일어나라 하니 쇠사슬이 그 손에서 벗어지더라"(사도행전 12:7)

전능하신 하나님은
닫힌 문을 여시고
굳게 잠긴 옥을 여시네

간절한 기도를 들으시고
간구에 응답하시는 주님
갇혀 있는 자녀들을 풀어주시네

우리가 기도할 때
갇힌 자가 풀려나고
마음의 문이 열리는 기적이 생기리

성령충만한 제자들의 전도로 예수님을 믿는 사람들이 점점 늘어나자
헤롯은 제자들을 옥에 가두는 극단의 조치를 시행했다. 그러나 세상의
왕도 하나님을 막을 수는 없었다. 간절한 기도에 응답하신 주님은 천사
들을 시켜 옥 중의 베드로를 구출하셨다. 세상에서 누구보다 두려워할
분이 하나님이신지, 왜 모여서 기도하기에 힘써야 하는지, 기도할 때 어
떤 일이 일어나는지 이 말씀을 통해 우리는 깨달을 수 있다. 기도는 기적
의 씨앗이다. 어떤 문제도 해결할 수 있는 능력의 주님이 우리 뒤에 항상
계심을 잊지 말자.

구원이 임하리라

"바울이 크게 소리 질러 이르되 네 몸을 상하지 말라 우리가 다 여기 있노라 하니 간수가 등불을 달라고 하며 뛰어 들어가 무서워 떨며 바울과 실라 앞에 엎드리고 그들을 데리고 나가 이르되 선생들이여 내가 어떻게 하여야 구원을 받으리이까 하거늘 이르되 주 예수를 믿으라 그리하면 너와 네 집이 구원을 받으리라 하고 주의 말씀을 그 사람과 그 집에 있는 모든 사람에게 전하더라"

(사도행전 16:28-32)

천사를 부리시고
닫힌 옥문을 여는 주님
그분을 믿으면 구원이 임하리라

나를 구원하시고
나의 가족을 구원하실 메시야
주님을 믿음으로 구원을 받으라

기적을 행하시고
영원한 생명을 주시는 구원자
주님을 전함으로 구원을 받으리라

베드로에게 일어난 기적이 바울과 실라에게도 일어났다. 옥문이 열린 기적보다 더 중요한 것은 지키던 간수가 이 사건을 통해 구원을 받고 복음을 전하는 예수님의 제자가 됐다는 사실이다. 기적보다 중요한 것은 영혼의 구원이다. 내가 지금 예수님을 믿고 구원을 받았다는 사실이 내 인생에서 경험할 수 있는 최고의 기적이자 은혜가 아닐까? 나의 소원과 바람, 모든 것들이 하나님의 일에 쓰일 수 있기를 겸손한 마음으로 바란다.

기적이 일어나리

"바울이 회당에 들어가 석 달 동안 담대히 하나님 나라에 관하여 강론하며 권면하되 어떤 사람들은 마음이 굳어 순종하지 않고 무리 앞에서 이 도를 비방하거늘 바울이 그들을 떠나 제자들을 따로 세우고 두란노 서원에서 날마다 강론하니라 두 해 동안 이같이 하니 아시아에 사는 자는 유대인이나 헬라인이나 다 주의 말씀을 듣더라 하나님이 바울의 손으로 놀라운 능력을 행하게 하시니 심지어 사람들이 바울의 몸에서 손수건이나 앞치마를 가져다가 병든 사람에게 얹으면 그 병이 떠나고 악귀도 나가더라"(사도행전 19:8-12)

죄를 자복하고
세례를 받으라, 성령을 구하라
구세주 주님을 믿으면
기적이 일어나리

악한 것을 이기고
귀신을 내어 쫓는 권능
놀라운 그리스도의 이름
그 이름을 믿으면 기적이 일어나리

　　하나님을 박해하던 바울이 주님을 만나고 복음을 전하자 놀라운 일들이 일어났다. 그전에 율법을 지키며 살 때는 감히 상상도 할 수 없는 기적들이 주님의 말씀을 따라 살 때 일어났다. 지금도 우리가 바울처럼 하나님의 말씀을 지키며 신앙을 향한 열정을 가지면 놀라운 하나님의 역사가 일어나지 않을까? 사도 바울의 삶에 놀라운 능력을 부어주시던 예수님을 믿고 최선을 다해 주님을 따르자.

살아난 유두고

"유두고라 하는 청년이 창에 걸터 앉아 있다가 깊이 졸더니 바울이 강론하기를 더 오래 하매 졸음을 이기지 못하여 삼 층에서 떨어지거늘 일으켜보니 죽었는지라 바울이 내려가서 그 위에 엎드려 그 몸을 안고 말하되 떠들지 말라 생명이 그에게 있다 하고 올라가 떡을 떼어 먹고 오랫동안 곧 날이 새기까지 이야기하고 떠나니라 사람들이 살아난 청년을 데리고 가서 적지 않게 위로를 받았더라"(사도행전 20:9-12)

하나님을 믿으며
그 말씀을 듣기 원하는 자
그런 사람들을 주님은
결코 포기하지 않으시네

실족할 때 있을지라도
잠깐 슬픔에 빠질지라도
믿음으로 기도하는 사람들을
주님은 실족하게 하지 않으시네

밤낮으로 쉬지 않고 말씀을 전했던 바울, 그 자리에 있던 청년 중 한 명이 떨어져 죽는 큰 사고가 일어났다. 하나님을 믿고 따르는 사람들이 모인 곳에서도 때로는 피치 못할 사고들이 일어난다. 그러나 하나님은 그런 일들을 통해서도 하나님의 뜻을 보여주시고 더 큰 위로를 주신다. 교회에서 일어나는 안타까운 사건이나 사고들에 대해서 우리는 다만 더 기도하고 기도함으로 하나님의 뜻을 구해야 한다. 비판과 비난보다 기도와 위로가 진정한 사랑의 길임을 잊지 말자.

주는 복

"그러므로 여러분이 일깨어 내가 삼 년이나 밤낮 쉬지 않고 눈물로 각 사람을 훈계하던 것을 기억하라 지금 내가 여러분을 주와 및 그 은혜의 말씀에 부탁하노니 그 말씀이 여러분을 능히 든든히 세우사 거룩하게 하심을 입은 모든 자 가운데 기업이 있게 하시리라 내가 아무의 은이나 금이나 의복을 탐하지 아니하였고 여러분이 아는 바와 같이 이 손으로 나와 내 동행들이 쓰는 것을 충당하여 범사에 여러분에게 모본을 보여준 바와 같이 수고하여 약한 사람들을 돕고 또 주 예수께서 친히 말씀하신 바 주는 것이 받는 것보다 복이 있다 하심을 기억하여야 할지니라"

(사도행전 20:31-35)

미천한 나에게
거룩한 주님이 찾아오셨네
구원의 은혜를
넘치도록 주셨네

거저 주셨으니
나도 거저 나누리
복음을 전하는 일을
잃은 양떼를 찾아 떠나는 일을
결코 쉬지 않으리라

복음을 위해 노력하고 애쓰는 사람들이 많은 것을 희생하는 것은 사실이다. 그러나 정작 전하는 사람들은 오히려 그런 고생들이 기쁨이 된다고 고백하는 경우가 많다. 사도 바울의 고백처럼 주는 것이 받는 것보다 복이 되는데 우리가 누군가에게 줄 수 있는 최고의 것은 다름아닌 복음이기 때문이다. 나는 이 복음을 전하는 일을 정말로 기쁨으로 여기고 있는가, 아니면 마음의 부담감으로 피하고 싶은가?

생명과 바꿀지라도

"온 성이 소동하여 백성이 달려와 모여 바울을 잡아 성전 밖으로 끌고 나가니 문들이 곧 닫히더라 그들이 그를 죽이려 할 때에 온 예루살렘이 요란하다는 소문이 군대의 천부장에게 들리매 그가 급히 군인들과 백부장들을 거느리고 달려 내려가니 그들이 천부장과 군인들을 보고 바울 치기를 그 치는지라"(사도행전 21:30-32)

내 생명을 바칠지라도
모진 매를 맞을 지라도
이 영광과 바꾸지 않으리

머물 곳이 없어도
옥 중에 갇힐 지라도
넘치는 은혜를 포기하지 않으리

말할 힘이 없어도
더 걸을 수 없을지라도
복음을 전하는 사명을 멈추지 않으리

모든 사람들을 향한 예수님의 구원의 계획을 모르는 유대인들은 사도 바울을 끌어내 죽이려 했다. 바울을 비롯한 사도들의 행적을 보면 옥문이 열리는 놀라운 이적도 많았지만 매를 맞고 죽을 뻔한 적, 숱한 옥고를 겪은 적도 매우 많았다. 그럼에도 결코 포기하지 않았던 바울과 제자들, 설령 목숨이 걸려 있다 해도 포기하지 않았던 그들의 모습을 통해 사명자의 삶이 무엇인지 배운다.

부활을 증언하리

"바울이 그 중 일부는 사두개인이요 다른 일부는 바리새인인 줄 알고 공회에서 외쳐 이르되 여러분 형제들아 나는 바리새인이요 또 바리새인의 아들이라 죽은 자의 소망 곧 부활로 말미암아 내가 심문을 받노라 그 말을 한즉 바리새인과 사두개인 사이에 다툼이 생겨 무리가 나누어지니 이는 사두개인은 부활도 없고 천사도 없고 영도 없다 하고 바리새인은 다 있다 함이라 크게 떠들새 바리새인 편에서 몇 서기관이 일어나 다투어 이르되 우리가 이 사람을 보니 악한 것이 없도다 혹 영이나 혹 천사가 그에게 말하였으면 어찌 하겠느냐 하여 큰 분쟁이 생기니 천부장은 바울이 그들에게 찢겨질까 하여 군인을 명하여 내려가 무리 가운데서 빼앗아 가지고 영내로 들어가라 하니라"

(사도행전 23:6-10)

나를 위해 세상에 오신 주님
나를 위해 부활하신 주님
눈으로 보지 못해도
분명한 확신이 있네

내 마음에 찾아오신 주님
말씀에 확신을 주신 주님
놀라운 생명을 주신
부활의 주님을 온전히 전하리

　　말씀을 알고 하나님을 믿는 사람들 사이에서도 부활은 큰 영적 논란거리였다. 그만큼 죽은 사람이 다시 살아나는 일은 믿기 힘든 일이기 때문이다. 하지만 그렇기에, 부활하신 예수님이기에, 죄에서 우리를 구원하시고 영생을 주실 수 있는 것이다. 만물의 창조자가 아니고서야 어떻게 사망의 권세를 이길 수 있겠는가? 나를 위해 돌아가시고 다시 부활하신 분은 오직 주님뿐이시다. 그 주님을 믿는 것이 유일한 생명의 방법이다.

알렉산드리아 호

"여러 날 동안 해도 별도 보이지 아니하고 큰 풍랑이 그대로 있으매 구원의 여망마저 없어졌더라 여러 사람이 오래 먹지 못하였으매 바울이 가운데 서서 말하되 여러분이여 내 말을 듣고 그레데에서 떠나지 아니하여 이 타격과 손상을 면하였더라면 좋을 뻔하였느니라 내가 너희를 권하노니 이제는 안심하라 너희 중 아무도 생명에는 아무런 손상이 없겠고 오직 배뿐이리라 내가 속한 바 곧 내가 섬기는 하나님의 사자가 어제 밤에 내 곁에 서서 말하되 바울아 두려워하지 말라 네가 가이사 앞에 서야 하겠고 또 하나님께서 너와 함께 항해하는 자를 다 네게 주셨다 하였으니 그러므로 여러분이여 안심하라 나는 내게 말씀하신 그대로 되리라고 하나님을 믿노라"(사도행전 27:20-25)

풍랑이 몰아쳐도
거센 파도 날 덮쳐도
나는 가리라
나는 가야하네

배가 침몰해도
바다에 가라앉을지라도
나는 가야하네
주님이 말씀하신 그곳으로

　구약에서 하나님은 이사야에게 내가 너를 구속했으니 두려워말라고 말씀하셨다. 전능자이신 하나님이 나와 함께 하시는데 두려울 것이 무엇이 있겠는가? 바울에게도 이런 믿음이 있었던 것 같다. 하나님이 보내신 곳이기에 당장 눈앞에 풍랑이 몰아치고 목숨이 어떻게 될지 모르는 상황에서도 오히려 사람들을 안심시키고 하나님의 살아계심을 전했다. 하나님의 약속을 향한 분명한 신뢰가 있기에 가능한 메시지였다.

판단의 덫

"그러므로 남을 판단하는 사람아, 누구를 막론하고 네가 핑계하지 못할 것은 남을 판단하는 것으로 네가 너를 정죄함이니 판단하는 네가 같은 일을 행함이라 이런 일을 행하는 자에게 하나님의 심판이 진리대로 되는 줄 우리가 아노라 이런 일을 행하는 자를 판단하고도 같은 일을 행하는 사람아, 네가 하나님의 심판을 피할 줄로 생각하느냐"(로마서 2:1-3)

하나님의 사랑은
조건 없는 사랑이네
짐승같은 나도
사랑으로 덮으셨네

그 크신 사랑을
한량없는 은혜를
어떻게 갚아야 할까

이웃을 사랑할 때
섬기며 용서할 때
그 크신 사랑
만분지 일이라도 갚으리라

하나님을 믿고 구원받았다고 죄에서 떠나 사는 것은 아니다. 매일매일 우리는 열거하기 힘들 정도로 많은 죄를 짓고 있다. 그러나 하나님은 은혜와 사랑의 마음으로 모든 죄를 회개하기만 하면 용서해주신다. 그런 놀라운 사랑을 받으면서 은혜와 사랑을 나눠야 할 이웃들에게는 너무 각박하게 대하고 있지는 않을까? 하나님의 큰 사랑을 경험했으면서도 작은 잘못에 비판하고, 남의 실수를 즐거워하지 않으리라.

벗어나게 하소서

"기록된 바 의인은 없나니 하나도 없으며 깨닫는 자도 없고 하나님을 찾는 자도 없고 다 치우쳐 함께 무익하게 되고 선을 행하는 자는 없나니 하나도 없도다"(로마서 3:10-12)

하늘을 바라보며
말씀을 신뢰하나
아직도 죄 안에 있네

거룩하길 원하고
사명을 확신하나
죄에서 벗어날 수 없네

하나님을 말하며
죄를 짓는 나의 삶을
주님 구원하소서

모든 사람은 죄인이다. 죄의 삯은 사망이며, 사망은 곧 영원한 형벌이다. 이 죄의 문제를 벗어나지 못하고 죄인으로 영원한 형벌 가운데 살아갈 것인지, 생명의 주님을 믿고 택하신 족속으로 살아갈 것인지는 오로지 나의 선택 즉, 믿음에 달려 있다. 죽어가는 우리들의 죄를 해결해주기 위해 의와 평강을 주시기 위해 주님은 이 땅에 오셨고 모든 것을 주셨다. 끊임없는 죄와의 싸움을 승리로 이끄실 주님만을 믿고 따르자.

한 사람

"그러므로 한 사람으로 말미암아 죄가 세상에 들어오고 죄로 말미암아 사망이 들어왔나니 이와 같이 모든 사람이 죄를 지었으므로 사망이 모든 사람에게 이르렀느니라 죄가 율법 있기 전에도 세상에 있었으나 율법이 없었을 때에는 죄를 죄로 여기지 아니하였느니라 그러나 아담으로부터 모세까지 아담의 범죄와 같은 죄를 짓지 아니한 자들까지도 사망이 왕 노릇 하였나니 아담은 오실 자의 모형이라 그러나 이 은사는 그 범죄와 같지 아니하니 곧 한 사람의 범죄를 인하여 많은 사람이 죽었은즉 더욱 하나님의 은혜와 또한 한 사람 예수 그리스도의 은혜로 말미암은 선물은 많은 사람에게 넘쳤느니라"(로마서 5:12-15)

한 사람으로 들어온 죄
그 죄로 죽게 되었네

사랑하는 자녀를 구원하기 위해
사랑의 주님이 독생자를 보내셨네

한 사람으로 시작된 죄
그 죄를 해결할 유일한 구원자

그 이름 예수 그리스도
영원히 높임을 받을 존귀한 왕

역사에 가정은 필요없듯이 아담으로 인해 죄가 세상에 들어왔고 그 죄로 우리가 죽게 된 것은 이미 일어난 사실이다. 그리고 그 죄를 위해 예수님이 오셨고 믿음으로 구원받게 된 것도 분명한 사실이다. 날 위해 세상의 모든 것을 지으시고 구원의 길까지 예비하신 주님, 그 주님을 감히 외면하고 따르지 않을 수 있겠는가?

주가 말씀하시니

"그런즉 이 일에 대하여 우리가 무슨 말 하리요 만일 하나님이 우리를 위하시면 누가 우리를 대적하리요 자기 아들을 아끼지 아니하시고 우리 모든 사람을 위하여 내주신 이가 어찌 그 아들과 함께 모든 것을 우리에게 주시지 아니하겠느냐 누가 능히 하나님께서 택하신 자들을 고발하리요 의롭다 하신 이는 하나님이시니"(로마서 8:31-33)

주가 말씀하시니
누가 나를 대적하리요
주가 나를 위하시니
누가 나를 넘어트리리요

날 위해 독생자를 주셨으니
누가 이 사랑을 의심하리요
내 모든 죄 사해주셨으니
누가 나를 정죄하리요

하나님의 구원은 영원 전부터 계획됐으며 창조 이래로 하나님의 섭리에 따라 진행되고 있다. 그러므로 모든 구원과 은혜는 나의 능력과 노력이 아닌 하나님의 은혜로만 이루어졌고 받을 수 있는 것이다. 나 같은 죄인, 부족한 한 사람을 살리기 위해 모든 역사를 이루신 주님의 사랑은 얼마나 대단한지 때로는 가슴이 벅차 믿기 힘들 때가 있다. 믿을 은혜를 주신 하나님을 향해 감사와 찬양을 드리며 성령님의 인도하심을 따라 즐겁게 살아가는 삶을 구하며 살아가자.

용납의 기쁨

"믿음이 강한 우리는 마땅히 믿음이 약한 자의 약점을 담당하고 자기를 기쁘게 하지 아니할 것이라 우리 각 사람이 이웃을 기쁘게 하되 선을 이루고 덕을 세우도록 할지니라 그리스도께서도 자기를 기쁘게 하지 아니하셨나니 기록된 바 주를 비방하는 자들의 비방이 내게 미쳤나이다 함과 같으니라 무엇이든지 전에 기록된 바는 우리의 교훈을 위하여 기록된 것이니 우리로 하여금 인내로 또는 성경의 위로로 소망을 가지게 함이니라"(로마서 15:1-4)

부족한 나를
주님이 기쁘게 받으셨네
하나된 지체를
나도 기쁘게 섬겨야 하리

부족한 나를
주님이 사명자로 세우셨네
허락하신 동역자를
믿음으로 함께 세워야 하리

하나님이 우리에게 넘치는 은혜를 부어주신 이유는 무엇일까? 내가 본을 보였으니 비록 힘들고 어려워도 그 은혜를 안고 나누며 살아가라는 뜻이 아닐까? 하나님이 베푸신 은혜는 나를 위한 특권이 아니라 본이며 가르침이다. 내가 다른 사람의 부족함을 용납할 때 하나님도 나의 부족함을 용납해주신다. 사랑함으로, 용납함으로 하나님의 마음을 더 깨닫게 되기를 소망한다.

십자가의 도

"십자가의 도가 멸망하는 자들에게는 미련한 것이요 구원을 받는 우리에게는 하나님의 능력이라 기록된 바 내가 지혜 있는 자들의 지혜를 멸하고 총명한 자들의 총명을 폐하리라 하였으니 지혜 있는 자가 어디 있느냐 선비가 어디 있느냐 이 세대에 변론가가 어디 있느냐 하나님께서 이 세상의 지혜를 미련하게 하신 것이 아니냐 하나님의 지혜에 있어서는 이 세상이 자기 지혜로 하나님을 알지 못하므로 하나님께서 전도의 미련한 것으로 믿는 자들을 구원하시기를 기뻐하셨도다"

(고린도전서 1:18-21)

죄에서 구원으로
죽음에서 생명으로
무지에서 지혜로
사막에서 생명수로
반목을 연합으로
다툼을 용서로
약한 것을 강한 것으로

모든 부족함을 채우시는
놀라운 능력, 십자가

아무리 노력해도 얻을 수 없는 것이 있다. 사람의 지혜와 지각으로는 결코 이해할 수 없는 일들이 있다. 채워도 채워도 채워지지 않는 것이 사람의 욕심이자 부족함이다. 나를 향한 하나님의 사랑, 십자가의 능력과 진리를 알지 못하고는 결코 자유함을 얻을 수 없다. 예수님의 십자가가 없다면 나는 세상을 어떻게 살았을까? 아무 의미없이 표류하는 그 인생으로 다시는 돌아가고 싶지 않다. 십자가에 못 박혀 돌아가신 예수님을 나의 구주로 믿는 것이 놀라운 기쁨으로 가득한 삶을 살아가리라.

성찬

"내가 너희에게 전한 것은 주께 받은 것이니 곧 주 예수께서 잡히시던 밤에 떡을 가지사 축사하시고 떼어 이르시되 이것은 너희를 위하는 내 몸이니 이것을 행하여 나를 기념하라 하시고 식후에 또한 그와 같이 잔을 가지시고 이르시되 이 잔은 내 피로 세운 새 언약이니 이것을 행하여 마실 때마다 나를 기념하라 하셨으니 너희가 이 떡을 먹으며 이 잔을 마실 때마다 주의 죽으심을 그가 오실 때까지 전하는 것이니라"(고린도전서 11:23-26)

거룩한 떡으로
신령한 포도주로
나를 기억하라
주님이 명하셨네

날 위해 돌아가신 주
모든 피를 쏟으신 주
생명을 바치신
내 어찌 잊으랴

　절기마다 행하는 성만찬. 단순히 떡을 나누고, 잔을 마시는 이 행위에는 모든 인류를 구원하신 하나님의 큰 뜻이 서려있다. 날 위해 희생하신 주님을 기억하며, 날 위해 쏟으신 그 보혈을 잊지 않을 때 세상에서 어떻게 무엇을 위해 살아가야 하는지 마음을 다잡을 수 있다.

　우리가 천국에서 예수 그리스도와 같이 성만찬을 하게 될 것이다. '늘 주위에 함께 하는 이웃을 도우라'는 주님의 말씀을 성만찬을 통해 기억해야 한다. 예수님을 영접한 사람은 다른 사람도 예수님을 영접하게 복음을 전해야 하며 그 중심이 나눔과 사랑이라는 사실을 기억하자.

그 중에 사랑

"사랑은 오래 참고 사랑은 온유하며 시기하지 아니하며 사랑은 자랑하지 아니하며 교만하지 아니하며 무례히 행하지 아니하며 자기의 유익을 구하지 아니하며 성내지 아니하며 악한 것을 생각하지 아니하며 불의를 기뻐하지 아니하며 진리와 함께 기뻐하고 모든 것을 참으며 모든 것을 믿으며 모든 것을 바라며 모든 것을 견디느니라"(고린도전서 13:4-7)

죄인인 나를 기다리시는 이유
오직 사랑 때문에
넘어지고 쓰러져도
다시 일으켜 주시네
거대한 그 사랑 때문에

모든 것을 참으며
다시 돌아오기를 기다리시네
측량할 수 없는 그 사랑
주님의 놀라운 사랑을
어디 비할 데 있으랴

태초부터 지금까지, 그리고 영원까지 이어질 영원한 하나님의 사랑. 우리로선 상상조차 할 수 없는 놀라운 은혜가 아닐 수 없다. 내가 하나님을 의시하지 않는 한, 그 사랑에서 벗어나지 않는 한, 더 이상 사망의 권세는 나를 주장할 수 없다. 오직 하나님만을 위한 감사와 찬양, 믿음과 소망이 가득한 하늘나라를, 놀라운 그 사랑으로 인해 마음에 품을 수 있다. 행함으로 본을 보여주신 하나님의 그 사랑을 따라 나도 행함으로 본을 보이자.

부활의 영광

"어리석은 자여 네가 뿌리는 씨가 죽지 않으면 살아나지 못하겠고 또 네가 뿌리는 것은 장래의 형
체를 뿌리는 것이 아니요 다만 밀이나 다른 것의 알맹이 뿐이로되 하나님이 그 뜻대로 그에게 형
체를 주시되 각 종자에게 그 형체를 주시느니라 육체는 다 같은 육체가 아니니 하나는 사람의 육
체요 하나는 짐승의 육체요 하나는 새의 육체요 하나는 물고기의 육체라 하늘에 속한 형체도 있고
땅에 속한 형체도 있으나 하늘에 속한 것의 영광이 따로 있고 땅에 속한 것의 영광이 따로 있으니
해의 영광이 다르고 달의 영광이 다르며 별의 영광도 다른데 별과 별의 영광이 다르도다"

(고린도전서 15:36-41)

이생의 모든 것 부질 없어도
하늘의 소망을 품고
오늘도 나 살아가네

연약한 육체를 떠나
하늘의 옷을 입고
주님만을 찬양할 그날

부활의 영광이
온 세상에 가득할
주님이 다시 오실 그날

　　창조가 부인할 수 없는 사실이 듯이, 날 위해 오신 예수 그리스도가 분
명한 사실이 듯이 부활하신 예수님도 분명한 사실이며, 우리도 그 영광
을 따라 새로운 몸을 입게 될 것이다. 놀라운 사랑의 비밀을 깨달은 우리
는 이제 세상이 아닌 하늘나라에 속한 주님의 자녀이다. 놀라운 은혜와
놀라운 권세를 주신 주님을 향해 오늘도 감사와 찬양, 영광을 돌린다.

전해야 할 향기

"항상 우리를 그리스도 안에서 이기게 하시고 우리로 말미암아 각처에서 그리스도를 아는 냄새를 나타내시는 하나님께 감사하노라 우리는 구원 받는 자들에게나 망하는 자들에게나 하나님 앞에서 그리스도의 향기니 이 사람에게는 사망으로부터 사망에 이르는 냄새요 저 사람에게는 생명으로부터 생명에 이르는 냄새라 누가 이 일을 감당하리요 우리는 수많은 사람들처럼 하나님의 말씀을 혼잡하게 하지 아니하고 곧 순전함으로 하나님께 받은 것 같이 하나님 앞에서와 그리스도 안에서 말하노라"(고린도후서 2:14-17)

날 위해 흘리신
거룩한 그 보혈 나 믿었네
그 보혈로 썩어진 세상에서
새로운 생명을 나 얻었다네

영원한 생명수로
새로운 삶을 나 받았으니
싱그러운 은혜를 머금고
향긋한 그리스도의 향기로 살아가리

일상에서 퍼지는 은은한 꽃향기를 싫어할 사람은 한 명도 없을 것이다. 또 꽃의 향기는 지나가는 사람은 누구나 맡을 수 있다. 그래서 바울은 믿는 우리들이 세상 사람들에게나 같은 성도들에게나 그리스도의 향기라고 말한 것이다. 사람들이 좋든 싫든 부활하신 새소망 그리스도의 향기를 전하는 것, 그것이 모든 성도들의 사명이자 의무이다. 비록 부족하지만 내 주변의 한 사람, 한 가족, 만나는 모든 사람에게 그리스도의 향기를 전할 수 있는 은혜가 가득한 사람이 되기를 바란다.

새로운 삶

"그가 모든 사람을 대신하여 죽으심은 살아 있는 자들로 하여금 다시는 그들 자신을 위하여 살지 않고 오직 그들을 대신하여 죽었다가 다시 살아나신 이를 위하여 살게 하려 함이라 그러므로 우리가 이제부터는 어떤 사람도 육신을 따라 알지 아니하노라 비록 우리가 그리스도도 육신을 따라 알았으나 이제부터는 그같이 알지 아니하노라 그런즉 누구든지 그리스도 안에 있으면 새로운 피조물이라 이전 것은 지나갔으니 보라 새 것이 되었도다"(고린도후서 5:15-17)

아무것도 아닌 날 위해
당신의 독생자를 주셨네
십자가에 달리시고
생명을 주신 주님
모든 것을 희생해
나에게 새 삶을 주셨네

주님 안에서
나 이제 새 삶을 얻었네
죄로 물든 과거를 버리고
주님만을 따르며 살아가리

하나님은 그동안 지은 우리의 모든 최악의 죄에 책임을 묻지 않으셨다. 창조주인 자신의 책임으로 가장 귀한 독생자로 모든 죄를 해결해주셨다. 모든 죄인들을 다시 자녀로 삼아 생명에 거할 기회를 예수님을 통해 주신 것이다. 하나님의 이 놀라운 은혜를 거절하는 자에게는 어쩔 수 없는 심판이 임할 뿐이다. 화목하게 하여 주신 하나님의 은혜를 기억하며 다시 사람과 하나님을 화목하게 하는 그리스도의 제자이자 메신저로 새로운 삶을 살아가자.

유일한 자랑

"또 수고하며 애쓰고 여러 번 자지 못하고 주리며 목마르고 여러 번 굶고 춥고 헐벗었노라 이 외의 일은 고사하고 아직도 날마다 내 속에 눌리는 일이 있으니 곧 모든 교회를 위하여 염려하는 것이라 누가 약하면 내가 약하지 아니하며 누가 실족하게 되면 내가 애타지 아니하더냐 내가 부득불 자랑할진대 내가 약한 것을 자랑하리라"(고린도후서 11:27-30)

작은 노력과 헌신으로
주님을 섬기며 따랐네
그러나 이것들을 자랑할 수 없네
날 위해 모든 것을 주셨으니

나의 작은 것이 아닌
알량한 자존심이 아닌
오직 주의 은혜
오직 복음만을 자랑하기 원합니다

많은 은혜와 기적을 체험한 바울이지만 그는 누구보다 복음을 위해 고초를 많이 겪은 사람이기도 하다. 매를 맞아 죽을 뻔하고 옥에 갇히고, 수도 없이 목숨을 잃을 뻔했지만 복음을 전하는 바울의 열정은 꺾이지 않았다. 더 놀라운 것은 이렇게 많은 복음의 흔적이 있었음에도 다른 사람들에게 내세우거나 자랑하지 않았다는 점이다. 조금만 은혜를 체험해도 자랑하고 싶은 나의 마음, 조금만 고난이 찾아와도 한탄하고 싶은 나의 얕은 믿음을 바울을 통해 되돌아본다.

오직 한 복음

"다른 복음은 없나니 다만 어떤 사람들이 너희를 교란하여 그리스도의 복음을 변하게 하려 함이라 그러나 우리나 혹은 하늘로부터 온 천사라도 우리가 너희에게 전한 복음 외에 다른 복음을 전하면 저주를 받을지어다 우리가 전에 말하였거니와 내가 지금 다시 말하노니 만일 누구든지 너희가 받은 것 외에 다른 복음을 전하면 저주를 받을지어다 이제 내가 사람들에게 좋게 하랴 하나님께 좋게 하랴 사람들에게 기쁨을 구하랴 내가 지금까지 사람들의 기쁨을 구하였다면 그리스도의 종이 아니니라"(갈라디아서 1:7-10)

날 위해 오신 분도
한 분이시고
날 위해 죽으신 분도
한 분이시네

날 위해 오신
주님의 복음 외에는
세상에 어떤 복음도 없네

오직 한 복음
오직 한 사랑
오직 하나의 진리만
믿으며 살아가리

　　예수님 외에는 세상의 어떤 종교도 확실한 복음을 전해준 적이 없다. 예수님 외에는 누구도 죄의 문제를 해결해주겠다고 공언하신 분도 없기에 성경이 말하는 복음 외에는 다른 복음은 존재하지 않는다. 유일한 해결책인 이 방법을 믿을 것인지 아닐 것인지 외에는 다른 선택지는 없다.

성령의 열매

"육체의 소욕은 성령을 거스르고 성령은 육체를 거스르나니 이 둘이 서로 대적함으로 너희가 원하는 것을 하지 못하게 하려 함이니라 너희가 만일 성령의 인도하시는 바가 되면 율법 아래에 있지 아니하리라 육체의 일은 분명하니 곧 음행과 더러운 것과 호색과 우상 숭배와 주술과 원수 맺는 것과 분쟁과 시기와 분냄과 당 짓는 것과 분열함과 이단과 투기와 술 취함과 방탕함과 또 그와 같은 것들이라 전에 너희에게 경계한 것 같이 경계하노니 이런 일을 하는 자들은 하나님의 나라를 유업으로 받지 못할 것이요"(갈라디아서 5:17-21)

육체의 정욕을 따르면
죄에 묻혀 살아가게 되네
나의 죄를 위해 돌아가신
주님의 사랑을 잊을 수 없네

죄에서 벗어나
다시 참예하는 하나님의 나라
아름다운 성령의 열매를
주님과 동행하며 맺어가리

하나님을 믿고 난 뒤의 나의 삶은 무엇으로 채워져 있을까? 구원을 받았다고 말하고 하나님을 섬긴다고 고백하지만 여전히 내 삶에는 많은 갈등들이 있다. 머리로는 어떤 삶을 살아야 할지 알아도 자꾸 죄성을 끊지 못하고 이전의 삶으로 돌아가는 나의 모습….

그러나 인생의 초점을 바꿔야 한다. 죄에서 도망치는 삶이 아니라 성령님을 따라 사는 삶을 살아갈 때 연약한 믿음의 한계를 극복하고 그리스도의 형상을 따라 살아갈 수 있다. 하나님을 향한 나의 믿음은 내 삶에 맺혀지는 성령의 열매를 보고 알 수 있다.

오로지 은혜

"전에는 우리도 다 그 가운데서 우리 육체의 욕심을 따라 지내며 육체와 마음의 원하는 것을 하여 다른 이들과 같이 본질상 진노의 자녀이었더니 긍휼이 풍성하신 하나님이 우리를 사랑하신 그 큰 사랑을 인하여 허물로 죽은 우리를 그리스도와 함께 살리셨고 (너희는 은혜로 구원을 받은 것이라) 또 함께 일으키사 그리스도 예수 안에서 함께 하늘에 앉히시니 이는 그리스도 예수 안에서 우리에게 자비하심으로써 그 은혜의 지극히 풍성함을 오는 여러 세대에 나타내려 하심이라"(에베소서 2:3-7)

죽을 운명인 내가
다시 살 수 있었던 이유
아무 의미 없던 인생이
저 높은 목표를 향할 수 있었던 이유

오로지 은혜
오로지 은혜로다
한량없는 그리스도의
충만한 은혜로다

　이 세상에 자아를 가진 인간으로 태어나 다양한 경험을 할 수 있다는 것만으로도 분에 넘치는 축복이다. 하나님의 은혜로 충만한 만물 가운데 가정을 꾸리고 하나님을 만나고, 구원까지 받았다는 사실은 얼마나 놀라운 은혜인가? 아무리 생각해봐도 한 인간이 누릴 수 있는 기쁨 중 이보다 더 큰 기쁨은 없는 것 같다. 더욱이 놀라운 것은 이 모든 것이 값없이 은혜로 주어졌다는 사실이다. 세상의 모든 금은보화로도 살 수 없는 귀한 구원을 주신 예수 그리스도를 영원히 찬양하리라.

하나된 교회

"모든 겸손과 온유로 하고 오래 참음으로 사랑 가운데서 서로 용납하고 평안의 매는 줄로 성령이 하나 되게 하신 것을 힘써 지키라 몸이 하나요 성령도 한 분이시니 이와 같이 너희가 부르심의 한 소망 안에서 부르심을 받았느니 주도 한 분이시요 믿음도 하나요 세례도 하나요 하나님도 한 분이 시니 곧 만유의 아버지시라 만유 위에 계시고 만유를 통일하시고 만유 가운데 계시도다"

(에베소서 4:2-6)

삼위일체의 하나님
유일한 창조주
유일한 구원자
한 복음을 허락하신
지존하신 한 이름

한 소망으로 모여
한 이름을 위해
한 맘으로 섬기기 원하네
우리의 마음을 하나로 모으사
주님의 큰 뜻 위해 사용하소서

　한 명이라도 더 많은 영혼을 주님의 품으로 돌아오게 하기 위해서는, 세상을 향한 하나님의 큰 뜻을 실행할 손과 발이 되기 위해서는, 서로 갈라져 싸우고 잘잘못을 따질 시간이 없다. 하나님이 주신 복음을 들고 거룩한 한 뜻으로 모여 합심하여 선을 이루는 일에 촉각을 다퉈야 한다. 대장되신 예수 그리스도를 따라 서로 연합하여 선을 이루며 믿음이 성장해 나가는 그런 교인, 그런 교회, 그런 나라와 민족이 되게 해달라고 함께 기도드리자.

그리스도의 마음

"너희 안에 이 마음을 품으라 곧 그리스도 예수의 마음이니 그는 근본 하나님의 본체시나 하나님 과 동등됨을 취할 것으로 여기지 아니하시고 오히려 자기를 비워 종의 형체를 가지사 사람들과 같 이 되셨고 사람의 모양으로 나타나사 자기를 낮추시고 죽기까지 복종하셨으니 곧 십자가에 죽으 심이라"(빌립보서 2:5-8)

예수님의 마음을 배우라
죽기까지 순종하신
충성과 순종의 마음

예수님의 겸손을 배우라
제자들의 발을 씻기시고
인간으로 세상에 오신 왕의 겸손

예수님의 용서를 배우라
한 마리 양을 포기하지 않고
사망의 골짜기에서 건져오는 목자의 용서

처음 교회에 다니고 신앙생활에 열정을 품었을 때 도대체 어떻게 하는 것이 올바른 신앙생활인지, 더 잘하기 위해서 무엇을 해야 하는지 혼란 이 있었지만 결국엔 모든 답이 성경에 있었다는 것을 알게 됐다. 순전히 하나님의 뜻을 세상에서 이루고 가신 예수님의 삶을 묵상할 때 어떤 삶 이 하나님을 믿고 따르는 성도의 삶인지를 명확하게 알 수 있다. 나의 자 랑이 아닌 하나님만 높여드리는 성도, 나보다 남을 낮게 여기고 배려와 섬김으로 만드는 거룩한 연합으로 하나님이 기뻐하시는 성도의 모습으 로 조금씩이라도 변해가자.

찬란한 기쁨

"주 안에서 항상 기뻐하라 내가 다시 말하노니 기뻐하라 너희 관용을 모든 사람에게 알게 하라 주께서 가까우시니라 아무 것도 염려하지 말고 다만 모든 일에 기도와 간구로, 너희 구할 것을 감사함으로 하나님께 아뢰라 그리하면 모든 지각에 뛰어난 하나님의 평강이 그리스도 예수 안에서 너희 마음과 생각을 지키시리라 끝으로 형제들아 무엇에든지 참되며 무엇에든지 경건하며 무엇에든지 옳으며 무엇에든지 정결하며 무엇에든지 사랑 받을 만하며 무엇에든지 칭찬 받을 만하며 무슨 덕이 있든지 무슨 기림이 있든지 이것들을 생각하라 너희는 내게 배우고 받고 듣고 본 바를 행하라 그리하면 평강의 하나님이 너희와 함께 계시리라"(빌립보서 4:4-9)

여기에 참 기쁨이 있네
세상에 알 수 없는 기쁨
고난 중에도 샘솟는 기쁨

그 기쁨 날 춤추게 하네
그 기쁨 날 새롭게 하네

내 기쁨 통해 세상이 주 보네
다함이 없는 주님의 은혜
그 은혜를 통해 나 한없이 기뻐하리

　신앙의 길을 생각할 때 많은 사람들이 고난과 인내를 떠올린다. 그러나 누구보다 어려움을 많이 겪은 바울은 신앙생활의 종착지가 기쁨이라고 고백한다. 사랑하는 사람을 위해 벌이는 수고가 오히려 기쁨이 될 때가 있다. 마찬가지로 나를 위해 모든 것을 주신 주님을 생각할 때 나의 인내와 수고와 모든 땀과 눈물은 오히려 기쁨으로 승화된다. 신앙생활에 기쁨이 없다면 주님을 향한 사랑과 나의 삶의 자세를 다시 점검하자.

한 가지 법칙

"무슨 일을 하든지 마음을 다하여 주께 하듯 하고 사람에게 하듯 하지 말라 이는 기업의 상을 주께 받을 줄 아나니 너희는 주 그리스도를 섬기느니라 불의를 행하는 자는 불의의 보응을 받으리니 주 는 사람을 외모로 취하심이 없느니라"(골로새서 3:23-25)

믿음이 성장하고
세상에서도 성장하는
말씀이 가르치는
단 한 가지 법칙

모든 일을 주께 하듯 하라

사랑을 고백하는 만큼
기쁘게 찬양하는 만큼
서로 사랑하고 섬기라
주님이 넘치게 채우시리라

　남편의 바람직한 자세, 아내로의 바람직한 자세, 사회 생활을 지혜롭게 하는 법, 모든 인생의 처세가 위 말씀에 담겨있다는 생각이 들었다. 하나님이 창조하신 원리를 따라 순종하는 것, 이웃을 사랑하고, 작은 일에 충성을 다하는 것. 다시 말하면 모든 일을 하나님을 섬기듯이 하는 것. 정말 그렇게 살아간다면 나의 삶을 얼마나 기쁨과 사랑이 충만한 삶으로 변화될까? 이 짧은 말씀 가운데 인생의 정수가 담겨있다는 생각이 들었다. 하나님은 나의 삶이 모든 영역에서 충만해지기를 바라신다. 당장 눈앞의 손해에 좌지우지되지 말자.

하나님의 뜻

"삼가 누가 누구에게든지 악으로 악을 갚지 말게 하고 서로 대하든지 모든 사람을 대하든지 항상 선을 따르라 항상 기뻐하라 쉬지 말고 기도하라 범사에 감사하라 이것이 그리스도 예수 안에서 너 희를 향하신 하나님의 뜻이니라"(데살로니가전서 5:15-18)

나를 살리신 하나님께서
나를 통해 다른 이를
살리시기 원하시네

내 몸과 같이 이웃을 사랑할 때
겸손함으로 주위를 섬길 때
성령을 따라 선을 행할 때
나를 통해 세상이
주님을 보게 되리라

기뻐하고 감사하라 내 영혼아
기도할 때 주시는 평안을 누리라

하나님을 온전히 섬길 때 어떤 일이 일어날까? 죽을 수밖에 없는 내가 살았으니 먼저 기뻐할 것이다. 기다리시는 아버지를 만났으니 기도로 소통할 것이다. 넘치는 은혜를 베푸셨으니 이로 인해 감사할 것이다. 기도와 감사와 기쁨은 하나님을 만난 사람들의 삶에 자연히 일어나는 기적이자 변화다. 악을 따르고 자기만 아는 사람은 하나님의 기쁨이 될 수 없다. 성령님을 따라 선을 행하며 나보다 남을 섬기며 하나님께 영광을 돌리자.

기뻐하시는 질서

"만일 어떤 과부에게 자녀나 손자들이 있거든 그들로 먼저 자기 집에서 효를 행하여 부모에게 보답하기를 배우게 하라 이것이 하나님 앞에 받으실 만한 것이니라 참 과부로서 외로운 자는 하나님께 소망을 두어 주야로 항상 간구와 기도를 하거니와 향락을 좋아하는 자는 살았으나 죽었느니라 네가 또한 이것을 명하여 그들로 책망 받을 것이 없게 하라"(디모데전서 5:4-7)

하나님은 제사보다
선한 행실을 기뻐하신다네
하나님이 세우신 가정의 질서
세상의 질서를
말씀을 따라 세워야 하네

때로는 억울할 지라도
밑빠진 독에 물을 붓는 것 같을지라도
말씀을 따라 노력을 일구면
나의 작은 손이
하나님께 올려지는 향기가 되리라

살다 보면 이런저런 억울한 일이 있다. 부모를 공경하라는 말씀을 실천하고자 하지만 부모가 나쁜 사람이라면 어떻게 해야 하는가? 살면서 누구나 이런 모순을 겪는다. 그러나 하나님의 원리는 간단하다. 상대가 어떻든 간에 내가 해야 할 일을 하는 것이 하나님이 나와 우리 성도들에게 바라시는 일이다. 친족을 챙기고 부모를 공경하고, 자녀들 간에 우애를 배우고 겸손과 예의로 사람들을 대하는 것. 하나님이 주신 큰 사명보다 주어진 관계를 통해 말씀을 실천하는 것이 하나님이 더욱 바라시는 일이다.

군사가 되라

"경기하는 자가 법대로 경기하지 아니하면 승리자의 관을 얻지 못할 것이며 수고하는 농부가 곡
식을 먼저 받는 것이 마땅하니라 내가 말하는 것을 생각해 보라 주께서 범사에 네게 총명을 주시
리라 내가 전한 복음대로 다윗의 씨로 죽은 자 가운데서 다시 살아나신 예수 그리스도를 기억하라
복음으로 말미암아 내가 죄인과 같이 매이는 데까지 고난을 받았으나 하나님의 말씀은 매이지 아
니하니라"(디모데후서 2:5-9)

주님을 따른다 고백했으니
주님이 주신 명령을 받으리라

날 위해 당하신 주님의 고난
그 고난을 나도 받으리라

나에게 주신 놀라운 생명
그 생명을 나도 전하리라

주님이 가르치신 말씀을 따라
내 삶을 뜨겁게 사르리라

　　주님을 따르며 살아간다는 말은 주님이 명하신 일을 하며, 주님의 말
씀대로 순종하겠다는 말이다. 말로는 주님을 따른다고 하며 주님을 나의
소유욕을 위해 이용하고, 삶을 내 마음대로 살아가려고 하는 것은 올바
른 믿음이 아니다. 상명하복을 어길 수 없는 마치 군대와 같은 삶이 그리
스도인들의 삶이다. 주님이 다시 오실 그날을 위해 명령에 순종하며 한
명의 영혼이라도 더 구원하기 위해 내 삶을 헌신하자.

선한 일

"우리도 전에는 어리석은 자요 순종하지 아니한 자요 속은 자요 여러 가지 정욕과 행락에 종 노릇 한 자요 악독과 투기를 일삼은 자요 가증스러운 자요 피차 미워한 자였으나 우리 구주 하나님의 자비와 사람 사랑하심이 나타날 때에 우리를 구원하시되 우리가 행한 바 의로운 행위로 말미암지 아니하고 오직 그의 긍휼하심을 따라 중생의 씻음과 성령의 새롭게 하심으로 하셨나니 우리 구주 예수 그리스도로 말미암아 우리에게 그 성령을 풍성히 부어 주사 우리로 그의 은혜를 힘입어 의롭다 하심을 얻어 영생의 소망을 따라 상속자가 되게 하려 하심이라"(디도서 3:3-7)

세상의 법을 따라
나의 만족을 따라
그저 정욕을 채우며 살아갔었네

사망을 법을 따라
죽음을 골짜기를 따라
영 죽을 나를 주님이 찾아오셨네

이제는 성령을 따라
하나님의 말씀을 따라
은혜를 전하는 삶으로 살아가리

　책 한 권만 읽은 사람이 가장 무섭다는 말이 있다. 아무것도 모르는 상태에서 조금 아는 게 생겨서 모르는 사람을 무시하는 잘못을 저지르게 된다는 말이다. 신앙도 마찬가지다. 하나님의 놀라운 은혜에 취해서 마치 내가 처음부터 흠이 없고 거룩한 삶을 살았던 대단한 성도가 된 것인 양 착각할 때가 종종있다가 그럴 땐 주님을 만나기 전의 나의 모습을 돌아보자. 여전히 넘어지며 죄를 짓는 나의 부족함을 생각하자.

가장 뛰어난 이름

"이는 하나님의 영광의 광채시요 그 본체의 형상이시라 그의 능력의 말씀으로 만물을 붙드시며 죄를 정결하게 하는 일을 하시고 높은 곳에 계신 지극히 크신 이의 우편에 앉으셨느니라 그가 천사보다 훨씬 뛰어남은 그들보다 더욱 아름다운 이름을 기업으로 얻으심이니 하나님께서 어느 때에 천사 중 누구에게 너는 내 아들이라 오늘 내가 너를 낳았다 하셨으며 또 다시 나는 그에게 아버지가 되고 그는 내게 아들이 되리라 하셨느냐"(히브리서 1:3-5)

그 어떤 지혜자도
비할 수 없는 찬란한 이름
그 어떤 왕들과도
비교할 수 없는 고귀한 이름
천사의 영광과도
비길 수 없는 거룩한 이름

인류를 구원하고
세상을 구원할 수 있는
유일한 그 이름
오직 예수 그리스도

　창세기부터 예견된 예수님의 탄생은 세상의 유일한 희망이자 구원이 되셨다. 창조 이래 전무후무한 예수님의 십자가 사건으로 우리는 구원을 받게 됐고, 하나님의 자녀가 되는 은혜를 누릴 수 있게 됐다. 나의 전부를 드리고도 받지 못할 귀한 선물을 은혜로 받았으니 어찌 예수님의 이름을 높이지 않을 수 있겠는가? 세상의 그 어떤 지혜자, 유명인, 종교인, 심지어 천사와도 비교할 수 없는 오로지 주님의 이름만을 의지하며 살아라.

굳건한 맹세

"사람들은 자기보다 더 큰 자를 가리켜 맹세하나니 맹세는 그들이 다투는 모든 일의 최후 확정이
니라 하나님은 약속을 기업으로 받는 자들에게 그 뜻이 변하지 아니함을 충분히 나타내시려고 그
일을 맹세로 보증하셨나니 이는 하나님이 거짓말을 하실 수 없는 이 두 가지 변하지 못할 사실로
말미암아 앞에 있는 소망을 얻으려고 피난처를 찾은 우리에게 큰 안위를 받게 하려 하심이라"

(히브리서 6:16-18)

하나님을 믿었던
고대 근동의 한 사람
영원한 하나님의 약속을 받았네

신실하신 하나님
그 약속으로 한 민족을 이루고
세상을 구원할 메시아를 주셨네

영원히 변하지 않는
완전한 구원의 약속을
그로 인해 우리도 받았네

아브라함에게 주신 하나님의 놀라운 약속은 마침내 이루어졌다. 신실
하신 하나님은 한 번 하신 약속을 반드시 이루기 때문에 이미 구원을 약
속받은 우리도 불안할 필요가 없으며 죄를 더 이상 두려워할 필요도 없
다. 다만 모든 일에 필요한 과정이 있듯이 하나님이 약속을 이루시는 중
에도 수많은 생사고락이 있을 수 있다. 한 민족의 역사를 통해 결국 구원
의 과업을 이루시고 번성하는 축복을 주신 하나님의 약속을 믿을 때 흔
들리지 않으며 예수님 곁을 떠나지 않는 신앙생활을 하게 된다.

믿음이란

"믿음은 바라는 것들의 실상이요 보이지 않는 것들의 증거니 선진들이 이로써 증거를 얻었느니라 믿음으로 모든 세계가 하나님의 말씀으로 지어진 줄을 우리가 아나니 보이는 것은 나타난 것으로 말미암아 된 것이 아니니라 믿음으로 아벨은 가인보다 더 나은 제사를 하나님께 드림으로 의로운 자라 하시는 증거를 얻었으니 하나님이 그 예물에 대하여 증언하심이라 그가 죽었으나 그 믿음으로써 지금도 말하느니라"(히브리서 11:1-4)

하늘에 계신 주
보이지 않는 주
그 주님을 믿을 때
내 인생이 구원받았네

주신 말씀을 믿을 때
놀라운 평강이 찾아왔고
내 힘으로 할 수 없는
귀한 축복이 임했네

보이지 않아도 믿을 때
보이는 것보다 확실하네
분명히 살아계시는
나의 주, 나의 구주

보여야만 믿을 수 있는 것도 있지만 반대로 믿음으로 보이는 것들도 있다. 하나님은 이미 천지에 가득한 증거를 남겨두셨다. 신앙은 머리로도, 역사적으로도 충분히 이해할 수 있고 믿을 근거가 있지만 가장 중요한 것은 삶에 임하시는 하나님의 손길을 체험하고 마음으로 믿는 것이다.

사도 바울

"예수 그리스도의 종 바울은 사도로 부르심을 받아 하나님의 복음을 위하여 택정함을 입었으니"

(로마서 1:1)

히브리인 중의 히브리인
율법적으로 완벽한
베냐민 지파의 바리새인

메시아를 기다리며
하나님을 믿었던 그가
오히려 참된 빛으로 오신
예수님을 핍박했네

하나님을 핍박하던 바울
성도들을 박해하던 바울
살아계신 주님을 체험하고
사도 중의 사도로 쓰임을 받았네

　불같은 열정의 소유자 바울은 하나님을 누구보다 열심히 박해하는 사람이었다. 그 열정을 주신 분은 하나님이었으나 하나님이 주신 재능을 하나님의 사역을 방해하는데 잘못 사용한 것이다. 다메섹 도상에서 살아계신 하나님을 만나고서야 바울은 자신의 바른 사명을 찾았다. 하나님을 만나고 평생 사명자로 살았던 바울처럼 내 삶에 찾아오신 하나님을 만났던 그때를 기억하며 맡겨주신 사명을 위해 하루하루 최선을 다하며 살아가자.

실천하는 복

"오직 각 사람이 시험을 받는 것은 자기 욕심에 끌려 미혹됨이니 욕심이 잉태한즉 죄를 낳고 죄가 장성한즉 사망을 낳느니라 내 사랑하는 형제들아 속지 말라 온갖 좋은 은사와 온전한 선물이 다 위로부터 빛들의 아버지께로부터 내려오나니 그는 변함도 없으시고 회전하는 그림자도 없으시니라 그가 그 피조물 중에 우리로 한 첫 열매가 되게 하시려고 자기의 뜻을 따라 진리의 말씀으로 우리를 낳으셨느니라"(야고보서 1:14-18)

나를 사랑하는 주님
많은 말씀을 주셨네
주님의 말씀을 실천할 때
주님이 주시는 복이 임하네

주시는 시험을 참으며
하나님을 위한 고난을 견디며
약속하신 면류관을 바라볼 때
천성의 주님이 기뻐하시리라

죄를 지으면 안 된다는 사실을 모르는 사람은 없다. 심지어 벌을 받는 경우도 있지만 그럼에도 많은 사람이 죄를 짓는다. 왜 그럴까? 바로 욕심 때문이다. 눈앞의 작은 이익에 눈이 멀어 욕심을 부리다가 다른 사람에게 해를 끼치고 벌까지 받게 되는 것이다. 그리스도인에게는 예수님을 믿게 되는 것이 최고의 복이다. 그런데 이 복을 가지고서도 세상의 복에 욕심을 낼 때 많은 문제들이 생긴다. 남과 비교함으로 생기는 시기와 질투를 버리고 나에게 주신 은혜에 만족함으로 오직 말씀을 삶에 새기며 살아가자.

합당한 말

"우리가 다 실수가 많으니 만일 말에 실수가 없는 자라면 곧 온전한 사람이라 능히 온 몸도 굴레 씌우리라 우리가 말들의 입에 재갈 물리는 것은 우리에게 순종하게 하려고 그 온 몸을 제어하는 것이라 또 배를 보라 그렇게 크고 광풍에 밀려가는 것들을 지극히 작은 키로써 사공의 뜻대로 운행하나니 이와 같이 혀도 작은 지체로되 큰 것을 자랑하도다 보라 얼마나 작은 불이 얼마나 많은 나무를 태우는가 혀는 곧 불이요 불의의 세계라 혀는 우리 지체 중에서 온 몸을 더럽히고 삶의 수레바퀴를 불사르나니 그 사르는 것이 지옥 불에서 나느니라"(야고보서 3:2-6)

나의 모든 것은
주님이 주신 것이니
나의 모든 것을
주님께 드리리

나의 손과 발
생각과 마음
입과 걸음까지도
모든 것을 주님께 드리리

　　믿음과 삶의 분리가 요즘 성도들의 화두인 것 같다. 하나님을 위해서는 큰 희생도 마다 않고 온갖 미사여구를 늘어놓는 성도들이 정작 사람들을 대할 때는 작은 손해도 참지 못하고 언성을 높일 때가 많다. 이것은 다른 성도들의 문제가 아니라 비단 나의 문제이기도 하다. 하나님을 향한 믿음이 어쩌면 너무 높은 곳을 향해 있는 것이 아닐까? 큰 행동보다 작은 말 한 마디부터, 바울과 같은 사명보다 오늘 드리는 예배에 충실한 마음… 나에게 주어진 작은 사명들을 말씀을 따라 완수할 때 하나님의 사랑을 조금씩이라도 세상에 전할 수 있다고 생각한다.

성화의 은혜

"우리 주 예수 그리스도의 아버지 하나님을 찬송하리로다 그의 많으신 긍휼대로 예수 그리스도를 죽은 자 가운데서 부활하게 하심으로 말미암아 우리를 거듭나게 하사 산 소망이 있게 하시며 썩지 않고 더럽지 않고 쇠하지 아니하는 유업을 잇게 하시나니 곧 너희를 위하여 하늘에 간직하신 것이라 너희는 말세에 나타내기로 예비하신 구원을 얻기 위하여 믿음으로 말미암아 하나님의 능력으로 보호하심을 받았느니라 그러므로 너희가 이제 여러 가지 시험으로 말미암아 잠깐 근심하게 되지 않을 수 없으나 오히려 크게 기뻐하는도다"(베드로전서 1:3-6)

죽어가는 나의 삶에
새로운 소망이 되신 주
한없이 낮은 이 땅에
무력한 나를 위해 오셨네

날 위해 오사 모든 것을 주신 주님
그 어떤 시험과 고난에도
주어진 믿음을 놓치지 않으며
세상 끝날까지 주님만 살아가리니
연약한 나의 믿음 더욱 붙들어주소서

　　예수님을 믿고 구원을 받았음에도 왜 나의 고백처럼 삶이 변화되지 않을까? 하나님을 향한 관심이 부족하기 때문이다. 모든 삶의 초점이 하나님께 맞춰져 있으면 나의 삶은 분명 달라질 수밖에 없다. 하지만 말로는 하나님을 내 삶의 주인으로 모신다고 할 뿐 정작 나의 초점은 세상을 살아가는데 쏠려 있다. 먼저 그 나라와 의를 구하라고 하신 말씀을 왜 붙들며 살지 못할까….

사랑의 약속

"사랑하는 자들아 우리가 서로 사랑하자 사랑은 하나님께 속한 것이니 사랑하는 자마다 하나님으로부터 나서 하나님을 알고 사랑하지 아니하는 자는 하나님을 알지 못하나니 이는 하나님은 사랑이심이라 하나님의 사랑이 우리에게 이렇게 나타난 바 되었으니 하나님이 자기의 독생자를 세상에 보내심은 그로 말미암아 우리를 살리려 하심이라"(요한1서 4:7-9)

이 땅에 오심으로
날 위해 죽으심으로
참된 사랑을 주님이 보이셨네

사랑이 무엇인지 몰랐으나
십자가를 통해 그 사랑 깨달았네

주여, 부족한 마음에
풍성한 사랑으로 채우소서
주님이 주신 사랑으로
세상에 복음을 보이게 하소서

　　하나님은 사랑 그 자체이시기에 참된 사랑의 본을 예수님을 통해 우리에게 보여주셨다. 그 위대하고 숭고한 사랑은 그 누구도 흉내낼 수 없는 고귀한 희생이었다. 그런 사랑을 받은 우리가 어찌 내가 할 수 있는 최고의 사랑으로 보답하지 않을 수 있겠는가? 이땅에 오셔서 직접 사랑을 보여주시고, 고쳐주시고, 아껴주시고, 아파해주시고, 용서해주시고, 실천하신 예수님처럼 우리도 동일한 모습을 하나님께, 세상 사람들에게 보여야 한다.

알파와 오메가

"예수 그리스도의 계시라 이는 하나님이 그에게 주사 반드시 속히 일어날 일들을 그 종들에게 보이시려고 그의 천사를 그 종 요한에게 보내어 알게 하신 것이라 요한은 하나님의 말씀과 예수 그리스도의 증거 곧 자기가 본 것을 다 증언하였느니라 이 예언의 말씀을 읽는 자와 듣는 자와 그 가운데에 기록한 것을 지키는 자는 복이 있나니 때가 가까움이라"(요한계시록 1:1-3)

창조주 하나님으로
모든 것이 시작했으니
다시 오실 예수님으로
모든 것이 끝날 때가 오리라

깨어 있으라
그날이 곧 오리니

그를 증거하는 말씀을 통해
속히 구원을 얻으라
알아도 돌이킬 수 없는
그날이 속히 오리라

하나님의 창조로 모든 것이 이루어졌듯이 하나님이 말씀하신 그날에 다시 모든 것은 끝날 것이다. 그날이 언제 올지, 어떤 형식으로 찾아올지 우리는 알 수 없지만 다가올 심판을 위해 하나님이 마련해주신 구원의 방법을 따르면 반드시 피할 수 있다. 나의 의지와 상관없이 세상은 창조됐고, 역사가 흘러가는 것처럼 나의 바람과 상관없이 말씀하신 그날은 반드시 올 것이다. 그날이 오기 전 한 영혼이라도 더 구원받을 수 있도록 더욱 더 복음전파에 열심을 내자.

그가 위로하시리라

"또 내가 새 하늘과 새 땅을 보니 처음 하늘과 처음 땅이 없어졌고 바다도 다시 있지 않더라 또 내가 보매 거룩한 성 새 예루살렘이 하나님께로부터 하늘에서 내려오니 그 준비한 것이 신부가 남편을 위하여 단장한 것 같더라 내가 들으니 보좌에서 큰 음성이 나서 이르되 보라 하나님의 장막이 사람들과 함께 있으매 하나님이 그들과 함께 계시리니 그들은 하나님의 백성이 되고 하나님은 친히 그들과 함께 계셔서 모든 눈물을 그 눈에서 닦아 주시니 다시는 사망이 없고 애통하는 것이나 곡하는 것이나 아픈 것이 다시 있지 아니하리니 처음 것들이 다 지나갔음이러라"(요한계시록 21:1-4)

세상에서 당한
모든 수치와 수모를
주님이 그날에
씻어주시리라

서러움에 흘렸던
눈물들을 기억하시는 주님
구원받은 성도들을
외면하지 않고 다시 세우시리라

주를 믿는 자들을
그날에 주님이 위로하시리라

세상을 살아가며 참으로 기쁘고 즐거운 일도 많이 있지만 예수님을 알지 못한다면 결국은 허무함과 슬픔만이 남는 것이 인생이다. 하나님을 믿으면서도 물론 넘치는 기쁨과 평강이 있지만 그로 인해 당하는 어려움과 고난도 분명히 존재한다. 그럼에도 예수님의 소망을 붙잡고 살자.

다시 오실 주님

"보라 내가 속히 오리니 이 두루마리의 예언의 말씀을 지키는 자는 복이 있으리라 하더라 이것들을 보고 들은 자는 나 요한이니 내가 듣고 볼 때에 이 일을 내게 보이던 천사의 발 앞에 경배하려고 엎드렸더니 그가 내게 말하기를 나는 너와 네 형제 선지자들과 또 이 두루마리의 말을 지키는 자들과 함께 된 종이니 그리하지 말고 하나님께 경배하라 하더라 또 내게 말하되 이 두루마리의 예언의 말씀을 인봉하지 말라 때가 가까우니라 불의를 행하는 자는 그대로 불의를 행하고 더러운 자는 그대로 더럽고 의로운 자는 그대로 의를 행하고 거룩한 자는 그대로 거룩하게 하라"

(요한계시록 22:7-11)

주님이 다시 오실 때
모든 것이 이뤄지리라
모든 의가 회복되고
창조의 질서가 바로 세워지며
불의가 떠나가고
의인이 영광 가운데 거하리라

구원자 그리스도를 믿고
끝까지 복음의 경주를 달린 자들에게
광대한 주님이 놀라운 일들을 보이시리라
보라, 구원자 예수가 다시 오셨도다

하나님이 세상을 창조하신 이유, 예수님을 보내주신 이유, 놀라운 은혜를 허락하신 이유가 예수님의 재림의 때에 드러날 것이다. 성경을 통해 우리에게 하나님의 말씀을 알게 하시고 예수 그리스도란 살아계신 소망을 주신 하나님의 사랑을 이제 더 이상 거부하지 말자!

망망한 바다 한가운데서 배 한 척이 침몰하게 되었습니다.
모두들 구명보트에 옮겨 탔지만 한 사람이 보이지 않았습니다.
절박한 표정으로 안절부절 못하던 성난 무리 앞에 급히 달려 나온 그 선원이
꼭 쥐고 있던 손바닥을 펴 보이며 말했습니다.
"모두들 나침반을 잊고 나왔기에… "
분명, 나침반이 없었다면 그들은 끝없이 바다 위를 표류할 수 밖에 없을 것입니다.

우리는 삶의 바다를 항해하는 모든 이들을 위하여
그 나침반의 역할을 하고 싶습니다.
우리를 구원하신 위대한 주 예수 그리스도를 널리 전하고 싶습니다.

"하나님은 모든 사람이 구원을 받으며
진리를 아는 데에 이르기를 원하시느니라"
(디모데전서 2장 4절)

오직 하나님께 영광

지은이 | 신명호
발행인 | 김용호
발행처 | 나침반출판사

제1판 발행 | 2019년 11월 1일

등 록 | 1980년 3월 18일 / 제 2-32호
본 사 | 07547 서울특별시 강서구 양천로 583
　　　　블루나인 비즈니스센터 B동 1607호
전 화 | 본사 (02) 2279-6321 / 영업부 (031) 932-3205
팩 스 | 본사 (02) 2275-6003 / 영업부 (031) 932-3207
홈 피 | www.nabook.net
이 멜 | nabook@korea.com / nabook@nabook.net
일러스트 제공 | 게티이미지뱅크

ISBN 978-89-318-1585-6
책번호 가-9074

값은 뒷표지에 있습니다.